Leistungssteuerung kompakt

Mit Praxisbeispielen und Übungsaufgaben zum Lernerfolg

von
Prof. Dr. Robert C. Rickards

Oldenbourg Verlag München

Bibliografische Information der Deutschen Nationalbibliothek

Die Deutsche Nationalbibliothek verzeichnet diese Publikation in der Deutschen
Nationalbibliografie; detaillierte bibliografische Daten sind im Internet über
<http://dnb.d-nb.de> abrufbar.

© 2009 Oldenbourg Wissenschaftsverlag GmbH
Rosenheimer Straße 145, D-81671 München
Telefon: (089) 45051-0
oldenbourg.de

Lektorat: Wirtschafts- und Sozialwissenschaften, wiso@oldenbourg.de
Herstellung: Anna Grosser
Coverentwurf: Kochan & Partner, München
Cover-Illustration: Hyde & Hyde, München
Gedruckt auf säure- und chlorfreiem Papier
Druck: Grafik + Druck, München
Bindung: Thomas Buchbinderei GmbH, Augsburg

ISBN 978-3-486-58387-8

Inhalt

Abkürzungs- und Symbolverzeichnis

ABC	Aktivitätenbasierte Kostenrechnung
AfA	Absetzung für Abnutzung (Abschreibung)
AV	Anlagevermögen
ArV	Arbeitsvolumen
ArV_{rel}	relatives Arbeitsvolumen
BCF	Brutto-Cash-flow
BSC	Balanced Scorecard
BIB	Bruttoinvestitionsbasis
BIP_{real}	reales Bruttoinlandsprodukt
BIP_{rel}	relatives Bruttoinlandsprodukt
c	Kapitalkosten
CAPM	Capital Asset Pricing Model
CFROI	Cash-flow-Return-on-Investment
CVA	Cash Value Added
DCF	Discounted Cash Flow
DVR	Digital Video Recorder
ΔA	Ausbeuteabweichung
ΔA_{FM}	Ausbeuteabweichung des Fertigungsmaterials
ΔA_G	gesamte Ausbeuteabweichung einer Inputart
ΔA_{Kn}	Ausbeuteabweichung einer bestimmten Klasse einer Inputart
ΔIMX	Inputmixabweichung
ΔIMX_{FM}	Inputmixabweichung des Fertigungsmaterials

ΔIMX_G	gesamte Inputmixabweichung einer Inputart
ΔIMX_{Kn}	Inputmixabweichung einer bestimmten Klasse einer Inputart
ΔK_G	gesamte Kostenveränderung
ΔK_{IP}	Kostenveränderung aufgrund von Inputpreisveränderungen
ΔK_O	Kostenveränderung aufgrund der Outputanpassung
ΔK_P	Kostenveränderung aufgrund von Produktivitätsveränderungen
ΔP_{FM}	Preisabweichung des Fertigungsmaterials
ΔP_i	jährliche Steigerung der Arbeitsproduktivität
ΔV_{FA}	Verbrauchsabweichung der Fertigungsarbeit
ΔV_{FM}	Verbrauchsabweichung des Fertigungsmaterials
δx	Änderung der Output bei Steigerung des Faktoreinsatz um eine Einheit
δr_i	Steigerung des Faktoreinsatz um eine Einheit
EP	Economic Profit
Et	Anzahl Erwerbstätiger
EVA	Economic Value Added
FA	Fertigungsarbeit
FCF	Freier Cash-flow
FCFE	Free Cash-flow to Equity
FCFF	Free Cash-flow to the Firm
FiCF	Finanzieller Cash-flow
FM	Fertigungsmaterial
FuE	Forschung und Entwicklung
G	Gesamtproduktivität
$G_{20X1/20X1}$	Gesamtproduktivität für 20X1 auf Grundlage der Preise 20X1
h	Anzahl der geleisteten Arbeitsstunden je Erwerbstätigen
IA	Istanteil
IIMX	Istinputmix
IM	Istmenge eines Inputs

IM_G	Istgesamtmenge aller verbrauchten Inputs
IM_V	verbrauchte Menge eines Inputs
IP_{FA}	Fertigungsarbeitsstundenlohn
IP_{FM}	Preis des Fertigungsmaterials
IP_{IE}	Istpreis je Inputeinheit
K_B	Buchwert des investierten Kapitals
K_{IP}	Kosten des verbrauchten Inputs
$K_{IP20X1/20X1}$	Kosten der im Jahr 20X1 verbrauchten Inputs auf Basis von Preisen des Jahres 20X1
$K1_{20X1}$	Verbrauch an Arbeitsstunden Klasse 1 im Jahr 20X1
$K2_{20X1}$	Verbrauch an Arbeitsstunden Klasse 2 im Jahr 20X1
kg_I	Kilogramm Input
kg_O	Kilogramm Output
M_{20XX}	verbrauchte Inputmenge in 20XX
MIS	Management Information System
n	durchschnittliche Nutzungsdauer des abschreibbaren Anlagevermögens
NOPAT	Net Operating Profit After Taxes
NUV	Nettoumlaufvermögen
O_{20XX}	Outputmenge in 20XX
P_i	Arbeitsproduktivität
P_{iBasis}	Arbeitsproduktivität des Basisjahres
P_{irel}	relative Arbeitsproduktivität
$P_{K1/20X1}$	Stundenlohn Klasse 1 im Jahr 20X1
$P_{K2/20X1}$	Stundenlohn Klasse 2 im Jahr 20X1
PE	Gesamtoutput eines Produkts in Produkteinheiten
PIMX	Planinputmix
PM_{PE}	Planmenge eines Inputs je Produkteinheit
PP_{IE}	Planpreis je Inputeinheit
ROA	Return on Assets

ROCE	Return on Capital Employed
ROI	Return on Investment
$\sum$	Summe
SA	Sollanteil
SK	Sollkosten
SM	Sollgesamtmenge aller verbrauchten Inputs
SM_G	Sollmenge gesamt
SVA	Shareholder Value Added
T	Teilproduktivität eines Inputs
T_{FA}	Teilproduktivität der Fertigungsarbeit
T_{FM}	Teilproduktivität des Fertigungsmaterials
TBR	Total Business Return
WACC	Weighted Average Cost of Capital
WGP	Wertgrenzproduktivität

Danksagung

Diese Arbeit wurde während eines Forschungsfreisemesters begonnen, das vom Fachbereichsrat der Hochschule Harz unter dem Dekanat von Herrn Kollegen Martin Wiese bewilligt wurde.

Am meisten Mut, Zeit und Geduld hat eine ehemalige Studentin, Frau Christiane Lenz, aufgebracht und das Manuskript zur Gänze gelesen. Bis an die Grenze des Zumutbaren hat sie den ursprünglichen Entwurf überarbeitet und manche nützlichen Verbesserungsvorschläge gemacht. Ganz besonderer Dank gilt Martina Hesse, die die Schlussredaktion übernahm.

Hinweise kamen auch aus einigen Jahrgängen von Studierenden der Hochschule Harz, der Handelshochschule Leipzig und der Hochschule für Telekommunikation - Leipzig, nachdem sie das Manuskript gelesen und die Aufgaben gelöst hatten.

Herr Markus Wagner hat den Text und die Abbildungen formatiert. Dabei hat er oft Tücken in der Software überlistet, um meine Wünsche umzusetzen.

Frau Meike Schaich und Dr. Jürgen Schechler vom Oldenbourg Verlag bringen mir mit der Veröffentlichung großes Vertrauen entgegen.

Ihnen allen sei herzlicher Dank gesagt.

Osterode am Harz

Robert C. Rickards

Vorwort

Fast schon kann man es zur Reihe erklären, was Robert C. Rickards an gut gelungenen Lehrbüchern verfasst hat. Nach „Budgetplanung kompakt" (2007) und „Kostensteuerung kompakt" (2008) legt er nun sein drittes Lehrbuch vor. Mehr noch als die beiden vorhergehenden füllt dieses eine Lücke im Angebot anwendungsorientierter Lehrbücher zu Rechnungswesen und Controlling: Zwar wird schon lange das Begriffspaar „Kosten- UND Leistungsrechnung" als Titel entsprechender Lehrwerke benutzt, aber in ihnen ist die Output-Seite der Leistungen meist weniger prominent behandelt als die Kosten als bewerteter Ressourcenverzehr. Ihr und den Methoden der Leistungssteuerung ist also dieses wiederum sehr gut gelungene Werk gewidmet.

Rickards beginnt seine Darstellung mit einer umfangreichen Einführung (Kap. 1), in der zunächst das operative Controlling in den strategischen Rahmen (der Steuerung mit Balanced Scorecards) gestellt wird und ein wesentliches, wenn nicht das wichtigste Element betont wird: Operatives Controlling ist im Rahmen von Soll-Ist-Vergleichen die Überprüfung der Plan-Annahmen und / oder die Überprüfung der getroffenen Maßnahmen. In der Einführung werden wichtige begriffliche und konzeptionelle Grundlagen für die weiteren Ausführungen gelegt, gleichzeitig zeigt Rickards eine problemorientierte Sichtweise auf die Notwendigkeit und Schwierigkeiten der Leistungssteuerung.

Nach der Orientierung auf die Balanced Scorecard wird an vielen praktischen Beispielen das Phänomen der Güterbündel, der aneinander gekoppelten Produkte von Unternehmen, aufgezeigt. Ein weiterer Abschnitt behandelt die strategisch so wichtige Befassung mit der Profitabilität von Kunden, ein vierter legt eine begrifflich saubere Grundlage für die später erfolgende Ermittlung aussagefähiger Produktivitätskennzahlen. Eine schöne Darstellung der gelegentlich ja etwas unübersichtlich gewordenen neuen Kennzahlen aus dem wertorientierten Controlling bietet eine weitere Grundlage für die späteren Ausführungen. Die Einführung endet mit einer Übersicht über Arten von Umsatz- und Kostenabweichungen und der bei Rickards schon bewährten englisch-deutschsprachigen Gegenüberstellung der Fachterminologie.

Nach diesen ausführlichen Vorbereitungen wissen Leserinnen und Leser dann, worum es geht. Das konkrete Instrumentarium für die zuvor in ihren wesentlichen Problemlagen präsentierten Bereiche ist dann Gegenstand der weiteren Kapitel.

Die Umsatzzuordnung zu den Produkten in einem Güterbündel, die Analyse von Umsatzabweichungen, die Anwendung der ABC-Analyse zur genauen Untersuchung des Kundenstammes stellen den Kern von Kapitel 2 dar. Mit Blick stärker auf Produktionsgegebenheiten ist Kap. 3 der Analyse von produktivitätsbestimmenden Größen bei Fertigungsmaterial und

Fertigungsarbeit gewidmet (mit einem Randblick auch auf den Dienstleistungssektor). Rickards verzahnt diese Sichtweise aus den operativen Details der Leistungserbringung anschließend sinnvoll mit dem analytischen Gesamtblick auf Unternehmen, wie sie in der klassischen Kennzahl des Return On Investment (ROI) und in der wertorientierten Größe Economic Value Added (EVA) zum Ausdruck kommen.

Das Buch ist erneut didaktisch ausgezeichnet gelungen, in klarer Struktur aufgebaut. Der Text ist verständlich und gleichzeitig in wissenschaftlicher Absicherung geschrieben. Er unterstützt den Lernprozess der Leserinnen und Leser in vierfacher Hinsicht:

Auch in diesem Buch verdeutlichen viele *Grafiken* und *Tabellen* die oft komplizierten Zusammenhänge. Die Methoden der Abweichungsfeststellungen und Abweichungsanalysen werden mit zahlreichen, gut nachvollziehbaren *Beispielen* aus unterschiedlichsten Branchen präsentiert. *Testfragen* und *Lösungen* am Ende jeden Kapitels ermöglichen es, sich bzw. das Gelernte selbst zu kontrollieren und somit den Stoff sicher zu beherrschen. Und nicht zuletzt: Die zunehmend notwendige Befassung mit *englischen Fachbegriffen* wird den Leserinnen und Lesern beiläufig im Text und gezielt durch eine geordnete Zusammenstellung im Anschluss an das jeweilige Kapitel nahegebracht.

Prof. Dr. Günther Dey

Hochschule Bremen,
Fakultät Wirtschaftswissenschaften

Sprecher des Arbeitskreises der Hochschullehrer
für Controlling an deutschen Fachhochschulen

1 Einführung

1.1 Zweck und Organisation des Textes

Eine Hauptaufgabe des Controlling ist es, das Management bei der Umsetzung seiner Strategien in der Planung und bei der Durchführung von operativen Maßnahmen zu unterstützen. Zu diesem Zweck lenkt das Controlling die Aufmerksamkeit der strategischen Führung auf die bestehenden und zukünftigen Potenziale des Unternehmens. Aufbau, Pflege und Entwicklung von Potenzialen werden über Balanced Scorecards (BSCs) gesteuert, während ihre Nutzung durch Budgets und Abweichungsanalysen sichergestellt wird – eine Aufgabe der operativen Führung. Dies macht ein nach Ausgewogenheit strebendes sowie potenzial- und gewinnorientiertes Denken und Handeln erforderlich.

Ein ausgewogenes Balanced Controlling wird neben den gewohnten markt- und ressourcenorientierten Ansätzen zwei weitere Aspekte berücksichtigen: einen wertorientierten („value-oriented") und einen leistungsorientierten („performance-oriented") Ansatz (Steinhübel, 2008). Unter Anwendung dieser vier Ansätze macht die Budgetierung zahlreiche, multidimensionale, geplante Handlungen innerhalb einer Organisation miteinander vergleichbar, indem sie sie in Geld bewertet. Einmal genehmigt, autorisiert ein Budget den Einsatz von Ressourcen bis zu spezifischen Obergrenzen, um Handlungspläne zu realisieren. Der Vergleich von Plandaten in Budgets mit Ist- oder Standardergebnissen ergibt Abweichungen, die signalisieren, wo Planungsmethoden oder operative Maßnahmen innerhalb eines Bereichs oder bereichsübergreifend verbesserungsbedürftig sind. So erleichtert der Budgetierungsprozess die Koordinierung und das Controlling von Aktivitäten auf der Unternehmensebene und der Ebene seiner Sparten oder Divisionen erheblich.

Empirische Untersuchungen belegen, dass die Budgetierung von Unternehmen als ihr wichtigstes Controlling-Instrument betrachtet wird. So stimmten 84 Prozent der untersuchten österreichischen Unternehmen der Aussage zu, dass die Analyse der Unterschiede zwischen Plan- und Istergebnissen die absolut unverzichtbare Hauptaufgabe des Controlling ist. Darüber hinaus hielten sie vergleichende Analysen der Istergebnisse mit denen des Standard Costing in der Sollrechnung für das wesentliche Element des operativen Controlling. Untersuchungen in Deutschland führten zu ähnlichen Ergebnissen (Özel, 2003).

Allerdings gibt es einige aktuelle Kritikpunkte an der Planungs- und Controlling-Praxis:

- mangelnder Bezug der operativen zur strategischen Planung

- geringe Marktorientierung

- Planung und Budgetierung zu vergangenheitsorientiert

- geringe Flexibilität

- mangelnde Verantwortlichkeit bei den Geschäftseinheiten

- nicht ausreichende Datenintegrität

Erkenntnisse einer Studie der HTW Aalen untermauern dies: Obwohl 96 Prozent der mittelständischen Unternehmen die strategische Planung als sinnvoll erachten, betreiben sie nur 43 Prozent konsequent und umfassend (Presbar/Sindl, 2008; Sindl, 2008). Des Weiteren sehen 20 Prozent (immerhin die zweitgrößte Gruppe) der befragten CFOs von 170 größeren deutschen Unternehmen in der Verknüpfung der operativen mit der strategischen Planung durch die Balanced Scorecard das höchste Potenzial zur Verbesserung ihres Controlling (Leyk/Müller/Grünebaum, 2006).

Zum Grundwissen des operativen Controlling gehören die Budgetierung, die Erstellung von flexiblen Planrechnungen und Abweichungsanalysen sowie Steuerungsmaßnahmen für Kosten und Leistungen. Während *Budgetplanung kompakt* (Rickards, 2007) das erste und *Kostensteuerung kompakt* (Rickards, 2008) das zweite Thema behandeln, setzt sich dieses Buch schwerpunktmäßig mit Umsatzabweichungen und Produktivitätsuntersuchungen auseinander, die mit der Leistungssteuerung zusammenhängen:

- Kapitel 1: Der Einleitung schließt sich an ein Exkurs über die strategische Unternehmensführung anhand von Balanced Scorecards sowie über vier wichtige Themen der aktuellen Diskussion bezüglich der Leistungssteuerung: Güterbündel, Profitabilitätsanalysen des Kundenstammes, Produktivitätsanalysen, wertorientierte Kennzahlen. Das Kapitel endet mit einer Herleitung der Leistungsabweichungen, denen man in der Praxis am häufigsten begegnet.

- Kapitel 2: Das Kapitel beginnt mit einer ausführlichen Diskussion der Probleme, die bei der Verteilung der Umsatzerlöse auf die Produkte bzw. Dienstleistungen in Güterbündeln entstehen, und erörtert Methoden für ihre Lösung. Es folgt die Darstellung umsatzbezogener Abweichungen (Absatzmengen- und Absatzmixabweichungen, Marktgrößen- und Marktanteilsabweichungen). Auf dem Hintergrund der Vernetzung von Marketing und Controlling werden danach Kundenprofitabilitätsanalysen vorgestellt, Überlegungen bei der Beurteilung des Kundenwerts besprochen und mögliche Therapien für B- und C-Kunden erläutert.

- Kapitel 3: Hier stehen die Inputmix- und die Ausbeuteabweichungen (auch Intensitäts- oder Leistungsabweichungen genannt) im Mittelpunkt. Das Kapitel befasst sich ferner mit der Produktivitätsmessung, der Analyse von Teil- und Gesamtproduktivitäten und mit kombinierten Analysen von Abweichungen und Produktivitäten. Es vertieft die Diskussion um die in Kapitel 1 vorgestellte wertorientierte Kennzahl „Economic Value Added"

(EVA), belegt mit numerischen Beispielen ihre Überlegenheit gegenüber dem „Return on Investment" (ROI) und bespricht Fragen, die sich bei Anpassung des operativen Betriebsergebnisses und des investierten Kapitals sowie bei der Vermögensbewertung in der Praxis ergeben.

Wie die beiden Vorgängerbände enthält auch dieses Buch zahlreiche Übungsaufgaben sowie die zugehörigen Lösungswege, anhand derer man den Lernerfolg selbst überprüfen kann. Wegen der langen Controlling-Tradition in den angelsächsischen Ländern, die maßgeblich bei seiner Entwicklung waren, ist Englisch die international gebräuchliche Sprache dieses Faches. Viele Fachwörter aus dem Englischen werden unverändert ins Deutsche übernommen. Für andere sind auch deutsche Begriffe gebräuchlich. Um die LeserInnen mit dem englischen Wortschatz vertraut zu machen, erscheinen jeweils die wichtigsten Fachbegriffe nach dem ersten Gebrauch in deutscher Sprache in englischer Übersetzung. Überdies enthält jedes Kapitel einen zusammenfassenden Vergleich der verwendeten englischen und deutschen Fachterminologie.

1.2 Strategische Unternehmensführung mit der BSC

In großen, komplexen Organisationen halten Manager die Balanced Scorecard für eine hervorragende Methode, ein Unternehmen vor allem ganzheitlich und strategiebezogen zu führen (Kaplan/Norton, 1992, 1993, 1995, 1/1996, 1996, 2/2004, 2004). Gleichzeitig jedoch bemängeln sie fehlende Verknüpfungen zwischen der strategischen Führung und der Steuerung des operativen Tagesgeschäfts im eigenen Hause. Hier geht es deshalb – nach einer kurzen Darstellung der vier Perspektiven der klassischen BSC – um die Identifizierung derjenigen Kennzahlen, die der Verknüpfung von strategischem und operativem Controlling in der Praxis dienen.

1.2.1 Finanzwirtschaftliche Perspektive

Die finanzwirtschaftliche Perspektive gibt darüber Aufschluss, ob eine Strategie erfolgreich war oder als Misserfolg verbucht werden muss. Sie beinhaltet die Ziele, Variablen und Kennzahlen, an denen die Strategieumsetzung quantifiziert und gemessen wird. Für viele Unternehmen stellen finanzwirtschaftliche Kennzahlen wie Umsatzwachstum, Return on Investment, Economic Value Added usw. die Bindeglieder zu den übrigen Perspektiven der Balanced Scorecard dar.

Damit die finanzwirtschaftlichen Ziele sinnvoll gewählt werden, ist es wichtig, den Lebenszyklus einer Geschäftseinheit bzw. eines Produkts zu berücksichtigen, da je nach Position im Lebenszyklus andere Ziele vorrangig sind. Der Einfachheit halber unterscheidet man drei Phasen: Wachstum, Reife und Ernte. Die erste Phase zeichnet sich dadurch aus, dass die Produkte und Dienstleistungen ein hohes Wachstumspotenzial haben. Aufgrund hoher Anschubfinanzierungen und Entwicklungskosten sind Gewinne in dieser Phase unwahrscheinlich, sodass man auf Ertragskennzahlen meistens verzichtet und Kennzahlen wie Umsatzwachstumsraten bevorzugt. Besondere Achtung schenkt man auch der Liquiditätssicherung, für die der Cash-Flow als geeignete Messgröße gilt.

Anders als in der Wachstumsphase ist in der Reife- und der Erntephase nicht mehr das Umsatzwachstum entscheidend, sondern der Gewinn und die Kapitalrentabilität. In diesen Phasen des Lebenszyklus sind ergebnisorientierte Kennzahlen wie Deckungsbeiträge und Kostensenkungssätze von besonderem Interesse.

Die finanzielle Perspektive der Balanced Scorecard ist der der klassischen Kennzahlensysteme wie beispielsweise dem Du-Pont-System sehr nahe. Auch die verwendeten Kennzahlen entsprechen den bekannten finanzwirtschaftlichen Kennzahlen. Das Besondere der Balanced Scorecard ergibt sich erst durch die Kombination mit weiteren Perspektiven, die im Folgenden beschrieben werden.

1.2.2   Kundenperspektive

Um langfristig Gewinne zu erwirtschaften, muss das Management dafür Sorge tragen, dass sein Unternehmen für zahlende Kunden wertvolle Produkte und Dienstleistungen schafft. Die Kundenzufriedenheit wurde in den letzten Jahren zu einem der Schlüsselfaktoren für den Erfolg eines Unternehmens. Gut geführte Unternehmen bieten deshalb zusätzliche Produktmerkmale und Dienstleistungen an, um Gefallen bei den Kunden zu finden. Dabei achten sie jedoch darauf, entsprechend höhere Preise am Markt durchzusetzen.

Damit ihnen dies gelingt, legen viele Unternehmen die Kunden- und Marktsegmente fest, in denen sie tätig sein wollen. So nimmt die Erfassung und Abgrenzung des relevanten Marktes im Rahmen der strategischen Unternehmensführung ebenfalls eine Schlüsselstellung ein.

Die Kundenperspektive unterstützt somit die Marktorientierung der Strategie und ihre operative Umsetzung. Sie fragt zum einen danach, wie der Kunde das Unternehmen wahrnehmen soll und legt fest, welche Kunden man gewinnen möchte. Deshalb sind Marktanteil, Kundentreue, Kundenakquisition, Kundenzufriedenheit und Kundenrentabilität Grundkennzahlen der Kundenperspektive.

Diese Kennzahlen wirken wie folgt aufeinander: Erfolge bei der Kundenakquisition beeinflussen den Marktanteil und die Kundenrentabilität. Kundenzufriedenheit steht in Wechselwirkung mit der Kundenakquisition und Kundentreue. Kundentreue wiederum fördert den Marktanteil und die Kundenrentabilität, was die Kennzahlen der Finanzperspektive positiv beeinflusst.

Eine Voraussetzung für die Bestimmung des Marktanteils ist die bereits erwähnte Spezifizierung des Zielkundensegments. Gerade auf reifen Märkten mit hoher Wettbewerbsintensität ist ein Absatzwachstum häufig nur über die Gewinnung von Kunden der Konkurrenz möglich. Um sich vor Verdrängungsmaßnahmen der Konkurrenz zu schützen, ist die enge Bindung der Kunden an das eigene Unternehmen notwendig. Deshalb kommt der Beziehungspflege heute eine wachsende Bedeutung zu.

Die Pflege der Bestandskunden ist auch deshalb wichtig, weil in der Praxis der teuerste Kunde meistens der Neukunde ist. Obwohl es ein wichtiges strategisches Ziel ist, die Anzahl der Kunden im Zielsegment zu vergrößern, ist der Erfolg der Kundenakquisition nicht allein an der Zahl der neuen Kunden zu bemessen. Bei der Beurteilung ist auch der Gesamtumsatz und der Gesamtdeckungsbeitrag mit neuen Kunden zu berücksichtigen.

Da Kundenzufriedenheit als Grundvoraussetzung für die Entstehung von Loyalität gilt, ist sie ein guter Indikator für die Messung der vom Kunden wahrgenommenen Produktqualität. Man sollte jedoch beachten, dass Untersuchungen in diversen Branchen zeigen, dass über 50 Prozent der Wechselkunden mit ihren früheren Lieferanten durchaus zufrieden oder sogar sehr zufrieden waren (Gärtner, 2006). Darum stellt Kundenzufriedenheit zwar eine notwendige, aber keine hinreichende Bedingung für Folgekäufe dar.

Zufriedene Kunden können teuer sein, und nicht jeder Kunde kann in einer für das Unternehmen rentablen Weise zufrieden gestellt werden. Da Kundenzufriedenheit und betriebswirtschaftliche Gewinne sich nicht ausschließen dürfen, muss Kundenzufriedenheit auf rentable Weise hergestellt werden.

1.2.3 Prozessperspektive

Die Kennzahlen der Prozessperspektive hängen mit den Verfahren zusammen, die Leistungen erbringen, welche die Erreichung der Kunden- und Finanzziele ermöglichen. Darum ist es sinnvoll, die Prozesskennzahlen erst dann zu definieren, wenn die Ziele der Finanz- und Kundenperspektive feststehen. Die betrieblichen Kernprozesse sollten deswegen so gestaltet werden, dass Ziele wie hohe Produktqualität vom eigenen Unternehmen besser als von der Konkurrenz erreicht werden.

Eine Istanalyse der bestehenden Geschäftsprozesse ist jedoch nicht ausreichend. Vielmehr geht es darum, die Prozesse der verschiedenen Abteilungen einer ganzheitlichen Betrachtung zu unterziehen und dabei immer wieder aufs Neue zu fragen, welche internen oder externen Prozesse auf welche Weise optimiert werden können. Bei der Optimierung gilt es, besonders auf die Kundenzufriedenheit zu achten. Wenn man diesem gedanklichen Leitfaden folgt, lassen sich aus den Betriebsprozessen eine enorm große Zahl an Kennzahlen generieren: z. B. Kundenreklamationen in der Montage (extern oder intern), Anzahl Montagefehler aus Endkontrolle, Anzahl Montagefehler gemeldet aus dem Prozess, Liefertermintreue, Durchlaufzeiten, Bestände in der Fertigung usw.

Die in dieser Perspektive beschriebenen Prozesse sind kein absolutes Novum der Balanced Scorecard; Ansätze zu einer Ausrichtung der internen Abläufe auf externe Anforderungen sind schon im Reengineering-Gedanken enthalten (Stöger, 2005; Fischermanns, 2006; Gaitanides, 2006). Dennoch ist es wichtig, die Prozessperspektive in die strategischen Überlegungen einzubeziehen, denn mangelhafte Organisationsstrukturen können starke Hemmnisse bei der operativen Strategieumsetzung sein.

1.2.4   Mitarbeiterperspektive

Während die Kunden- und die Prozessperspektive aufzeigen, wo das Unternehmen besondere Leistungen erbringen muss, um die Strategie operativ umsetzen zu können, stellt die Mitarbeiterperspektive die dafür notwendige personelle Infrastruktur in den Mittelpunkt. Hierbei sollte berücksichtigt werden, dass die Komplexität der heutigen Arbeitsprozesse Expertenwissen verlangt und sich die Arbeit häufig nur im Team erfolgreich durchführen lässt.

Bei zu starker Konzentration auf die kurzfristigen finanziellen Erfolge eines Unternehmens besteht jedoch die Gefahr, dass die Förderung der Potenziale von Mitarbeitern, Systemen und Organisationsprozessen vernachlässigt wird. Besonders problematisch ist dabei, dass sich die langfristigen negativen Folgen einer solchen Handlungsweise nicht sofort zeigen.

Die Kennzahlen der Mitarbeiterperspektive umfassen u. a. die Mitarbeiterzufriedenheit, -treue und -produktivität. Die Zufriedenheit ist die treibende Kraft für die beiden anderen Kennzahlen. Gute Mitarbeiter sind eine Voraussetzung für die Produktivitätssteigerung, Reaktionsfähigkeit, Qualität und den Kundenservice. Daher wird die Arbeitsmoral und die allgemeine Zufriedenheit mit dem Arbeitsplatz in den meisten Unternehmen als sehr wichtig eingestuft. Als mögliche Kennzahlen für die Personalzufriedenheit bieten sich u. a. die Ergebnisse von Mitarbeiterbefragungen an.

Auch weil Unternehmen ihre wichtigen Mitarbeiter langfristig halten wollen, ist die Mitarbeitertreue ein wichtiger Faktor. Jede ungewollte Kündigung ist ein Verlust für das intellektuelle Kapital des Unternehmens. Eine plausible Kennzahl für die Mitarbeitertreue ist daher die Fluktuationsquote des Stammpersonals.

Die Ermittlung von Erlös und der Gewinn pro Mitarbeiter ist die einfachste Weise, die Mitarbeiterproduktivität zu messen. Allerdings sind solche Kennzahlen nur dann sinnvoll, wenn die Unternehmensstruktur nicht radikal verändert wird, beispielsweise dadurch, dass das Management die internen Mitarbeiter durch externe freie Mitarbeiter ersetzt.

1.2.5   BSC-Kennzahlen in diesem Buch

Einige der genannten Verknüpfungen zwischen dem strategischen und dem operativen Controlling sind bereits in den beiden ersten Bänden dieser Reihe behandelt worden, z. B. die Liquiditätssicherung (*Budgetplanung kompakt*) und die Lieferantenqualität (*Kostensteuerung kompakt*). In den folgenden Kapiteln werden weitere Verknüpfungen aufgezeigt: Da die Produktbündelung eine Maßnahme ist, durch den erhöhten Absatz wertvoller Produkte und Dienstleistungen zusätzliche Kunden und Marktanteile zu gewinnen, setzt sich Kapitel 2 mit wichtigen Fragen des Controlling von Produktbündeln auseinander. Es befasst sich auch mit dem Controlling der Kundenrentabilität sowie mit der Umsatzsteuerung über die Analyse der Marktanteils-, Marktgrößen-, Absatzmix- und Absatzvolumenabweichungen. Kapitel 3 greift Fragen auf, die mit der Abweichungsanalyse des Inputmixes, der Ausbeute und der Produktivität sowie mit dem wertorientierten Controlling zusammenhängen.

1.3   Güterbündel

Es ist gängige Praxis, Güterbündel zu vermarkten, die aus zwei oder mehreren Produkten oder Dienstleistungen bestehen. Diese Praxis hat eine lange Tradition und ist sowohl mit dem „freebie marketing" als auch mit dem „product tying" verwandt. Ob „product bundles", „freebies" oder „tied products", für den Controllerdienst entsteht das Problem, wie man die Umsatzerlöse und die Kosten der kombinierten Produkte ihren einzelnen Bestandteilen zurechnet (siehe Kapitel 2). Im Folgenden sollen Freebie-Marketing und Product-Tying diskutiert werden, zwei kontroverse Marketingstrategien, die auch Schattenseiten haben.

1.3.1   Freebie-Marketing

„Freebie Marketing", auch bekannt als das „Razor-and-Blades-Business-Model", ist das Geschäftskonzept, bei dem man ein marktfähiges Produkt („loss leader" oder Lockartikel) verschenkt oder zu einem extrem niedrigen Preis verkauft, um eine kontinuierliche Nachfrage für ein zweites (generell Wegwerf-) Produkt zu generieren. Der Bahnbrecher für dieses Konzept war King C. Gillette, der Erfinder der Wegwerfrasierklinge und Gründer der Gillette Safety Razor Company (heute bekannt als Global Gillette, eine Division von Procter and Gamble).

1895 stellte Gillette bei der morgendlichen Rasur fest, dass sein Rasiermesser bereits so abgenutzt war, dass er es nicht mehr schärfen konnte. Er hatte die Idee, dünne, billige, austauschbare Klingen herzustellen, die man einfach aus dem Griff lösen und wegwerfen konnte. Die technische Entwicklung dauerte einige Jahre, 1903 begann die serienmäßige Herstellung seiner Rasierutensilien. Der Griff mit einigen Klingen wurde als Bündelprodukt kombiniert zu einem einzigen niedrigen Preis verkauft. Nachdem Kunden die ersten Klingen verbraucht hatten, kauften sie bei Gillette Ersatz. Schon 1904 verkaufte Gillette über 90.000 Apparate und über eine Million seiner praktischen Klingen.

So schuf er für sein Unternehmen einen Markt, den Gillette über Jahre und Jahrzehnte hinweg bedienen konnte. Um auch den Nachwuchs für das Produkt zu gewinnen, sendet Global Gillette auch heute noch jungen Männern kurz vor ihrem achtzehnten Geburtstag kostenlose Geschenkpackungen oder verteilt sie kostenlos bei gesponserten Events. Diese Vorgehensweise sichert dem Unternehmen einen stetigen Zufluss von Kunden (Martin, 2001; Anderson, 2008).

Die Wirtschaftsgeschichte kennt viele ähnliche erfolgreiche Beispiele:

• Mit einem Monopol am amerikanischen Heimatmarkt wollten Standard Oil und sein Besitzer, John D. Rockefeller, ihr Geschäft auf China ausdehnen. Seine Vertreter schenkten chinesischen Verbrauchern deshalb acht Millionen Öllampen. Das Leuchtöl dafür kauften die Chinesen in der Folge regelmäßig bei Standard Oil (Cochran, 2000).

• Der amerikanische Kabelnetzbetreiber Comcast verschenkt Digital Video Recorders (DVRs) an neue Abonnenten. Die Kosten eines „Freebie-DVR" werden jedoch von der

Anschlussgebühr in Höhe von $19,95 teilweise aufgefangen. Das monatliche Abonnement für die Nutzung von derzeit $13,95 gleicht die restlichen Kosten nach etwa achtzehn Monaten voll aus. Danach wirft das Abonnement einen Gewinn ab.

- Im Juli 2007 verschenkte der Popmusiker Prince 2,8 Millionen Kopien seines neuesten Albums, kombiniert mit der Sonntagsausgabe der *Daily Mail* in London und Umgebung. Die Zeitung zahlte eine Lizenzgebühr von 36 Cent für jede CD. Allein dadurch verdiente Prince ungefähr 1 Million $. Darüber hinaus waren seine 21 Konzerte in der Region im August komplett ausverkauft. Sie erzielten den Rekordumsatz von 23,4 Millionen $. Gleichzeitig steigerte die *Daily Mail* die Auflage dieser Sonntagsausgabe um 20 Prozent (*Mail Online*, 2007).

- Die Hersteller von Computerdruckern geben sich große Mühe, um sicher zu stellen, dass ihre Geräte nicht kompatibel mit den billigeren Tintenpatronen konkurrierender Anbieter auf dem Anschlussmarkt sind. Obwohl die Drucker oft nur zu Selbstkosten (oder darunter) verkauft werden, wird dadurch der Absatz von eigenen Tintenpatronen mit hohen Deckungsbeiträgen gefördert, der über den Lebenszyklus der Geräte zu einem satten Gewinn für das Unternehmen führt. Tatsache ist, dass in einzelnen Fällen der Preis der eigenen Tintenpatronen für den Ersatz annähernd so hoch ist wie der Preis eines neuen Druckers einschließlich der Tintenpatronen. Teilweise werden die Tintenpatronen durch die Druckerhersteller so entworfen, dass sie patentiert werden können. Die Patente haben eine mobilitätshemmende Wirkung auf die Händler der Tintenpatronen („vendor lock-in"), so dass der Wechsel zu einem billigeren Lieferanten erschwert wird.

Freebie-Marketing kann aber auch misslingen, beispielsweise wenn Verbraucher alternative Verwendungen für die subventionierten Produkte finden, anstatt sie so einzusetzen, wie die Hersteller das beabsichtigten. Unternehmen, die Verbraucher mit kostenlosen PCs ausstatteten, machten diese Erfahrung, als die Verbraucher sie nicht für die Anwendung teurer Internetdienstleistungen der Unternehmen benutzten (Fong, 2007).

Das Freebie-Marketing-Modell ist auch gefährdet, wenn der Preis des Produktes mit den hohen Deckungsbeiträgen fällt. Außerdem sollte die Legalität von Freebie-Produkten gewährleistet sein. Beginnend mit dem Zweiten Weltkrieg bis in die 1980er Jahre verschenkten oder verkauften amerikanische Hersteller von Tabakwaren und Spirituosen ihre Produkte zu billigen Preisen an Flieger, Matrosen und Soldaten. So wurden vom U. S. Defense Department kleine Schachteln kostenloser Zigaretten mit Büchsenessen („C-rations") gebündelt und als Feldverpflegung an Mitglieder der Streitkräfte verteilt. Verbilligter Alkohol wurde in den Offizierskasinos und in den Klubs der Mannschaften reichlich ausgeschenkt. Auch an den Hochschulen versorgten die Hersteller die Erstsemester einige Wochen lang umsonst mit Zigarettenstangen, Pfeifen, Tabak und Bier. Auf diese Weise wurden Millionen junger Leute lebenslang abhängige Kunden und Kundinnen der Hersteller von „Genussmitteln". Wegen der gesundheitlichen Folgen ist es inzwischen mancherorts gesetzwidrig, Alkohol oder Tabak kostenlos zu verteilen.

1.3.2   Tying Arrangements

„Tying arrangements" (Koppelungsvereinbarungen) fordern dem Kunden de facto oder de jure den Kauf eines Produkts („the tying good") ab als Bedingung dafür ein zweites Produkt („the tied good") kaufen zu können. Wenn die Produkte miteinander natürlich verwandt sind, kann Tying eine Variante des Freebie-Marketings darstellen. Sind die Produkte jedoch nicht natürlich verwandt, sind solche Vereinbarungen oft illegal (bspw. wenn man Kinos verpflichtet, einige unpopuläre Filme zu zeigen, bevor man ihnen einen „Blockbuster" ausleiht).

Es gibt horizontal und vertikal gekoppelte Produkte und Dienstleistungen. „Horizontal tying" geschieht, wenn der Kunde ein nicht verwandtes Produkt zusammen mit dem gewünschten Produkt anschaffen muss, wenn man also z. B. einen Kugelschreiber von Bic nur mit einem Feuerzeug oder Wegwerfrasierer der gleichen Marke kaufen könnte.

„Vertical tying" dagegen liegt vor, wenn Kunden verwandte Produkte oder Dienstleistungen vom gleichen Unternehmen beziehen müssen. Will man beispielsweise ein Auto mit Garantie fahren, muss man es beim Vertragshändler der entsprechenden Marke kaufen und von einer Vertragswerkstatt warten lassen.

Ein weiteres Beispiel sind Spielkonsolen, auf denen nur vom gleichen Hersteller lizenzierte Videospiele laufen können. Die Koppelung wird durch sogenannte „lockout chips" umgesetzt, die vom Hersteller in die Konsole eingebaut werden.

Wirtschaftsgeschichtlich sind Koppelungsvereinbarungen oft als wettbewerbsfeindlich betrachtet worden: Verbraucher werden als benachteiligt betrachtet, wenn sie gezwungen werden, das nicht gewollte Gut („tied good") zu kaufen, um an die gewünschte Ware zu kommen. Ein Unternehmen, das in dieser Weise die Bündelung betreibt, mag einen ausreichend großen Marktanteil haben, um den Verbrauchern trotz der Kräfte des Wettbewerbs die Bündelung aufzuzwingen. Unter solchen Umständen kann die Bündelung konkurrierenden Bündelprodukten oder deren einzelnen Komponenten schaden (Turner, 1958; Stigler, 1963; Dam, 1969; Posner, 1976; Bauer, 1980; Craswell, 1982; Kenney/Klein, 1983; Kramer, 1985; Klein/Saft, 1985; Meese, 1997 und 1999; Leslie, 1999 und 2004; Lopatka/Page, 1999; Hylton/Salinger, 2001; Whinston, 2001).

1.3.3   Das Ende eines Tying Arrangements: LLU

In den letzten Jahren ist „local loop unbundling" oder „LLU" wahrscheinlich die bekannteste Maßnahme gewesen, die die mit „tied goods" zusammenhängenden Schäden für Kunden und Konkurrenten beenden sollte. Um den Wettbewerb für Telekommunikationsdienstleistungen am Markt zu beleben, haben Regulierungsbehörden die Verbindungen zum Kunden für die Konkurrenten der früheren Monopolanbieter geöffnet. Obwohl die physische Leitung („local loop" oder „last mile"; hier das „tying good") im Besitz des bisherigen Monopolisten bleibt, können alle Anbieter sie zu den gleichen Bedingungen benutzen.

Die ehemals privaten (Nordamerika) und staatlichen (Europa) Monopole fühlen sich durch die Zwangsöffnung stark benachteiligt. Sie argumentieren, dass sie genötigt werden, ihren

Mitbewerbern wichtige Ressourcen zur Verfügung zu stellen. Dies wiederum behindere den Wettbewerb auf Basis der Infrastruktur und hemmt die technische Innovation, denn die neuen Anbieter zögen es vor, das Netzwerk des Ex-Monopolisten zu nutzen statt eine eigene Infrastruktur aufzubauen. Darüber hinaus weisen sie darauf hin, dass die für das Funktionieren der LLU erforderlichen Eingriffe der Regulierungsbehörden (bspw. die Bestimmung des Zugangspreises) die Wirkung der Marktkräfte einschränke. Da die Zugangspreise zu niedrig angesetzt seien, demotivierten sie die bisherigen Monopolisten, weitere Investitionen zu unternehmen.

Die Konkurrenten am Markt behaupten, dass sie einerseits die bereits existierende LLU nicht wirtschaftlich duplizieren können, andererseits moderne Dienstleistungen wie ADSL (hier das „tied good") ohne den Zugang zum LLU nicht anbieten können. Diese Zustände, so argumentieren sie, würden zu einem neuen Monopol auf einem potenziell freien Markt führen und Innovation ersticken. Die neuen Anbieter betonen, dass die von den Regulierungsbehörden etablierten Preise die Ex-Monopolisten für die Benutzung ihrer Einrichtungen einschließlich eines angemessenen ROI fair entschädigen. Die ehemaligen Monopolisten hätten ihre LLUs nicht unter riskanten Marktbedingungen aufgebaut, sondern gesetzlich geschützt und mit dem Geld der Kunden und manchmal auch der Steuerzahler. Deshalb sollten die früheren Monopolisten nicht länger übermäßig von den LLUs profitieren.

Die meisten wirtschaftlich hochentwickelten Länder einschließlich der EU-Mitglieder, der Vereinigten Staaten und Australien haben durch ihre Regulierungsbehörde ein Rahmenwerk für die Entbündelung von Local Loops eingeführt. Angesichts der oben geschilderten Problematik stehen die Regulierungsbehörden vor einer großen Herausforderung. Sie müssen einen Markt regulieren, der sich sehr schnell verändert, ohne dabei jegliche Art von Innovation zu verhindern und ohne den einen oder anderen Konkurrenten zu benachteiligen.

Die diesbezüglichen Bemühungen der europäischen Regulierungsbehörden reichen weit zurück. 1993 erschien ein für die Europäische Kommission verfasster Bericht zu dem Thema. Einige Jahre später verabschiedete das EU-Parlament ein Gesetz, das die LLU forderte. Jedoch vergingen weitere Jahre, ehe die einzelnen Mitgliedsländer begannen, nationale Gesetze zu entwerfen, die die Umsetzung der Entbündelung ermöglichten. 2006 begann Schweden als erstes EU-Land mit der LLU; seinem Beispiel sind immer mehr Länder gefolgt.

1.3.4   Weitere Überlegungen zu Tying Arrangements

Weitere generelle Überlegungen für Unternehmen, Politik und Justiz betreffen das Verhalten von Managern und Lieferanten, die Preisdiskriminierung sowie Patente und Copyrights. Manager der mittleren Führungsebene, die wenig attraktive Produkte verantworten müssen, sind häufig versucht, sie mit Produkten höherer Qualität im Sortiment des Unternehmens zu koppeln. Sie hoffen dadurch, „ihre" Produkte und damit auch ihre Arbeitsplätze zu retten.

Hersteller eines Produkts, das für viele kommerzielle Kunden notwendig ist, sind ebenfalls versucht, es mit dem Verkauf von weniger notwendigen Produkten zu koppeln und drohen Kunden, die zögern, die weniger begehrten Produkte abzunehmen, mit einem Lieferstopp.

Um am Markt konkurrenzfähig zu bleiben, sehen sich die Kunden dann genötigt, die Güterbündel einzukaufen.

Allein oder in Verbindung mit Patenten und Copyrights stellt das Product Tying auch eine Strategie dar, um den Markeintritt potenzieller Wettbewerber zu verhindern. In den Vereinigten Staaten haben die meisten Bundesländer Gesetze, die Tying deshalb verbieten. Die Landesregierungen sind für ihre Durchsetzung verantwortlich. Darüber hinaus gibt es auch Bundesgesetze gegen Tying, die von der Antitrust Division des U. S. Department of Justice durchgesetzt werden.

Die oben geführte Diskussion von Freebie-Marketing und Product-Tying behandelt spezielle Fälle, die die Schattenseite von Güterbündeln darstellen. Dagegen beruht die Präsentation in Kapitel 2 auf dem generelleren Fall von Produktbündeln, die als ethisch und gesetzlich unbedenklich gelten.

1.4   Kundenprofitabilität

Strategisch gesehen sind zufriedene Kunden gut, im operativen Geschäft jedoch sind gewinnträchtige Kunden sehr viel besser. Obwohl BSCs heute viele messbare Ziele bezüglich des Kundenwerts enthalten (bspw. Marktanteil, Akquisitionen, Zufriedenheit, gehaltene Kunden usw.), verlieren manche Unternehmen das Hauptziel aus dem Auge, nämlich durch den Verkauf von Produkten und Dienstleistungen einen Gewinn zu erwirtschaften. In ihrem Eifer, Kunden zu erfreuen, fahren sie oft genug Verluste ein. Diese Unternehmen bieten zusätzliche Varianten ihrer Güter an, setzen aber nicht die Preise am Markt durch, die ihre Kosten decken.

Normalerweise erweitert ein Unternehmen sein Geschäft, indem es zusätzliche Leistungen anbietet: Kundenspezifische Fertigung, kleine Bestellmengen, Spezialverpackungen, beschleunigte und JIT-Lieferungen, absatzvorbereitende Kundendienste von Marketing-, technischen und Verkaufsressourcen, zusätzliche Kundendienste für Installation, Schulung, Garantien und Außendienst sowie liberale Zahlungsbedingungen. Gewiss schöpfen solche Maßnahmen Werte für den Kunden und erhöhen so seine Loyalität, aber jede von ihnen steigert auch die Kosten des Unternehmens (Reichheld, 1996). Ergebnisse einer Untersuchung in Deutschland zeigen beispielsweise, dass 80 Prozent der Kunden lediglich 9 Prozent des Gesamtumsatzes erwirtschaften, dass 52 Prozent der Produkte nur 4 Prozent zum Gesamtumsatz beitragen und dass 43 Prozent der Bestellungen nur 5 Prozent des Gesamtumsatzes ausmachen (Knote/Tschache, 2008). Um eine differenzierte Kundenstrategie operativ erfolgreich umsetzen zu können, muss der durch die Differenzierung geschöpfte Wert – gemessen an höheren Umsatzerlösen und auch höheren Deckungsbeiträgen – größer als die zusätzlichen Kosten sein, die durch die Differenzierung entstehen (Kaplan/Narayanan, 2001).

Leider haben viele Unternehmen wenig Kenntnis vom wahren Wert ihrer Kunden. Es ist teilweise ein konzeptionelles, teilweise ein kostenrechnerisches (Kaplan/Cooper, 1998) bzw.

ein informationstechnologisches Problem (Williams/Wurth/Newton/Lopez, 2006), das der Controller lösen muss. Deshalb werden hier einige Kundenwertkonzepte und anschließend die Voraussetzungen für eine Kundenwertanalyse in der Praxis erläutert.

1.4.1   Umsatz- und Deckungsbeitragspotenzial

Der Umsatz pro Kunde und Jahr ist die am weitesten verbreitete Kennziffer zur Bewertung von Kunden. Als alleinige Kennzahl ist der Umsatz aber ungeeignet, da er wichtige Elemente des Kundenwertes vernachlässigt. Aufschlussreicher ist die Kundenrentabilität – gemessen am Kundendeckungsbeitrag. So kann der Gesamtwert eines Kunden zum Beispiel weit über oder unter dem monetären Wert seines Umsatzes liegen.

Auch beim Deckungsbeitrag ist entscheidend, dass ein hoher Kundendeckungsbeitrag mit (sehr) hoher Kundenzufriedenheit einhergeht. Ein Kunde mit hohem aktuellen Deckungsbeitrag, der im nächsten Jahr abwandert, weil er unzufrieden ist, ist logischerweise weit weniger profitabel als ein loyaler Kunde.

Die Aussagekraft von Deckungsbeitragskennziffern kann durch ihre Kombination mit anderen Kennzahlen noch verstärkt werden (z. B. der Quotient aus Deckungsbeitrag und Umsatz oder „Umsatz-Deckungsbeitrags-Rate"). Eine solche Kombination ermöglicht es, Deckungsbeitrag und Umsatz in ihrer Beziehung zueinander zu betrachten.

1.4.2   Cross-Selling-Potenzial

Vorhandenen Kunden andere Produkte und Dienstleistungen aus dem Sortiment eines Unternehmens anzubieten, bezeichnet man als „cross-selling" (Querverkauf). Da Cross-Selling das Kundenpotenzial besser ausschöpft, steigt der Wert dieser Kunden für das Unternehmen. So ist beispielsweise ein Autohauskunde, der auch eine Mobilitätsgarantie kauft, naturgemäß profitabler für das Autohaus.

Cross-Selling kann sich auch auf die Kundenbindung positiv auswirken, da sich unter Umständen die Wechselbarrieren erhöhen. Beispielsweise kann man im Finanzdienstleistungsbereich anhand bestehender Kundenverträge über die Urdienstleistung („Ausgangsprodukt") die Folgekaufwahrscheinlichkeiten für andere Verträge („Folgeprodukte") mit Hilfe von Wahrscheinlichkeitsmodellen ermitteln. Eine empirische Untersuchung zeigt beispielsweise, dass ein Kunde, der als Ausgangsprodukt eine Hypothek aufgenommen hat, mit einer 90-prozentigen Abschlusswahrscheinlichkeit für einen Vertrag über eine Baufinanzierung bewertet werden kann, während eine Lebensversicherung dagegen nur mit zehnprozentiger Wahrscheinlichkeit abgeschlossen wird. Der Finanzdienstleister kann also von einer sehr hohen Erfolgswahrscheinlichkeit ausgehen, wenn er seinen Kunden, die bei ihm bereits eine Hypothek aufgenommen, aber noch keine Baufinanzierung haben, ein Angebot für eine Baufinanzierung unterbreitet (Schulz, 1995).

1.4.3 Kundenbindungs- und Referenzpotenzial

Grundsätzlich bestehen Beziehungen zwischen Kundenzufriedenheit und Kundenwert, weil sich Kundenzufriedenheit im Normalfall auf die Dauer der Geschäftsbeziehung positiv auswirkt. Einschränkend ist zu beachten, dass sich das Potenzial zur längerfristigen Kundenbindung teilweise mit anderen Bestandteilen des Kundenwertes überschneidet. So hängt beispielsweise auch das Referenzpotenzial eines Kunden von dem Ausmaß seiner Zufriedenheit ab.

Das Referenzpotenzial wird gemessen an der Anzahl möglicher attraktiver Abnehmer, die ein schon vorhandener Kunde positiv oder negativ beeinflussen kann, beispielsweise durch Weiterempfehlung. Solche Referenzen können so wichtig sein, dass sie sogar den Wert des Umsatzes bzw. Deckungsbeitrags, den ein Kunde direkt erbringt, übersteigen.

Die Größe des Referenzpotenzials hängt von zwei Faktoren ab:

- den Eigenschaften des Referenzgebers

- den Eigenschaften des betreffenden Produktes / der betreffenden Dienstleistung

Beim Referenzgeber sind u. a. seine Ausstrahlungskraft sowie seine Glaubwürdigkeit wichtige Faktoren für die Wirksamkeit seiner Empfehlungen. Entscheidend sind auch die Kompetenz des Referenzgebers bezüglich der betreffenden Ware oder Dienstleistung sowie seine Ich-Beteiligung und seine Zufriedenheit.

Referenzen können aber auch neutral oder negativ wirken. So kann ein unzufriedener Kunde andere wertvolle Kunden „vergraulen" oder potenzielle Neukunden von ihrer Kaufentscheidung abbringen. Da negative Referenzen stärker als positive wirken, kann der monetäre Wert eines unzufriedenen Kunden daher durchaus negativ sein.

Die Referenzwirkung ist auch produktbezogen unterschiedlich. Bei sozial auffälligen Produkten, die in der Öffentlichkeit benutzt werden (z. B. Autos oder Kleidung), spielen Referenzen eine besonders große Rolle. Im Falle des Toyota Lexus beispielsweise wurden die meisten Neukunden durch die Referenzwirkung gewonnen (Beyer, 2008).

1.4.4 Informationspotenzial

Zum Informationspotenzial eines Kunden gehören alle qualifizierten Meinungsäußerungen, die ein Unternehmen von diesem Kunden erhält und nutzen kann. Dabei kann es sich um positive Äußerungen, Beschwerden oder auch Innovationsvorschläge handeln. Solche Informationen werden beispielsweise durch Kundenbefragungen nach dem Erhalt von Waren oder Dienstleistungen routinemäßig gesammelt. Kundenmeinungen und andere Auskünfte werden dann in einem kundenorientierten Informationssystem gespeichert, aus dem man sie bei Bedarf abrufen und unter unterschiedlichen Aspekten auswerten kann.

1.4.5   Zahlungsbereitschaft

Die Zahlungsbereitschaft des Kunden (z. B. bei Zieleinkäufen) wird maßgeblich von seiner Bonität, seiner Zahlungsmoral und der Zahlungsform (Rechnung, Lastschrift, Kreditkarte, e-Payment, Nachnahme oder Vorauskasse) beeinflusst. Zur Bewertung der Zahlungsmoral kann der Anbieter u. a. ein Kreditscoring seiner Kunden durchführen, bei dem sie einen nominalen Wert als Kreditlimit zugewiesen erhalten. Dadurch kann das Unternehmen zu großen Liquiditätsrisiken entgegenwirken.

Die Bedeutung dieser Kundenwertkennzahl hängt von den situativen Liquiditätsbedürfnissen des Anbieters ab und ist vor allem bei kurzfristigen Liquiditätsengpässen wichtig. Der Liquiditätseinfluss einer Geschäftsbeziehung wird natürlich auch von der Lebenszyklusphase des Kunden bestimmt. So verringert der Kunde beispielsweise in der Akquisitionsphase die Liquidität im Unternehmen, da den Anfangsinvestitionen keine Einzahlungen gegenüberstehen.

1.4.6   Kundenwertanalysen in der Praxis

Leider können viele Unternehmen die Kosten für Marketing, Vertrieb, Kundendienst und allgemeine Verwaltung immer noch nicht ihren einzelnen Kunden präzise zuordnen. Entweder behandeln sie solche Aufwendungen als fixe Kosten der Rechnungsperiode, die sie nicht bis auf die Kundenebene hinunter verfolgen, oder sie verwenden ungenaue Methoden, bspw. die Verrechnung eines bestimmten Prozentsatzes der Umsatzerlöse des individuellen Kunden zur Deckung seiner indirekten Kosten.

Dagegen benutzen gut geführte Unternehmen Verfahren, die die Rentabilität eines jeden Kunden analysieren. Ihre Kundenwertanalysen setzen bei den Umsatz- und Deckungsbeitragszahlen an und schließen mit einer aktivitätenbasierten Kostenanalyse ab, um die indirekten Kosten präziser auf die einzelnen Kunden zu verrechnen. Auf diese Weise kann man herausfinden, welche Kunden bezüglich Umsatz und Deckungsbeitrag bedeutend sind (Rieker, 1995).

Eine Variante der aktivitätenbasierten Kostenanalyse, die zurzeit zunehmend angewandt wird, ist die sogenannte „time-driven ABC" (Kaplan/Anderson, 2004, 2007). Ihr Einsatz erfordert zusätzliche Daten nur für zwei Variablen: Die Kosten pro Stunde jeder Ressourcengruppe, die Arbeit leistet (z. B. verursacht die Kundendienstabteilung Kosten von 350 €/h) und die verbrauchte Zeit je Arbeitseinheit für spezifische Produkte, Dienstleistungen und Kunden (z. B. verbraucht eine bestimmte Kundentransaktion 12 Minuten = 0,2 h). So können die Kosten des Vorgangs für den einzelnen Kunden berechnet werden: z. B. 350 €/h * 0,2 h = 70 €.

Die Methode wird bereits in zahlreichen Organisationen benutzt und lässt sich auch in sehr großen Unternehmen mit Tausenden von Produkten und Dienstleistungen, Dutzenden von operativen Abteilungen und Hunderttausenden von Kunden anwenden. Das Resultat ist die Fähigkeit, die Profitabilität des einzelnen Kunden genau zu messen und zwar in einem Controllingsystem, das leicht zu handhaben sowie billig zu pflegen und fortzuschreiben ist.

1.4.7 Verknüpfung der BSC mit der operativen Steuerung

Die Fähigkeit, die Profitabilität auf der Ebene des einzelnen Kunden zu messen, erlaubt Unternehmen, neue „key perfomance indicators" (KPIs) in ihre BSCs aufzunehmen (z. B. Prozentsatz unrentabler Kunden, Verluste unprofitabler Kundenbeziehungen in Euro). Die Indikatoren signalisieren, dass Kundenzufriedenheit und -bindung sowie Wachstum in Kundenbeziehungen nur dann wünschenswert sind, wenn diese Beziehungen zu höheren, nicht zu niedrigeren Gewinnen führen.

Eine kundenspezifische Preispolitik bildet den Kern jeder Strategie, die die Kundenrentabilität steuert. So definiert ein Unternehmen einen Grundpreis für ein Standardprodukt oder eine Standarddienstleistung, mit Standardverpackung, -lieferung und -zahlungsbedingungen. Gleichzeitig bietet es dem Kunden ein Menü von Optionen an, die mögliche Variationen von der Standardbestellungen auflistet (z. B. kundenspezifische Ausführungen des Produkts bzw. der Dienstleistung, spezielle Verpackungen, beschleunigte Lieferungen, gestreckte Zahlungstermine usw.). Jede Option hat einen Preis, der laut aktivitätenbasierter Kostenrechnung mindestens ihre Kosten deckt, so dass das Unternehmen für die angebotenen kundenspezifischen Dienstleistungen keine Verluste hinnehmen muss. Darüber hinaus kann das Optionsmenü den Käufer motivieren, seine Bestell- und Wareneingangsprozesse so zu verändern, dass die Gesamtkosten zu seinem eigenen Vorteil und dem des Verkäufers gesenkt werden. Die Kundenrentabilitätsanalyse („customer profitability analysis" oder „customer profitability metrics") ist also das unverzichtbare Bindeglied zwischen einer erfolgreichen bei der Kundenakquisition, -zufriedenstellung und -bindung einerseits und verbesserten finanziellen Ergebnissen andererseits (Pfeifer/Haskins/Conroy, 2005).

Wenn ein Unternehmen entdeckt, dass ein wichtiger Kunde unrentabel ist, sollte es zuerst intern überprüfen, wie es seine Prozesse im Kundenservice optimieren kann, um Kosten zu senken. Wenn wichtige Kunden beispielsweise beginnen, in kleineren Mengen zu bestellen, sollte das Unternehmen sich bemühen, seine Rüst- und Auftragsbearbeitungskosten zu verringern. Man könnte den Kunden beispielsweise bitten, seine Bestellungen über das Internet abzuwickeln, eine Maßnahme, die die Bearbeitungskosten, die zahlreiche kleine Bestellungen verursachen, erheblich reduziert.

Ein Kunde kann unrentabel sein, weil er nur ein einziges Produkt oder eine einzige Dienstleistung kauft. Statt den Preis zu erhöhen, könnte das Unternehmen den Kunden dazu anregen, ein breiteres Sortiment an Gütern zu kaufen, in der Erwartung, dass der Umfang der Deckungsbeiträge eines größeren Produktkorbes ausreichen wird, die unrentable in eine rentable Beziehung umzuwandeln.

Abb. 1.1 zeigt, wie ein Versicherungsunternehmen seine Kundenbeziehungen steuert, seitdem sein Management Kenntnis davon hat, welche Gesamtkosten diese mit sich bringen. Es positioniert die Kunden entlang der horizontalen Achse in der Rangfolge ihrer Profitabilität. Die vertikale Achse stellt die kumulierte Kundenprofitabilität als Prozentsatz dar. Die Form der Kurve (sogenannte Walkurve, „whale curve") in Abb. 1.1 ergibt sich in fast jeder Untersuchung der Kundenrentabilität: Die profitabelsten 20 Prozent der Kunden schaffen in der Regel etwa 120 Prozent des Jahresgewinns des Unternehmens. Im Vergleich führen Geschäfte mit den verlustreichsten Kunden zu Defiziten, die mehr als 20 Prozent Verlust verursachen, so dass am Ende nur der Jahresgewinn übrig bleibt (Niraj/Gupta/Narasimhan, 2001; Selden/Colvin, 2003). In dem spezifischen Fall in Abb. 1.1 erreicht man mit den profitabelsten 40 Prozent der Kunden sogar 130 Prozent des Jahresgewinns; Geschäfte mit den mittleren 55 Prozent der Kunden sind kostendeckend, während fünf Prozent der Kunden Verluste in Höhe von 30 Prozent des Jahresgewinns zur Folge haben.

Das untersuchte Versicherungsunternehmen arbeitet jetzt gezielter mit seinen profitabelsten Kunden zusammen, um ihre Bindung zu festigen und zusätzliche Geschäfte mit ihnen zu generieren. Bei den Kunden der mittleren Gruppe ist die Aufgabe, Prozesse zu optimieren, Kosten zu senken und den Gewinn zu steigern. Den Hauptteil seiner Aufmerksamkeit widmet das Management jedoch den bisher verlustbringenden Kunden. Man versucht, neue Preise für die Dienstleistungen durchzusetzen, die von dieser Kundengruppe in Anspruch genommen werden, und die Auftragsmengen für Produkte mit höheren Deckungsbeiträgen zu steigern. Sollten diese Maßnahmen nicht dazu führen, aus unprofitablen profitable Kunden zu machen, ist das Versicherungsunternehmen bereit, ganz auf Geschäfte mit ihnen zu verzichten.

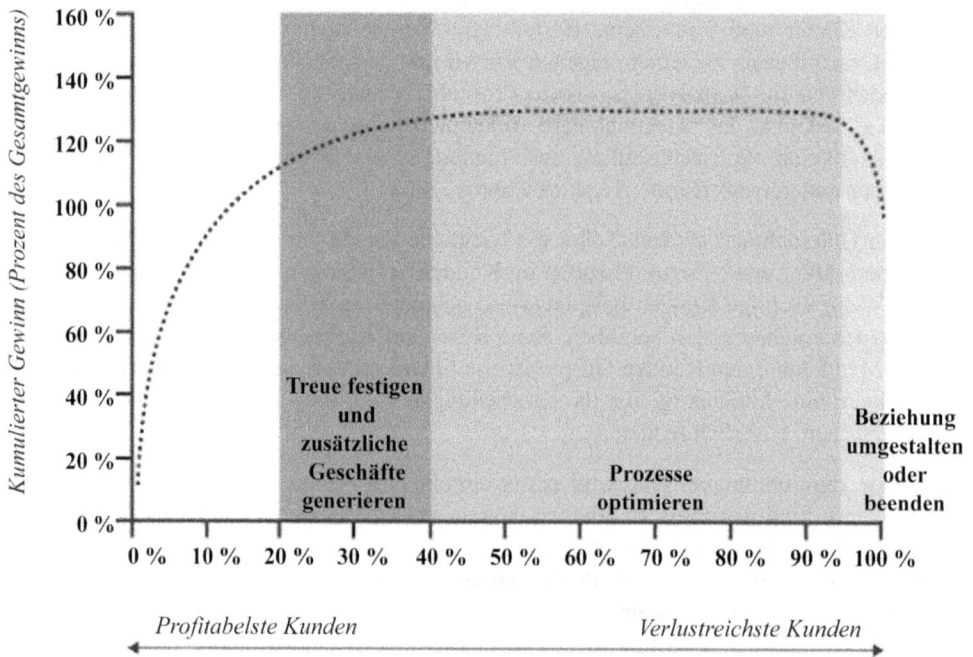

Abb. 1.1   Typische „Walkurve" der Kundenprofitabilität (Quelle: Kaplan, 2005)

1.4.8   Kundenprofitabilität in diesem Buch

Wie beschrieben schaffen Kundenrentabilitätsanalysen dem Controlling ein notwendiges Bindeglied zwischen der Erfolgsmessung in der Kundenperspektive der BSC und verbesserter finanzieller Leistung. Viele Unternehmen erleben ein gewinnloses Wachstum ihrer Umsatzerlöse. KPIs auf der BSC, die die Häufigkeit unprofitabler Kunden und die Höhe der Verluste, die durch Geschäfte mit ihnen verursacht werden, widerspiegeln, lenken die Aufmerksamkeit des Managements auf die Steuerung der Kundenbeziehungen. Deshalb wird in Kapitel 2 die Durchführung einer Kundenprofitabilitätsanalyse Schritt für Schritt erläutert.

1.5   Produktivität

In der Volkswirtschaftslehre ist die Produktivität eine Messzahl für die technische Effizienz oder Wirtschaftlichkeit (d. h. Leistungsfähigkeit) der Produktionsstruktur einer ganzen Volkswirtschaft oder eines ganzen Wirtschaftszweiges. Sie bezeichnet das Verhältnis zwischen dem Produktionsergebnis (Volkseinkommen) und den Mengen der dafür benötigten Produktionsfaktoren.

Dagegen wird in der Betriebswirtschaftslehre unter Produktivität die Ergiebigkeit der betrieblichen Faktorkombination verstanden. In diesem Sinne ist die Produktivität nicht gleichbedeutend mit Wirtschaftlichkeit, auch nicht mit Rentabilität, sondern das (Mengen-) Verhältnis zwischen dem, was produziert wird („Output"), und den dafür beim Produktionsprozess eingesetzten Mitteln (Produktionsfaktoren, d. h. „Input") (REFA, 1971; Alisch/Winter/Arentzen, 2005; Wikipedia, 2008):

> Produktivität = Ausbringungsmenge / Einsatzmenge = Output / Input

Dabei wird der Output als Menge pro Zeiteinheit angegeben, d. h. er wird als eine Stromgröße betrachtet. Der Input kann ebenfalls eine Stromgröße sein, beispielsweise die Anzahl der Arbeitsstunden in einem Jahr oder die Abschreibungen auf den Kapitalstock in einem Jahr. Der Input kann aber auch eine Bestandsgröße sein, beispielsweise die durchschnittliche Anzahl der Erwerbstatigen in einem Jahr oder der durchschnittliche Kapitalstock eines Jahres.

Da die erzeugten Güter einer Volkswirtschaft bzw. der Betriebe ganz unterschiedlicher Art sind und sich die Zusammensetzung der Produktion nach verschiedenen Gütern im Zeitablauf auch noch verändern kann, ist es notwendig, die Güter mit Preisen zu bewerten, um den Gesamtoutput als eindimensionale Größe ermitteln zu können. Hierzu werden die Güter zu Marktpreisen bewertet, sofern diese existieren. Güter, für die es keine Marktpreise gibt, werden zu Erstellungskosten bewertet. Außerdem werden beim Output in der Praxis reine Preisveränderungen mit Hilfe von Preisbereinigungsverfahren herausgerechnet. Eine mögliche Methode ist das Rechnen in konstanten Preisen eines Basisjahres.

Das gleiche Bewertungsproblem ergibt sich auch beim Produktionsfaktor Kapital, da sich der Kapitalstock aus verschiedenen Gütern zusammensetzt. Beim Produktionsfaktor Arbeit wird dagegen auf die physischen Mengen – wie Anzahl der Erwerbstätigen oder Anzahl der Arbeitsstunden – zurückgegriffen.

Die Produktivität lässt sich nach den unterschiedlichen Produktionsfaktoren untergliedern:

- Arbeitsproduktivität = Produktionsmenge / Arbeitsstunden

- Maschinenproduktivität = Produktionsmenge / Maschinenstunden

- Materialproduktivität = Produktionsmenge / Materialeinsatz

1.5.1   Faktorproduktivität

Bei der Ermittlung der Faktorproduktivität wird die Menge der erzeugten Güter bzw. Dienstleistungen ins Verhältnis zur Einsatzmenge eines Faktors gesetzt. Diese statistisch gemessenen Produktivitäten kann man nicht ursächlich in dem Sinne verstehen, dass etwa eine steigende Arbeitsproduktivität zeigt, dass die Arbeiter „fleißiger" werden oder dass eine sinkende Kapitalproduktivität zeigt, dass das Kapital weniger nützlich wird. Vielmehr ist eine steigende Arbeitsproduktivität die Folge davon, dass pro Arbeiter immer mehr „Kapital" (gemeint sind eigentlich Produktionsmittel) eingesetzt werden. In der Regel steigt deshalb langfristig die Arbeitsproduktivität, während die „Kapitalproduktivität" stagniert oder gar zurückgeht.

In der neoklassischen Wirtschaftstheorie gilt die Annahme, dass die Produktionsfaktoren gemäß ihrer Produktivität entlohnt werden – was nicht heißt, dass dieses in der Praxis geschieht. Ursachen hierfür können Marktfehler und externe Effekte (Externalitäten) sein. Mit Hilfe der statistisch gemessenen Produktivitäten kann überprüft werden, ob dieses der Fall ist. Da manche LeserInnen mit Externalitäten möglicherweise wenig vertraut sind, werden sie im Anschluss kurz erklärt, bevor dann die einzelnen Faktorproduktivitäten diskutiert werden.

1.5.2   Externe Effekte

Externe Effekte (Externalitäten) können sowohl negativer als auch positiver Natur sein. Aufmerksamkeit jedoch rufen vor allem negative externe Effekte hervor, durch die es zur Schädigung von betroffenen Personen oder Unternehmen kommt. Externe Effekte lassen sich je nach ihrer Art in monetäre und technologische Externalitäten unterteilen.

Beim Vorliegen monetärer Externalitäten verursachen die Handlungen eines Anbieters oder Nachfragers Änderungen des Marktpreises, die sich auf andere Marktteilnehmer auswirken. Monetäre externe Effekte sind unvermeidliche Begleiterscheinungen marktwirtschaftlicher Konkurrenz. Sie beeinflussen zwar die Preise, bewirken aber nicht, dass Ressourcen unbezahlt verbraucht werden. So liefert ein Markt mit monetären Externalitäten weiterhin ein effizientes (optimales) Ergebnis.

Monetäre externe Effekte können aber großen Einfluss auf die Verteilung von Nutzen und Kosten einer Maßnahme auf verschiedene Bevölkerungsgruppen haben. Dies ist von Bedeutung insbesondere bei öffentlichen Investitionen und Subventionen, die meistens bestimmten Bevölkerungsgruppen zugute kommen, während sie andere mit ihrer Finanzierung belasten.

Nehmen wir z. B. an, dass eine private Bahngesellschaft den Verkehr zwischen zwei Städten aufnimmt und damit in Konkurrenz zum etablierten Bahnunternehmen tritt, das diese Route bisher allein bedient hat. Um neue Bahnkunden zu gewinnen und Passagiere vom Altanbieter abzuziehen, bietet der Newcomer die Fahrkarten billiger an. Während der alteingesessene Produzent sich nun ebenfalls zur Preissenkung gezwungen sieht, könnte der Betreiber des Schienennetzes durch die dichtere Zugfolge veranlasst werden, eine höhere Gebühr für die Trassennutzung zu erheben. Der Markteintritt der neuen Bahngesellschaft erhöht also die Preise von Inputs (Kosten für die Nutzung der Bahntrasse) und senkt die Preise der Outputs (Bahntickets). Diese Vorteile für den Netzbetreiber und die Passagiere sind gleichzeitig Nachteile für den alteingesessenen Anbieter. Aus der Sicht des Letzteren stellen sie negative monetäre Externalitäten dar.

Technologische Externalitäten dagegen verursachen Abweichungen des Marktergebnisses vom gesellschaftlich optimalen Ergebnis. Hier haben Handlungen einer Person oder eines Unternehmens unmittelbare Auswirkungen auf den Nutzen eines Haushalts oder auf die Produktion eines Unternehmens. Ein Beispiel: Umweltschäden durch den Lärm oder die Luftverschmutzung von startenden Flugzeugen beeinträchtigen direkt die Lebensqualität der am Flughafen wohnenden Menschen. Wird die Schädigung der Umwelt nicht mit entsprechenden Ausgleichszahlungen abgegolten, handelt es sich um einen externen Effekt.

Da auch technologische externe Effekte Preise beeinflussen – z. B. die Immobilienpreise in Flughafennähe – ist die Unterscheidung auf den ersten Blick nicht immer einfach. Entscheidend ist, dass technologische Externalitäten direkt Produktions- und Nutzenfunktionen und nur indirekt das Preisgefüge beeinflussen. Bei monetären Externalitäten ist dagegen gerade die umgekehrte Wirkungskette festzustellen.

Das Marktergebnis führt bei negativen technologischen Externalitäten zu einem zu großen Output, der einen Wohlfahrtsverlust darstellt. Bei Umweltschäden bedeutet dies eine Übernutzung der Natur. Durch eine Steuer in Höhe der Differenz zwischen dem Preis ohne externe Kosten und dem höheren wohlfahrtsoptimalen Preis kann das optimale Outputniveau erreicht werden. Im Verkehrsbereich zielt die Mineralölsteuer in diese Richtung, da Fahrleistung und Verbrauch in engem Zusammenhang stehen und verbrauchsarme PKW meist weniger Schadstoffe produzieren. Die richtige Höhe für eine solche Steuer ist allerdings sehr umstritten, da auch die Stärke des externen Effekts unterschiedlich bewertet wird.

Neben negativen Externalitäten gehen vom Verkehr aber auch positive externe Effekte aus, z. B. durch Netzwerkeffekte. So können durch ein gut ausgebautes Verkehrsnetz räumliche Monopole aufgebrochen werden. Darüber hinaus kann ein solches Verkehrsnetz für seine Benutzer die potenzielle Reichweite bei Arbeitsplatz- und Wohnungssuche sowie gesellschaftliche und soziale Kontakte (konsumtive Optionsnutzen) vergrößern.

1.5.3   Arbeitsproduktivität

Die bekannteste und meistbenutzte Faktorproduktivität ist die Arbeitsproduktivität. Das liegt vor allem daran, dass Arbeitsstunden leichter zu ermitteln sind als etwa die Abnutzung oder der Bestand des eingesetzten Kapitals, also der Maschinen, Gebäude und (bei gesamtwirtschaftlichen Produktivitätsbetrachtungen) Infrastruktureinrichtungen.

Die volkswirtschaftliche Formel für die Arbeitsproduktivität je Arbeitsstunde lautet:

$$\text{Arbeitsproduktivität } P_i = BIP_{real} / \text{Arbeitsvolumen} = BIP_{real} / (Et * h)$$

BIP_{real} ist das reale Bruttoinlandsprodukt, Et die Anzahl Erwerbstätiger und h die Anzahl der geleisteten Arbeitsstunden je Erwerbstätigen.

Die volkswirtschaftliche Formel für die Arbeitsproduktivität je Erwerbstätigen lautet deshalb:

$$\text{Arbeitsproduktivität } P_i = BIP_{real} / Et$$

oder

$$\text{Arbeitsproduktivität} = \text{Ergebnis} / \text{Arbeitsaufwand}$$

1.5.4   Kapitalproduktivität

Das Statistische Bundesamt der Bundesrepublik Deutschland weist Kapitalproduktivität aus, indem es das Bruttoinlandsprodukt zu konstanten Preisen (zuletzt denen des Jahres 1995) ins Verhältnis setzt zum Kapitalstock. Letzterer ist das Bruttoanlagevermögen (ebenfalls berechnet zu konstanten Preisen). Die Addition verschiedener Kapitalarten zu einem Gesamtkapitalstock beruht allerdings auf zweifelhaften Annahmen, die im Zuge der Kapitalkontroverse kritisiert wurden.

Der Begriff Kapitalkontroverse bezeichnet eine in der Wirtschaftstheorie der 1960er Jahre geführte Debatte um die Natur und die Rolle von Kapitalgütern als Produktionsfaktor bzw. Produktionsmittel. Hauptsächlich waren daran beteiligt: Joan Robinson, Piero Sraffa und Luigi L. Pasinetti von der englischen Universität Cambridge sowie Paul Samuelson und Robert Solow vom Massachusetts Institute of Technology in Cambridge, Massachusetts. Deshalb ist auch die Rede von der „Cambridge-Cambridge-Kontroverse".

In Abkehr von Theorie und Methode der klassischen Ökonomie sucht die neoklassische Theorie innerhalb ihres Gleichgewichtssystems simultan bestimmbarer Angebots-Nachfrage-Funktionen die Frage von Produktion und Verteilung durch die Grenzproduktivitätstheorie zu lösen. In einer Neuformulierung der Malthusschen Rententheorie wurde die Grundrente als Grenzprodukt des Bodens verstanden. Auf diese Weise verfuhr man auch mit den anderen Produktionsfaktoren, nämlich Arbeit und Kapital. Der Lohn wird definiert als das Grenzprodukt der Arbeit, und der Zins (als Entgelt für den Einsatz von Kapital) als das Grenzprodukt des Produktionsfaktors Kapital.

Wenn hier also die Aufteilung des Sozialprodukts zwischen Löhnen und Profiten ganz anders als in der klassischen Ökonomie erklärt wird, so ist dabei grundsätzlich wichtig, dass das Kapital als eine homogene Größe angesehen wird, die demzufolge als Wertgröße gemessen werden muss (und nicht als eine physische Größe wie etwa Arbeit oder Boden). Nach Piero Sraffa und Joan Robinson droht hierbei der folgende Zirkelschluss: Wie der Wert jedes anderen Gutes ändert sich der Wert eines Kapitalgutes, sobald sich die Lohn- oder Zinssätze ändern – diese sollen jedoch gerade durch die Kapitalmengen definiert werden!

Im Verlauf der Debatte versuchte man durch Differenzierung der neoklassischen Modelle diesem grundsätzlichen Einwand zu entgehen. Die Kritiker warfen ihnen weiterhin fehlende Logik vor. Außerdem wurde dadurch die Theorie in ihrem Erklärungswert oder ihren Anwendungsmöglichkeiten auf reales Wirtschaften zu stark eingeschränkt.

Teil der Kapitalkontroverse war auch die Diskussion um das „Reswitching" (zurück wechseln). Sraffa zeigte auf, dass unter bestimmten Umständen Unternehmen bei steigenden Löhnen zuerst zu einer anderen Produktionstechnik wechseln, und – wenn die Löhne weiter steigen – „paradoxerweise" wieder zur ursprünglichen Technik zurück wechseln. Ein solcher Vorgang kann innerhalb der neoklassischen Theorie, etwa auf Grundlage einer Cobb-Douglas-Produktionsfunktion, nicht dargestellt werden (Sraffa, 1976; Kurz, 1987; Garegnani, 1989).

1.5.5   Empirische Befunde

In den OECD-Ländern, also den Industrieländern, ist die potenzielle Produktion (Produktion bei normaler Auslastung des Kapitalstocks) von 1983 bis 1992 jahresdurchschnittlich um 2,9 Prozent gestiegen. Sie verlangsamte sich zwischen 1993 und 2002 auf durchschnittlich 2,6 Prozent pro Jahr.

Die Beschäftigung wuchs in den angegebenen Zeiträumen jahresdurchschnittlich jeweils um 2,4 Prozent und 1,1 Prozent. Der Beschäftigungszuwachs in der OECD hat sich also verlangsamt.

Für die Arbeitsproduktivität ergibt sich daraus ein Wachstum von ca. 0,5 Prozent im ersten und 1,5 Prozent im zweiten Zeitabschnitt. Das Arbeitsproduktivitätswachstum hat sich demnach beschleunigt.

Der Kapitalstock wuchs durchschnittlich um 3,7 Prozent bzw. um 3,1 Prozent pro Jahr, also rascher als die Produktion. Die Kapitalproduktivität hat sich demnach vermindert, durchschnittlich um 0,8 Prozent von 1983 bis 1992 und um 0,5 Prozent von 1993 bis 2002.

In aller Regel nimmt die Arbeitsproduktivität mittel- und langfristig zu, während die Kapitalproduktivität eher sinkt, wie am Beispiel der OECD-Länder gezeigt. Eine bemerkenswerte Ausnahme sind die USA, für welche die OECD ein Wachstum der Kapitalproduktivität von durchschnittlich 0,1 Prozent pro Jahr sowohl für das Jahrzehnt von 1983 bis 1992 als auch für das Jahrzent zwischen 1993 bis 2002 angibt.

Tab. 1.1 zeigt Daten für die Bundesrepublik Deutschland, die dagegen den generellen Trend widerspiegeln. Die Arbeitsproduktivität wird nach folgender Formel berechnet:

$$P_i = BIP_{real} / \text{Arbeitsvolumen}$$

Die absoluten Zahlen der Arbeitsproduktivität sind oft weniger aussagefähig als die Entwicklung der Arbeitsproduktivität, bezogen auf ein Basisjahr. Um diese zu ermitteln, wird die vorstehende Gleichung für beliebige Jahre durch ein Basisjahr dividiert:

$$P_{irel} = P_i / P_{iBasis} = (BIP / \text{Arbeitsvolumen}) / (BIP_{Basis} / \text{Arbeitsvolumen}_{Basis})$$
$$= (BIP / BIP_{Basis}) / (\text{Arbeitsvolumen} / \text{Arbeitsvolumen}_{Basis}) = BIP_{rel} / ArV_{rel}$$

Die verwendeten Daten werden vom Statistischen Bundesamt herausgegeben. Auch die jährliche Steigerung der Arbeitsproduktivität (ΔP_i) wird veröffentlicht.

Egal, ob 1960 oder 1995 als Basisjahr zu Grunde gelegt wird, das relative Bruttoinlandprodukt, BIP_{rel}, nahm über den Zeitraum von 1950 bis 2005 fast kontinuierlich zu. Das absolute Arbeitsvolumen, ArV, und das relative Arbeitsvolumen, ArV_{rel}, nahmen von 1950 bis 1975 fast kontinuierlich ab und blieben danach beinahe konstant. Die relative Arbeitsproduktivität, P_{irel}, ist über den gesamten Zeitraum stets angestiegen. Das gleiche gilt für die Wachstumsrate der Arbeitsproduktivität, ΔP_i, allerdings mit einer trotz großer jährlicher Schwankungen langfristig eher abnehmenden Tendenz.

Die Entwicklungen bei der Arbeitsproduktivität deuten an, dass die Kapitalproduktivität in Deutschland langfristig sinkt. Eine langfristig sinkende Kapitalproduktivität ist jedoch problematisch, da diese wiederum bedeutet, dass die gesamtwirtschaftliche Kapitalrentabilität (Kapitaleinkommen im Verhältnis zum Kapitalstock) nur gehalten werden kann, wenn der Anteil der Arbeitseinkommen am BIP verkleinert wird. Eine solche langfristige Entwicklung hätte natürlich spätestens dann ein Ende, wenn die Lohnquote den Wert null erreicht (OECD, 2005).

Tab. 1.1   *Relative Arbeitsproduktivität in Deutschland zum Basisjahr 1995*

Jahr	BIP_{rel} Basis 1960	BIP_{rel} Basis 1995	ArV (Mio. h)	ArV_{rel} Basis 1995	P_{irel} Basis 1995	ΔP_i (%)
1950						
1951	0,49	0,16				
1952	0,53	0,18				
1953	0,59	0,20				
1954	0,64	0,21				
1955	0,69	0,23				
1956	0,77	0,26				
1957	0,83	0,28				
1958	0,88	0,30				
1959	0,92	0,31				
1960	1,00	0,34		1,22	0,28	
1961	1,04	0,35	56470	1,22	0,29	3,83
1961	1,04	0,35	56470	1,22	0,29	3,83
1962	1,09	0,37	55690	1,20	0,30	6,27
1963	1,12	0,38	55020	1,19	0,32	4,00
1964	1,20	0,41	55371	1,20	0,34	6,46
1965	1,26	0,43	55329	1,20	0,36	5,07
1966	1,30	0,44	54483	1,18	0,37	4,77
1967	1,29	0,44	51764	1,12	0,39	4,44
1968	1,36	0,46	51507	1,11	0,41	5,95
1969	1,46	0,50	51812	1,12	0,44	6,72
1970	1,58	0,54	52075	1,13	0,47	7,67
1971	1,63	0,56	51428	1,11	0,50	4,46
1972	1,70	0,58	51029	1,10	0,52	5,10
1973	1,78	0,61	50800	1,10	0,55	5,17
1974	1,79	0,61	49402	1,07	0,57	3,40
1975	1,77	0,60	47122	1,02	0,59	3,66
1976	1,86	0,63	47271	1,02	0,62	4,75
1977	1,91	0,65	46959	1,02	0,64	3,37

Tab. 1.1 *Fortsetzung*

Jahr	BIP$_{rel}$ Basis 1960	BIP$_{rel}$ Basis 1995	ArV (Mio. h)	ArV$_{rel}$ Basis 1995	P$_{irel}$ Basis 1995	ΔP$_i$ (%)
1978	1,97	0,67	46837	1,01	0,66	3,41
1979	2,05	0,70	47368	1,02	0,68	2,89
1980	2,08	0,71	47611	1,03	0,69	0,94
1981	2,08	0,71	47047	1,02	0,69	1,19
1982	2,07	0,71	46268	1,00	0,70	1,19
1983	2,10	0,72	45572	0,99	0,72	2,99
1984	2,16	0,74	45642	0,99	0,74	2,69
1985	2,20	0,75	45663	0,99	0,76	1,80
1986	2,26	0,77	46003	0,99	0,77	1,96
1987	2,29	0,78	45988	0,99	0,78	1,36
1988	2,38	0,81	46474	1,00	0,80	2,84
1989	2,47	0,84	46645	1,01	0,83	3,40
1990	2,61	0,89	47412	1,03	0,87	3,95
1991	2,75	0,94	47990	1,04	0,90	4,09
1992	2,81	0,96	48140	1,04	0,92	1,86
1993	2,78	0,95	46773	1,01	0,94	1,82
1994	2,86	0,98	46438	1,00	0,97	3,61
1995	2,91	1,00	46025	1,00	1,00	2,66
1996	2,94	1,01	45455	0,98	1,02	2,29
1997	2,99	1,02	45365	0,98	1,04	1,90
1998	3,06	1,05	45744	0,99	1,05	1,49
1999	3,12	1,07	46096	1,00	1,07	1,18
2000	3,22	1,10	46691	1,01	1,09	1,88
2001	3,26	1,12	46715	1,01	1,10	1,19
2002	3,26	1,12	46225	1,00	1,11	1,06
2003	3,25	1,11	45909	0,99	1,11	0,37
2004	3,29	1,13	46129	1,00	1,12	0,74
2005	3,32	1,14				

1.5.6   Grenzproduktivität

Volks- und betriebswirtschaftlich interessant ist neben der bisher betrachteten Durchschnitts-
produktivität der Faktoren auch ihre Grenzproduktivität:

$$\Delta x \, / \, \delta r_i$$

Sie gibt an, um wie viel sich der Output erhöht, wenn der Faktoreinsatz um eine Einheit
steigt. Die Grenzproduktivität des Faktors Arbeit kann z. B. daran gemessen werden, um
welchen Betrag der Output wächst, wenn eine zusätzliche Arbeitsstunde geleistet wird.

In der Theorie sind Grenzproduktivitäten von besonderem Interesse, weil sie auf vollkom-
menen Faktormärkten den Marktpreis für den Faktor bestimmen (in der Regel nach der
Wertgrenzproduktivität, d. h. WGP = Grenzproduktivität * Outputpreis und im Optimum ist
WGP = Faktorpreis). In den meisten Fällen geht man von einer abnehmenden Grenzproduktivität aus, d. h. trotz eines Anstiegs des Inputs wächst der Output nicht im gleichen Maß.

1.5.7   Totale Faktorproduktivität

Empirisch lässt sich beobachten, dass das Wachstum des Outputs Y sich nicht nur aus dem
Wachstum der Inputs Arbeit A und Kapital K erklären lässt. Es bleibt ein unerklärlicher
Rest. Dieser Teil der Wachstumsrate von Y, der nicht durch Veränderungen in den Einsatz-
mengen von A oder K erklärt werden kann, wird als totale Faktorproduktivität bezeichnet.
Sie kann als Maß für den technischen Fortschritt gedeutet werden, der unabhängig vom Ein-
satz der Produktionsfaktoren für ein Wachstum des Outputs Y sorgt.

1.5.8   Produktivität in diesem Buch

Im Gegensatz zu der obigen Diskussion aus der Perspektive der Gesamtwirtschaft wird die
Produktivität in diesem Buch auf der Betriebsebene behandelt. In Kapitel 3 geht es um die
Messung von Teil- und Gesamtproduktivität, die Interpretation von Veränderungen in Teilproduktivitäten in ihren Verhältnissen zu Verbrauchsabweichungen, die Anwendung von
Teil- und Gesamtproduktivitätskennzahlen, die Produktivitätsanalyse bei jährlichen Kostenveränderungen und die Produktivität im Dienstleistungssektor. Jedes dieser Themen wird
anhand eines numerischen Beispiels dargestellt und schließlich mit einem umfassenden Beispiel zur Anwendung von Abweichungsanalysen und Produktivitätskennzahlen abgeschlossen.

1.6   Wertorientiertes Controlling

Die Orientierung des Managements am Unternehmenswert, das heißt am diskontierten Wert
der zukünftig geplanten bzw. erwarteten freien Cash-flows (nämlich der „discounted cash
flows" (DCF)), ist in den letzten Jahren nicht nur im angelsächsischen Raum (Stewart, 2001;
Copeland/Koller/Murrin, 2002), sondern auch im deutschsprachigen zur Selbstverständlich-
keit geworden (Drukarczyk, 2004; Zischg, 2005). Ausgehend von großen börsennotierten
Konzernen mit breiter internationaler Aktionärsbasis setzt sich diese Haltung zunehmend
auch in mittleren Unternehmen durch (Lauk, 1994). Während bei ersteren die konsequente
Eigentümerorientierung zum Teil ein Novum darstellte, handelt es sich für die letztgenannten
bei der wertorientierten Unternehmensführung um eine neue, präzisere Formulierung eines
ohnehin verfolgten Prinzips. Im Folgenden wird – stark komprimiert und mit anderer Ak-
zentsetzung – ein zusammenfassender Artikel zu diesem Thema (Stermetz, 1999) wiederge-
geben.

Von der Zielsetzung der wertorientierten Unternehmensführung bis zur praktischen Umsetzung ist es ein weiter Weg. Die wertorientierte Ausgestaltung des Controlling ist dafür der
entscheidende Schritt. Das Controlling leistet mit seinem regelmäßigen, „harten" Prozessen
und Instrumenten einen wesentlichen Beitrag zur Zielorientierung des Unternehmens. Sind
die Controlling-Prozesse auf das Ziel Unternehmenswert ausgerichtet, so sind wertorientierte
Entscheidungen die Folge.

Allerdings wurde dieser Aspekt der Controlling-Prozesse in den Anfängen der Shareholder-
Value-Diskussion außer Acht gelassen. Instrumente der wertorientierten Planung, insbeson-
dere der Bewertung einmaliger Akquisitionen und Restrukturierungsprogramme, standen im
Mittelpunkt des Interesses (Rappaport, 1986; Reimann, 1986; Comez/Weber, 1989). Dabei
wurde einerseits übersehen, dass Planung durch Kontrolle ergänzt werden muss, um die
Wertrealisierung nachzuhalten und bei Abweichungen rechtzeitig entgegenzusteuern. Außerdem wurde zu wenig beachtet, dass sich auch Zielsetzung und Leistungsmessung am
Unternehmenswert orientieren müssen, um das Management zu wertorientierten Entscheidungen zu motivieren. Planung und Kontrolle sowie Zielsetzung und Leistungsmessung sind
deswegen unverzichtbare Elemente eines wertorientierten Controlling, das in der Lage ist,
die Wertorientierung der unternehmerischen Entscheidungen nachhaltig sicherzustellen.

So haben in den letzten Jahren zahlreiche Unternehmen ihre Controlling-Prozesse wertorientiert ausgestaltet. Im Zentrum dieser Prozesse stehen wie im klassischen Controlling (Krau-
se/Arora, 2008) periodische Erfolgskennzahlen. Für diesen Zweck gibt es eine Reihe innova-
tiver Kennzahlen. Zum Teil handelt es sich um relativ einfache Abwandlungen klassischer
Kennzahlen (Schmitt, 2007), zum Teil um Neuentwicklungen. Sie werden in den unterschiedlichsten Kontexten verwendet und dienen in manchen Fällen als Ersatz, in anderen als
Ergänzung bestehender Kennzahlen und Kennzahlensysteme (Langguth, 2008).

1.6.1 Systematisierung wertorientierter Erfolgskennzahlen

Ausgehend von klassischen Erfolgskennzahlen wie dem Gewinn und der Rendite auf das eingesetzte Kapital hat sich eine Vielzahl neuer Kennzahlen herausgebildet, die es dem Praktiker erschweren, den Überblick zu behalten. Man kann die Kennzahlen nach drei Kriterien ordnen: Kennzahlentyp, Wertansatz und Kapitalabgrenzung. Im Folgenden werden die Kennzahlen näher betrachtet, die im wertorientierten Controlling besonders häufig empfohlen bzw. verwendet werden.

1.6.2 Kennzahlentyp

Alle Erfolgskennzahlen enthalten im Kern dieselbe Information: Wie viel mehr hat der Kapitalgeber am Ende der Periode „in der Tasche" als am Anfang? Dabei ist „Tasche" nicht wörtlich zu verstehen. Denn der Vermögenszuwachs beim Kapitalgeber beschränkt sich nicht auf den Cash-flow, der ihm im Laufe der Periode zugeflossen ist, sondern schließt auch die Wertsteigerung (oder -minderung) ein, die das Unternehmen in der Periode erfahren hat. In dieser Hinsicht unterscheiden sich Unternehmen nicht von anderen Vermögensgegenständen. Wer ein Gebäude als Kapitalanlage kauft und es weitervermietet, wird nicht nur an der laufenden Miete, sondern eben auch an der Wertsteigerung oder Wertminderung der Immobilie in der Periode interessiert sein. Genauso verhält es sich mit Unternehmen. Um den so verstandenen Erfolg zu messen, stehen vier Kennzahlentypen zur Verfügung: Gewinn, Rendite, Residualgewinn und Residualrendite.

Die Grundlogik der Erfolgsmessung kommt in den Gewinnkennzahlen zum Ausdruck. Der Gewinn ist eine absolute Größe und entspricht der Summe aus Cash-flow und Wertsteigerung, wobei die Wertsteigerung die Differenz aus dem Wert am Ende und dem Ausgangswert am Anfang der Periode darstellt. Alle anderen Kennzahlentypen bauen auf dieser Grundformel auf und wandeln sie ab.

$$\text{Gewinn} = \text{Cashflow} + (\text{Endwert} - \text{Anfangswert})$$

Im Gegensatz zum Gewinn sind Renditekennzahlen relative Größen. Sie setzen den Gewinn ins Verhältnis zum Anfangswert.

$$\text{Rendite} = \text{Gewinn} / \text{Anfangswert}$$

Der Residualgewinn ist wieder eine absolute Größe. Um den Residualgewinn zu berechnen, muss vom Gewinn eine sogenannte Capital Charge abgezogen werden. Sie ist das Produkt zweier Größen: der Kapitalkosten c in Prozent, das heißt der Verzinsungsanforderung der Kapitalgeber, und des Anfangswertes des Unternehmens. Sie stellt einen Sollgewinn dar. Würde das Unternehmen diesen Sollgewinn erwirtschaften, würde die Verzinsungsanforderung der Kapitalgeber exakt erfüllt werden. Der Residualgewinn ist die Differenz aus dem tatsächlich erwirtschafteten Gewinn und der Capital Charge. Ist er positiv, so hat das Management den „Sollgewinn" übertroffen, ist er negativ, so hat es den Verzinsungsanspruch der Kapitalgeber nicht erfüllt.

$$\text{Residualgewinn} = \text{Gewinn} - (c * \text{Anfangswert})$$

Die Residualrendite verhält sich zur Rendite wie der Residualgewinn zum Gewinn. Zu ihrer Berechnung teilt man den Residualgewinn durch den Ausgangswert oder zieht alternativ von der Rendite die Kapitalkosten ab.

$$\text{Residualrendite} = \text{Residualgewinn} / \text{Anfangswert}$$

oder

$$\text{Residualrendite} = \text{Rendite} - c$$

1.6.3   Wertansatz

Während der Cash-flow aus einem Unternehmen insofern zweifelsfrei festzustellen ist, als man ihn letztlich am Kontostand ablesen kann, ist der Wertzuwachs eine Frage der Interpretation. Je nach Wertansatz, den man verwendet, erhält man unterschiedliche Werte für den Gewinn und die daraus abgeleiteten Erfolgskennzahlen. Hier werden drei Wertansätze erläutert: Buchwert, Modellwert und Planwert.

Der klassische Wertansatz, der im Controlling Verwendung findet, ist der Buchwert. Der buchhalterische Gewinn entspricht der Summe aus relevantem Cash-flow und der Veränderung des Buchwertes. Die Veränderung des Buchwertes besteht einerseits aus den Veränderungen des Nettoumlaufvermögens (Forderungen und Verbindlichkeiten aus Lieferung und Leistung sowie Lagerbeständen) sowie aus den Veränderungen des Anlagevermögens (Investitionen und Abschreibungen).

Der Wertansatz „Buchwert" ist nicht als Wert im Sinne eines diskontierten Cash-flow zu verstehen. Er bewertet einzelne materielle und immaterielle Gegenstände, die im Unternehmen Verwendung finden und gemeinsam mit der Organisation, der Kompetenz der Mitarbeiter usw. einen Beitrag zur Cash-flow-Generierung des Unternehmens leisten. Der Buchwert ist vergangenheitsorientiert und darf daher nicht mit dem Wert des Unternehmens verwechselt werden.

Eine solche Verwechselung würde, angewandt auf das Immobilien-Beispiel etwa Folgendes bedeuten. Um eine Villa mit Terasse und Blick aufs Meer zu bewerten, würde man die Kosten des Rohbaus, der diversen Installationen, Tapeten usw. addieren. Jedem wird einleuchten, dass man so den Wert der Villa nicht bestimmen kann. Es ist das Zusammenspiel der einzelnen Aktiva eines Unternehmens, ihre gemeinsame Fähigkeit, Cash-flow zu generieren, die den Unternehmenswert bestimmt – nicht die Summe der historischen Kosten der Aktiva.

Dieser Überlegung tragen Erfolgskennzahlen Rechnung, die auf einem Modellwert basieren. Sie bestimmen den Wert als Barwert zukünftiger freier Cash-flows (FCFs). Der FCF ist der Cash-flow, der nach laufenden und investiven Auszahlungen für die Ausschüttung an die Kapitalgeber zur Verfügung steht. Allerdings wird dafür nicht auf eine detaillierte Planung zurückgegriffen, sondern man bedient sich weniger Indikatoren aus der Vergangenheit, um mit Hilfe eines Modells zukünftige FCFs abzuschätzen.

Das einfachste dieser Modelle ist das Ewige-Rente-Modell des Gewinns. Investiert ein Unternehmen genau in der Höhe der Abschreibungen, so entspricht der FCF exakt dem Betriebsergebnis nach Steuern, („net operating profit after taxes" oder „NOPAT"). Nimmt man nun an, dass es dem Unternehmen in der Zukunft gelingen wird, das aktuelle Betriebsergebnis zu halten, wenn immer Ersatzinvestitionen in der Höhe der Abschreibungen getätigt werden, so muss man nur eine ewige Folge von Betriebergebnissen diskontieren, um den Barwert des Unternehmens zu erhalten. Der Barwert einer ewigen Rente ist sehr einfach zu berechnen, indem man die Rente, d. h. das Betriebsergebnis, durch die Kapitalkosten dividiert.

$$\text{Ewige-Rente-Wert} = \text{NOPAT} / c$$

Der Wert, den man aus dieser Formel erhält, wird oft die Größe eines explizit geplanten Wertes haben, manchmal aber auch völlig daneben liegen, zum Beispiel, wenn das Unternehmen in der betrachteten Periode einen Verlust erwirtschaftet hat. Das Bewertungsmodell weist dann einen negativen Wert aus. In den meisten Fällen wird dieser Wert zu niedrig sein, und das Management gezwungen, Gegenmaßnahmen zu ergreifen, um das Unternehmen wieder in die Gewinnzone zu bringen. Selbst wenn dies nicht gelingt, können im Konkursfall noch die physischen Vermögensgegenstände eines Unternehmens verkauft werden.

Zu niedrig im Vergleich zu einer plausiblen Planung ist der Ewige-Rente-Wert auch dann, wenn das Unternehmen profitabel ist und Wachstumschancen in den profitablen Bereichen hat. Dann würde die Annahme nicht stimmen, dass das Unternehmen in der Zukunft dauerhaft das aktuelle NOPAT erwirtschaften und nur Ersatzinvestitionen tätigen würde. Es nähme auch Wachstumsinvestitionen vor in der Hoffnung, in Zukunft höhere Gewinne erwirtschaften zu können. Dementsprechend müsste ein plausibler Planwert über dem Ewige-Rente-Wert liegen.

Komplizierte Wertmodelle können diesen Problemen Rechnung tragen. So werden Modelle eingesetzt, die Wachstumsraten beinhalten und mit Hilfe sogenannter Fade-Faktoren berücksichtigen, dass besonders schlechte Jahre und besonders gute Jahre nicht repräsentativ sind und die Ergebnisse dazu tendieren, sich in der Zukunft wieder an einen Normalwert anzunähern.

Eine weitere Möglichkeit, den Wertansatz für die Erfolgskennzahl zu bestimmen, ist die explizite Planung zukünftiger freier Cash-flows und ihre Diskontierung zum Unternehmenswert. Die Wertbestimmung erfolgt am Anfang und am Ende der Periode. Sie erfordert im Gegensatz zu den anderen Methoden eine neue Planung, bevor der Periodenerfolg festgestellt werden kann. Die Planung erfolgt naturgemäß nicht nach festen Regeln, sondern ist subjektiv gefärbt. Sie basiert auf der Prognose unbeeinflussbarer Prämissen und der Planung beeinflussbarer Größen (Maßnahmen und Ziele) seitens des Managements.

1.6.4   Kapitalabgrenzung

Bevor man den Erfolg mit Hilfe einer Erfolgskennzahl feststellen kann, sind die relevanten Kapitalgeber zu identifizieren. Erst nach der Kapitalabgrenzung kann man die Bestandteile der Erfolgskennzahlen, also Cash-flow, Wertsteigerung und Kapitalkosten, sicher bestimmen. Bei der Ausgestaltung von Erfolgskennzahlen sind zwei Kapitalgeberabgrenzungen üblich: Eigenkapital oder Gesamtkapital.

Wählt man die Eigenkapitalgeber als Adressaten des Erfolgs, so ist je nach Berücksichtigung der Ausschüttungspolitik der relevante Cash-flow der Free Cash-flow to Equity (FCFE) oder die Dividende. Die Wertsteigerung muss auf Eigenkapitalbasis berechnet werden und die relevanten Kapitalkosten sind die Eigenkapitalkosten.

Wenn wertorientierte Kennzahlen dagegen auf einer Gesamtkapitalabgrenzung beruhen, liegt das vor allen daran, dass die Objekte des wertorientierten Controlling häufig Geschäftsbereiche sind, die zwar einen abgrenzbaren betrieblichen Cash-flow aufweisen, deren Zahlungsströme zu und von den Kapitalgebern mangels rechtlicher Selbständigkeit jedoch nicht abgrenzbar sind. Einfacher: Geschäftsbereiche haben meist keine Kapitalstruktur. Wo aber die Kapitalstruktur fehlt, macht es keinen Sinn, eine zu erfinden. Es scheint vernünftiger, das operative Geschäft unabhängig davon zu betrachten, wie es finanziert wird.

Das bedeutet, dass Eigen- und Fremdkapitalgeber als Adressaten des Erfolges zu betrachten sind. Der relevante Cash-flow ist dann der sogenante Free Cash-flow to the Firm (FCFF). Dies ist der Cash-flow, der nach allen laufenden und investiven betrieblichen Auszahlungen prinzipiell für die Ausschüttung an Eigen- und Fremdkapitalgeber zur Verfügung steht. (Ob und an wen der Cash-flow tatsächlich ausgeschüttet wird, hängt von der Kapitalstruktur, der Art der Fremdfinanzierungskontrakte, der handelsrechtlichen Gewinnermittlung und der Ausschüttungspolitik ab.)

Der FCFF entsteht als Differenz aus betrieblichen Einzahlungen und Auszahlungen. Er wird verwendet für den finanziellen Cash-flow (FiCF), das heißt die Zahlung von Zinsen und Dividenden, die Rückzahlung von Krediten bzw. den Rückkauf von Aktien (Mansch/Wysocki, 1996). Der Teil des FCFF, der dafür nicht verwendet wird, füttert die nicht betriebsnotwendige Kasse (Erhöhungen der betriebsnotwendigen Kasse zählen als Investitionen). Ist der FCFF negativ, so zeigt er den Kapitalbedarf in der Periode an. Aufgrund der Datenlage wird der FCFF meist nicht direkt, wie beschrieben, sondern indirekt aus dem Betriebsergebnis abgeleitet (Horngren/Sundem/Stratton/Burgstahler/Schatzberg, 2008).

Die Wertsteigerung ist als Wertsteigerung für Eigen- und Fremdkapitalgeber zu berechnen, als Kapitalkosten sind Gesamtkapitalkosten („weighted average cost of capital" (WACC)) anzusetzen. Die Gesamtkapitalkosten werden als gewogenes Mittel aus Eigen- und Fremd-kapitalkosten bestimmt. Die Eigenkapitalkosten werden dabei aus einem Kapitalmarktmo-dell, meist dem sogenannten Capital Asset Pricing Model (CAPM), abgeleitet. Die Gewichte für Eigen- und Fremdkapitalkosten bestimmen sich nicht nach den Buch-, sondern den Marktwerten des Eigen- und Fremdkapitals.

1.6.5   Die Kennzahlen im Einzelnen

Die im Zusammenhang mit wertorientiertem Controlling immer wieder genannten Kennzah-len lassen sich nun anhand der drei Klassifizierungskriterien in folgender Tabelle einordnen. Obwohl sie sich auf die in der Praxis wichtigere Gesamtkapitalkennzahlen beschränkt, kann man mühelos Eigenkapitalkennzahlen analog in einer zweiten Tabelle systematisieren. Tab. 1.2 zeigt die Kennzahlensystematik mit den am häufigsten verwendeten Kennzahlen.

Tab. 1.2   *Häufig verwendete wertorientierte Kennzahlen (Quelle: Vgl. Stermetz, 1999)*

Gesamtkapital	Buchwert	Modellwert		Planwert
		Ewige Rente	Komplex	
Gewinn	NOPAT			
	ROI			
Rendite	CFROI		TBR	DCF-Rendite
		SVA		
	EVA	ΔEVA		
Residualgewinn	CVA	ΔCVA		
Residualrendite	Spread			

1.6.6   Net Operating Profit After Taxes (NOPAT)

NOPAT ist nichts anderes als das zum FCFF konsistent berechnete Betriebsergebnis. Es ist der buchhalterische Gewinn vor Fremdkapitalzinsen und nach Abzug von Steuern, wie sie bei einer reinen Eigenkapitalfinanzierung des Unternehmens anfallen würden. Der Gewinn wird dabei als Summe aus FCFF und Veränderung des Buchwertes berechnet. Die Verände-rung des Buchwertes setzt sich – grob gruppiert – aus Veränderung des Nettoumlaufvermö-gens (NUV) und Veränderung des Anlagevermögens (AV) zusammen.

$$\text{NOPAT} = \text{FCFF} + (\Delta\text{NUV} + \Delta\text{AV}) = \text{FCFF} + \Delta\text{Buchwert}$$

Diese Posten kann man als Korrekturposten zum FCFF interpretieren, um von der Einzah-lungen-Auszahlungen-Logik zur Erträge-Aufwändungen-Logik des buchhalterischen Ge-

winns zu gelangen. Zum einen werden vertragliche Zahlungsversprechen und
-verpflichtungen an die Stelle der Ein- und Auszahlungen gesetzt. Dies schlägt sich in der
Veränderung des Nettoumlaufvermögens nieder. Zum zweiten unterscheidet der FCFF nicht
zwischen laufenden und investiven Auszahlungen, da beide von den Einzahlungen abgezogen werden. Die Veränderung des Buchwertes gleicht die investiven Auszahlungen aus.
Investive Ausgaben werden aktiviert und damit im Erfolgsausweis neutralisiert. Die Aktivierung schlägt sich hauptsächlich in der Veränderung des Anlagevermögens nieder. NOPAT
berücksichtigt die Tatsache, dass Anlagegüter nach Ablauf ihrer Lebensdauer ersetzt werden
müssen, indem mit Hilfe der periodischen Abschreibung die näher rückende zukünftige Aus-
zahlung simuliert wird. Durch diese und weitere Anpassungen des FCFF (z. B. Bildung entsprechender Rückstellungen) gelangt man zu einer Größe, die die periodische Wertentwicklung besser widerspiegeln soll als der FCFF.

1.6.7   Return on Investment (ROI)

Der ROI ist eine von NOPAT abgeleitete Kennzahl, die das Augenmerk auf das „investierte
Kapital", also den Buchwert (K_B), richtet, indem sie den operativen Gewinn daran misst.

$$ROI = NOPAT / K_B$$

Unterstützt wird der ROI durch das sogenannte Du-Pont-Kennzahlensystem, das den ROI als
Produkt von Umsatzrendite (als Maß für die operative Effizienz) und Kapitalumschlag (als
Maß für die Effizienz der Kapitalverwendung) darstellt. ROI und Du-Pont-
Kennzahlensystem entstanden zum Zwecke der Kapitalallokation und Managerbeurteilung in
den durch vertikale Integration und beginnende Divisionalisierung zunehmend komplexen
industriellen Organisationen zu Beginn des 20. Jahrhunderts. Der ROI ist auch unter den
Bezeichnungen Return on Capital Employed (ROCE) oder Return on Assets (ROA) in Verwendung.

Die Kritik an den klassischen Kennzahlen zur Messung des Periodenerfolgs NOPAT und
ROI stand am Anfang der Diskussion von Shareholder-Value-Ansätzen. Anhand von Bei-
spielrechnungen und empirischen Studien auf der Basis von Kapitalmarktdaten zeigte man
auf, dass operativer Gewinn und ROI die Wertsteigerung nicht adäquat widerspiegeln. Ihre
Verwendung im Controlling bringt die Gefahr mit sich, dass sich das Geschäftsbereichsma-
nagement nicht am Unternehmenswert orientiert. Als Antwort auf diese Kritik wurden neue
Kennzahlen zur Behebung der Mängel entwickelt, aktiv vermarktet und in der Praxis umgesetzt.

Trotz der Kritik kann man beobachten, dass NOPAT und ROI als wertorientierte Größen
bezeichnet und als solche wieder Eingang ins Controlling finden. Dies liegt beim NOPAT
sicher daran, dass es eine betriebliche Größe, frei von den Wahlmöglichkeiten der externen
Rechnungslegung, darstellt und dadurch im Vergleich zu einer Gewinngröße, die auf Han-
delsbilanzgrößen basiert, positiv abschneiden kann. Im Fall des ROI lässt sich das Attribut
„wertorientiert" nur dadurch erklären, dass in der Vergangenheit für manche Unternehmen

nur die „Nulllinie" des Betriebsergebnisses zählte, während die Frage, wie viel (Eigen-) Kapital gebunden war, um das Ergebnis zu erzielen, eher eine untergeordnete Bedeutung hatte.

1.6.8   Cash-flow-Return-on-Investment (CFROI)

Eine Variante des ROI ist der Cash-flow-Return on Investment (CFROI). Er folgt dem Grundprinzip des ROI, unterscheidet sich aber im Zähler und im Nenner wie folgt: Im Zähler steht statt NOPAT die Differenz aus Brutto-Cash-flow (BCF) und ökonomischer Abschreibung. Der BCF ist also nichts anderes als NOPAT, erhöht um die Abschreibungen (AfA). Bechreibt man den NOPAT als die Differenz aus BCF und AfA, so erhält man für den ROI:

$$ROI = (BCF - AfA) / K_B$$

Im Gegensatz zum ROI wird für die Berechnung des CFROI vom BCF die ökonomische – nicht die lineare – Abschreibung abgezogen. Die ökonomische Abschreibung berechnet sich wie folgt:

$$\{c / [(1 + c)^n - 1]\} * AV$$

AV bezeichnet hier den abschreibbaren Teil des Anlagevermögens, das heißt den Teil, der nach einer bestimmten Nutzungsdauer ersetzt werden muss. Die durchschnittliche Nutzungsdauer des abschreibbaren Anlagevermögens wird durch n bezeichnet.

Die ökonomische Abschreibung unterscheidet sich insofern von der linearen Abschreibung, als sie den Zeitwert des Geldes mit berücksichtigt, das heißt: Um nach der Nutzungsdauer von beispielsweise 10 Jahren eine Ersatzinvestition zu tätigen, ist es nicht notwendig, jedes Jahr ein Zehntel des Anschaffungswertes anzusparen, wie dies die lineare Abschreibung suggeriert. Ein geringerer Betrag reicht aus, wenn man berücksichtigt, dass sich das angesparte Geld zu den Kapitalkosten verzinst. Je länger die Nutzungsdauer des Anlagevermögens eines Geschäftes, desto wichtiger ist dieser Effekt.

$$CFROI = (BCF - \ddot{o}konomische Abschreibung) / BIB$$

Im Nenner steht wie im ROI der Buchwert, allerdings ist das Anlagevermögen zu Bruttowerten (das heißt zu vollen Anschaffungskosten statt zu abgeschriebenen Werten) enthalten. Man spricht von der Bruttoinvestitionsbasis (BIB). Dadurch wird der ROI-typische Effekt vermieden, dass der gemessene Erfolg umso höher ausfällt, je weiter das Anlagevermögen abgeschrieben ist (Lewis/Lehmann, 1992).

1.6.9   Economic Value Added (EVA)

Der EVA ist eine absolute Größe und unterscheidet sich vom NOPAT dadurch, dass die Capital Charge (kalkulatorische Zinsen) abgezogen wird. Er steht in der Tradition des „Residual Income", einer Größe, die bei General Electric seit den 1960er Jahren im Einsatz ist. Die Capital Charge ist unter dem Begriff „Kalkulatorische Zinsen" auch in der deutschsprachigen Betriebswirtschaftslehre seit langem geläufig. „Treiber" des EVA sind – wie beim ROI – operative Effizienz und Kapitaleffizienz. Trotz oder vielleicht gerade wegen ihrer Nähe zu traditionellen Konzepten hat sich diese Kennzahl in den letzten Jahren (auch im deutschen Sprachraum) als Wertsteigerungskennzahl durchgesetzt. Der EVA berechnet sich als Differenz aus dem Net Operating Profit After Taxes (NOPAT) und einer Capital Charge. Die Capital Charge ist das Produkt aus dem Buchwert und dem Kapitalkostensatz c.

$$EVA = NOPAT - (c * Buchwert)$$

Die Capital Charge soll die Opportunitätskosten des im Unternehmen investierten Kapitals widerspiegeln und darauf aufmerksam machen, dass man das im Unternehmen gebundene Kapital auch anderweitig zum Kapitalmarktzinssatz investieren könnte. Deshalb verschiebt die Verwendung des EVA im Vergleich zum NOPAT die „Nulllinie" nach oben. Ein Gewinn von null ist noch nicht ausreichend. Erst wenn auch die Eigen- und Fremdkapitalkosten gedeckt sind, ist der Break-even erreicht. Ein Gewinn ist erst positiv zu beurteilen, wenn er die Kapitalkosten übersteigt.

Offensichtlich steckt hinter den klassischen Kennzahlen NOPAT und ROI und der als besonders wertorientiert vermarkteten Kennzahl EVA derselbe Wertansatz, nämlich der Buchwert. Insofern ist die Bezeichnung Economic Value Added irreführend: Book Value Added wäre treffender. Die Größe ist auch unter einer Reihe anderer Bezeichnungen bekannt, zum Beispiel Economic Profit (EP) oder Residual Income. Es gibt keine 1:1 Übersetzung ins Deutsche. Die Siemens AG benutzt bspw. den Begriff GWB – Geschäfts-Wert-Beitrag (Heesen, 2008). Wesentliche inhaltliche Unterschiede verbergen sich hinter den unterschiedlichen Bezeichnungen nicht.

1.6.10   Cash Value Added (CVA)

Eine Variante des EVA, die sich nicht nur in der Terminologie, sondern auch inhaltlich unterscheidet, ist der Cash Value Added (CVA), der mit dem oben beschriebenen CFROI verwandt ist. Statt des NOPAT steht, wie im CFROI, der BCF, verringert um die ökonomische Abschreibung. Statt einer Capital Charge auf den Buchwert mit abgeschriebenem Anlagevermögen wird die Capital Charge auf die Bruttoinvestitionsbasis gerechnet.

$$CVA = BCF - ökonomische \ Abschreibung - (c * BIB)$$

Im Ergebnis verhält sich der CVA zum EVA wie der CFROI zum ROI. Während der EVA mit alterndem Anlagevermögen zunimmt (die Capital Charge verringert sich), bleibt der CVA durch diese rein buchhalterische Entwicklung unbeeinflusst.

1.6.11   Spread

Der sogenannte Spread (ökonomische Spanne oder Marge) ist nichts anderes als der ROI abzüglich der Kapitalkosten. Seine Aussagekraft unterscheidet sich nicht von der des EVA, denn wenn der EVA positiv ist, dann liegt auch der Spread über null. Der mathematische Zusammenhang zwischen Spread und EVA wird oft genutzt, um den EVA komplizierter darzustellen, als er eigentlich ist: als Produkt aus Spread und investiertem Kapital.

$$\text{EVA} = \text{Spread} * \text{Buchwert}$$

Der Vorteil der obigen Darstellungsweise liegt darin, dass sie zwei intuitiv eingängige „Hebel" zur Beeinflussung des EVA aufzeigt. Der EVA kann dadurch gesteigert werden, dass die Rendite erhöht wird oder dass das Unternehmen, bei positivem Spread, sein investiertes Kapital erhöht, also wächst.

1.6.12   Shareholder Value Added (SVA)

Der Shareholder Value Added (SVA) ist definiert als die Veränderung des operativen Gewinns einer Periode, kapitalisiert mit den Kapitalkosten, c, abzüglich „Incremental Investment" (Bühner, 1990; Fickert, 1991; Bühner, 1994; Schröder, 2003). Unter „Incremental Investment" versteht man die Investitionen ins Nettoumlaufvermögen sowie die Investitionen ins Anlagevermögen, soweit sie die Abschreibungen übersteigen. „Incremental Investment" ist somit eine Sammelposition für die Veränderung des Buchwertes.

$$\text{SVA} = [(\Delta\text{NOPAT} / c) - \Delta\text{Buchwert}]$$

Formt man die oben stehende Formel um, so wird deutlich, dass es sich dabei um den Residualgewinn handelt, wenn man den Ewige-Rente-Wert als Wertansatz wählt. Der SVA impliziert also den Wertansatz des Ewige-Rente-Modelles.

Die Grundgedanke hinter dieser Kennzahl ist ähnlich dem des EVA, konzentriert sich aber auf die Veränderung des Gewinns. Eine Erhöhung des Gewinns ist nur dann positiv zu beurteilen, wenn der (durch einfache Kapitalisierung ermittelte) Wert dieser Veränderung den Wert der dafür nötigen Investitionen übersteigt. Hat keine Veränderung von Gewinn und investiertem Kapital stattgefunden, so wird kein Wertzuwachs ausgewiesen. Dies ist ein wichtiger Unterschied zum EVA. Der EVA ist so lange positiv, wie der Gewinn die Kapitalkosten abdeckt. Der SVA ist nur dann positiv, wenn der Gewinn steigt und eventuelle zusätzliche Kapitalkosten abdeckt.

$$SVA * c = \Delta NOPAT - (c * \Delta Buchwert) = \Delta EVA$$

Ein konstant hoher oder konstant niedriger EVA geht genau mit einem SVA von null einher. Nur eine Erhöhung des EVA führt zu einem positiven Niveau des SVA. Dieses Ergebnis ist wichtig, da es die Möglichkeit eröffnet, durch die Verwendung des EVA zwei Fliegen, das heißt zwei Wertansätze, mit einer Klappe zu schlagen. Während die statische Betrachtung des EVA auf den Buchwert abstellt, ermöglicht die dynamische Betrachtung des EVA eine Erfolgsanalyse auf Basis des Ewige-Rente-Wertes.

1.6.13   Total Business Return (TBR)

Der TBR ist eine Rendite auf Basis eines komplexen Modellwertes. In Fällen, in denen der SVA bzw. der ΔEVA wegen des impliziten einfachen Wertmodells versagen (z. B. bei negativen Gewinnen), liefert der TBR Ergebnisse, die im Vergleich zu einer Erfolgsmessung auf Basis des Planwertansatzes plausibel sind.

1.6.14   DCF-Rendite

Die DCF-Rendite ist schließlich eine Rendite-Größe auf Basis des Planwertansatzes. Wird in einer Periode genau der geplante FCF exakt erwirtschaftet und bleiben die Erwartungen über die zukünftigen Perioden konstant, so entspricht die DCF-Rendite genau den Kapitalkosten. Wurde in der betrachteten Periode ein höherer FCF als erwartet erwirtschaftet oder haben sich die Zukunftsaussichten verbessert, so liegt die DCF-Rendite über den Kapitalkosten. Angesichts der fehlenden objektiven Nachprüfbarkeit der Planung ist klar, dass der so gemessene Periodenerfolg immer zum Teil aus „Leistung", zum Teil aus „Hoffnung" besteht. Vorsicht gilt für eine außergewöhnliche Performance in der aktuellen Periode ebenso wie für eine Planung, die annimmt, in fünf Jahren wesentlich bessere Ergebnisse zu haben als bisher angenommen (Hockeyschlägereffekt). Die Zahl als solche ist also nur sinnvoll zu interpretieren, wenn man die Planungsgrundlagen analysiert. Dementsprechend wird sie häufig in der strategischen Planung, selten als zentrale Erfolgsgröße eingesetzt.

1.6.15   Auswahl der „richtigen" Kennzahl

Bei der Wahl der wertorientierten Erfolgskennzahl kommt es neben zahlreichen anderen Kriterien ganz besonders auf die Wertkorrelation und die Komplexität an. Wie genau spiegelt die Kennzahl die Wertentwicklung wider? Wie schwierig ist die Ermittlung, Kommunikation und Interpretation der Kennzahl?

Bei der Entscheidung für eine Kennzahl ist es unumgänglich, Kompromisse zu schließen. Tendenziell steigt mit der Genauigkeit die Komplexität und umgekehrt. Letztlich ist dieser Kompromiss eine unternehmensspezifische Entscheidung, die u. a. auf die Datenverfügbarkeit, den konzeptionellen Entwicklungsstand des Controlling und die Innovationsbereitschaft der betroffenen Manager Rücksicht nehmen muss.

Als Hilfsmittel bietet sich der Blick auf die börsennotierten Konzerne an, die ein wertorientiertes Controlling bereits eingeführt haben. Dabei ergibt sich etwa folgendes Bild: Abhängig von der erwünschten Genauigkeit der Kennzahl (Wertkorrelation) und der Fähigkeit der Organisation, mit komplexen Controlling-Instrumenten umzugehen (Komplexitätstoleranz), lassen sich vier Gruppen von wertorientierten Unternehmen identifizieren.

Unternehmen, die einen ersten Schritt in Richtung Wertmanagement machen wollen, beginnen meist mit der verstärkten Betonung von buchwertbasierten Renditekennzahlen in ihren Controlling-Prozessen. Diese Wertmanagement-Einsteiger haben dabei die Wahl zwischen dem sehr einfachen und an traditionelle Kennzahlen anknüpfenden ROI und dem etwas komplizierteren CFROI, der die Fehler des ROI vermeidet.

Die meisten Unternehmen, die derzeit ihr Controlling auf den Unternehmenswert hin ausrichten, wählen jedoch Residualgewinngrößen auf Buchwertbasis. Am weitesten verbreitet ist in dieser Kategorie der EVA. Unternehmen, die Wert darauf legen, eine weniger verzerrte Übergewinngröße zu verwenden und die bereit sind, dafür die erhöhte Komplexität der Kennzahl in Kauf zu nehmen, wählen den CVA.

Kennzahlen auf Basis des Ewige-Rente-Wertes sind Elemente des wertorientierten Controlling für Fortgeschrittene. Sie entfernen sich von der klassischen Buchwert-Logik und stellen daher besondere Anforderungen an die Innovationsbereitschaft im Controlling und im Management. Dafür bieten sie neue Einblicke in die Performance von Unternehmen und Management, die die klassische buchwertorientierte Sicht ergänzen und teilweise sogar konterkarieren. Während der SVA selbst als Wertsteigerungskennzahl selten anzutreffen ist, verwenden immer mehr Unternehmen EVA oder CVA in der Doppelrolle als statische und dynamische Kennzahl. Das Verwendungsspektrum reicht vom ΔEVA als ergänzender Information bis zum ΔCVA als zentraler Erfolgsgröße des Unternehmens.

Nur wenige Unternehmen orientieren sich bisher am TBR, also an komplexen Modellwerten. Bei diesen Unternehmen handelt es sich tendenziell um internationale Konzerne angelsächsischen Ursprungs mit ausgeprägter Kapitalmarktorientierung. Die Performance ihrer breit gestreuten Portfolios lässt sich mit klassischen Kennzahlen schwer abbilden. Voraussetzung für die Verwendung sind eine verfeinerte Controlling-Organisation und entsprechende Systeme. Allerdings sehen sich auch diese Unternehmen gezwungen, auf allzu hohe Komplexität zu verzichten. Für das operative Controlling übersetzen sie den TBR in Residualgewinne.

Die „richtige" wertorientierte Kennzahl gibt es also per se nicht. Mit einer klaren Definition der Anforderungen an die Kennzahl, die vom konkreten Verwendungszweck in den Controlling-Prozessen des Unternehmens ausgehen sollte, sind die möglichen Alternativen zu beurteilen. Unter dieser Voraussetzung sollte die Auswahl der „richtigen" Kennzahl kein unüberwindliches Hindernis darstellen (Stermetz, 2000).

Bis heute gelang es nicht, eine weitreichende Verbreitung stringent wertorientierter Managementsysteme zu erreichen. Auch sind Controller uneinig über die dem Instrument in Zukunft beizumessende Beachtung. So meinen einige, dass sich die Steigerung des Unternehmenswerts als Zielgröße weiter festigen wird (Weber/Hirsch/Müller, 2004). Eine Untersuchung der Geschäftsberichte des Jahres 2006 bzw. 2005/2006 weist darauf hin, dass sich von

23 der DAX-30-Unternehmen (ohne Finanzdienstleister, Versicherungen und Banken) 18 (79 Prozent) zum Kriterium der Unternehmenswertsteigerung bekennen, während vier Unternehmen (17 Prozent) ein indirektes Bekenntnis ablegen. Nur bei einem Unternehmen (4 Prozent) erfolgen keine Angaben (Langguth, 2008).

Dagegen sind andere der Auffassung, dass Bedeutung und Nutzen des Shareholder-Value-Konzepts bzw. des Value Based Management nur gering seien (Matzler/Rier/Renzl/Hinternuber, 2004). Ähnliches zeigt eine Studie, die keinen positiven Zusammenhang zwischen dem Einsatz wertorientierten Managements und der Steigerung der Unternehmenswerte sieht (Kröger, 2005).

Dabei muss die Problematik beachtet werden, dass die wenigsten Unternehmen konsequent wertorientiert handeln, da die Verbindung zwischen wertorientierten Kennzahlen und der Entscheidungsfindung im Tagesgeschäft oft nicht vollzogen wird. Diese herzustellen wird wohl das Kriterium für die zukünftige Bedeutung der Wertorientierung in der Praxis sein (Bark/Temmel, 2008).

1.6.16   Wertorientierte Kennzahlen in diesem Buch

Da die zurzeit am weitesten verbreiteten wertorientierten Kennzahlen ROI und EVA sind, setzt sich Kapitel 3 mit ihnen näher auseinander. Die Diskussion, die hier begonnen wurde, wird dort vertieft und mit numerischen Beispielen untermauert. Schließlich wird ein Vergleich zeigen, wie Manager je nach Kennzahl unterschiedliche Entscheidungen treffen.

1.7   Zentrales Instrument des operativen Controlling

Wie im Band *Kostensteuerung kompakt* bereits erläutert, ist die Abweichungsanalyse ein zentrales Instrument des operativen Controllings. Sie dient der Kontrolle der Ergebnisplanung, um Unwirtschaftlichkeiten im Unternehmen aufzudecken. Sie vermittelt die Ursachen von Abweichungen zwischen Plan-, Soll- und Istergebnissen mit der Zielsetzung, passende Maßnahmen zur Gegensteuerung zu identifizieren und einzuleiten.

Zu diesem Zweck werden zunächst die Planwerte für Umsatz und Kosten den zugehörigen Ist- und Sollwerten gegenübergestellt. Die Gesamtabweichung ist die Differenz von Plan- und Istdaten, die alle tatsächlichen Abweichungen einzelner Einflussfaktoren (z. B. Preis, Menge, Beschäftigung, Mix usw.) gegenüber den geplanten Werten beinhaltet. Im weiteren Verlauf wird die Gesamtabweichung der Kosten oder des Umsatzes in einzelne Teilabweichungen zerlegt, die den unterschiedlichen Einflussfaktoren zuzurechnen sind.

Es gibt zahlreiche Einflussfaktoren auf die Kosten bzw. den Umsatz, deren Veränderung zur Gesamtabweichung beitragen. Primärabweichungen lassen sich auf die Veränderung eines einzelnen Einflussfaktors, sekundäre auf die Veränderung von zwei Faktoren und Abweichungen der n-ten Ordnung auf die Veränderung von n Einflüssen zurückführen.

Primärabweichungen entstehen, wenn beispielsweise nur der Istpreis eine Änderung gegenüber dem Planpreis aufweist. In diesem Fall würden alle anderen Istgrößen (Menge, Beschäftigung, Mix usw.) ihren Plangrößen entsprechen. Im Gegensatz dazu lässt sich bei Abweichungen höherer Ordnung (auch „gemischte Abweichungen" genannt) nur schwer erkennen, was die Abweichung verursacht hat. Wenn z. B. eine Sekundärabweichung durch die multiplikative Verknüpfung von Preis- und Outputänderungen entsteht, lässt sie sich keinem der beiden Einflüsse genau zuordnen.

1.7.1   Mögliche Umsatzabweichungen

Abb. 1.2 vermittelt einen Überblick über die wichtigsten Formen der Ergebnisabweichung. Im Folgenden soll auf Besonderheiten der Umsatzanalyse, die Bedeutung möglicher Einflussfaktoren auf den Umsatz und die Vorgehensweise zur Berechnung verschiedener Umsatzabweichungen kurz eingegangen werden.

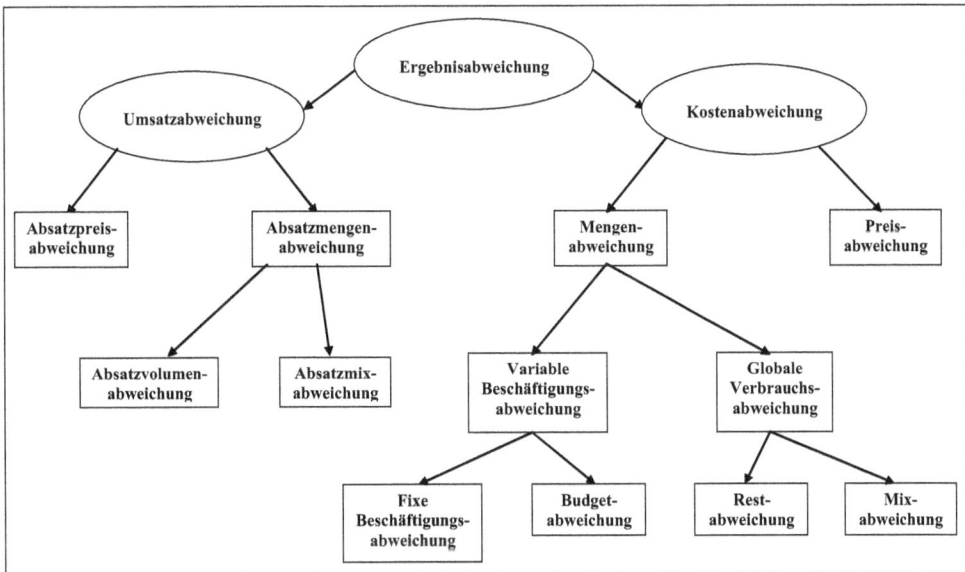

Abb. 1.2   Überblick über die wichtigsten Formen der Ergebnisabweichung

In Abhängigkeit von der gewählten Reihenfolge (je nach der Fragestellung des Managements) können nun den Einflussfaktoren verschiedene Umsätze zugeordnet werden, die sich durch unterschiedliche Bezugnahme auf Plan- und Istwerte differenzieren. Im Fall der Darstellung in Tab. 1.3 erfolgt zuerst die Ermittlung der Preisabweichung (Istpreis vs. Planpreis). Da alle anderen Einflussfaktoren mit Istwerten angesetzt sind, werden alle Abweichungen höherer Ordnung, an denen der Preis beteiligt ist (d. h. die Sekundärabweichung

Preis/Mix und Sekundärabweichung Preis/Volumen sowie die Tertiärabweichung Preis/Mix/Volumen) der Preisabweichung zugerechnet.

Tab. 1.3   *Vorgehensweise bei der Aufspaltung der Umsatzabweichung*

Umsatzniveau bzw. Umsatzeinflussfaktor	Istumsatz zu Istpreisen	Istumsatz zu Planpreisen	Sollumsatz	Planumsatz
Preis	Istpreis	Planpreis	Planpreis	Planpreis
	(1) ⟶			
Mix	Istmix	Istmix	Planmix	Planmix
		(2) ⟶		
Volumen	Istvolumen	Istvolumen	Istvolumen	Planvolumen
			(3) ⟶	

Nun wird die Mixabweichung ermittelt. Dabei wird der Preis als schon abgespaltener Einflussfaktor mit Planwerten angesetzt. Auf die primäre Mixabweichung wird deshalb zusätzlich nur die Sekundärabweichung Mix/Volumen verrechnet (Ansatz des Istvolumens).

Danach erfolgt die Ermittlung der Volumenabweichung. Da alle anderen Einflussfaktoren schon abgespalten (d. h. mit Planwerten angesetzt) wurden, ist die Volumenabweichung eine reine Primärabweichung.

Aufgrund der Zuordnung der Einflussfaktoren zu den verschiedenen Umsätzen sowie der sich daraus ergebenden Abweichungen in Tab. 1.4 lassen sich die Formeln zu deren Berechnung wie in Abb. 1.3 herleiten. Dabei ist zu beachten, dass die zuerst abgespaltenen Abweichungen den größten Anteil an Abweichungen höherer Ordnung beinhalten. Deshalb liefern sie nur begrenzt Aussagen.

Tab. 1.4   *Teilabweichungen der Umsatzabweichung*

Umsatzniveau bzw. Umsatzeinflussfaktor	Istumsatz zu Istpreisen	Istumsatz zu Planpreisen	Sollumsatz	Planumsatz
Preis	Istpreis	Planpreis	Planpreis	Planpreis
Mix	Istmix	Istmix	Planmix	Planmix
Volumen	Istvolumen	Istvolumen	Istvolumen	Planvolumen

Verkaufspreisabweichung ↑   Absatzmixabweichung ↑   Absatzvolumenabweichung ↑

Absatzmengenabweichung ↑

Umsatzabweichung ↑

Verkaufspreisabweichung   = Istumsatz zu Istpreisen - Istumsatz zu Planpreisen

Absatzmixabweichung   = Istumsatz zu Planpreisen - Sollumsatz

Absatzvolumenabweichung = Sollumsatz - Planumsatz

Absatzmengenabweichung   = Istumsatz zu Planpreisen - Planumsatz

                            = Absatzmixabweichung + Absatzvolumenabweichung

Umsatzabweichung   = Istumsatz - Planumsatz

                            = Verkaufspreisabweichung + Absatzmengenabweichung

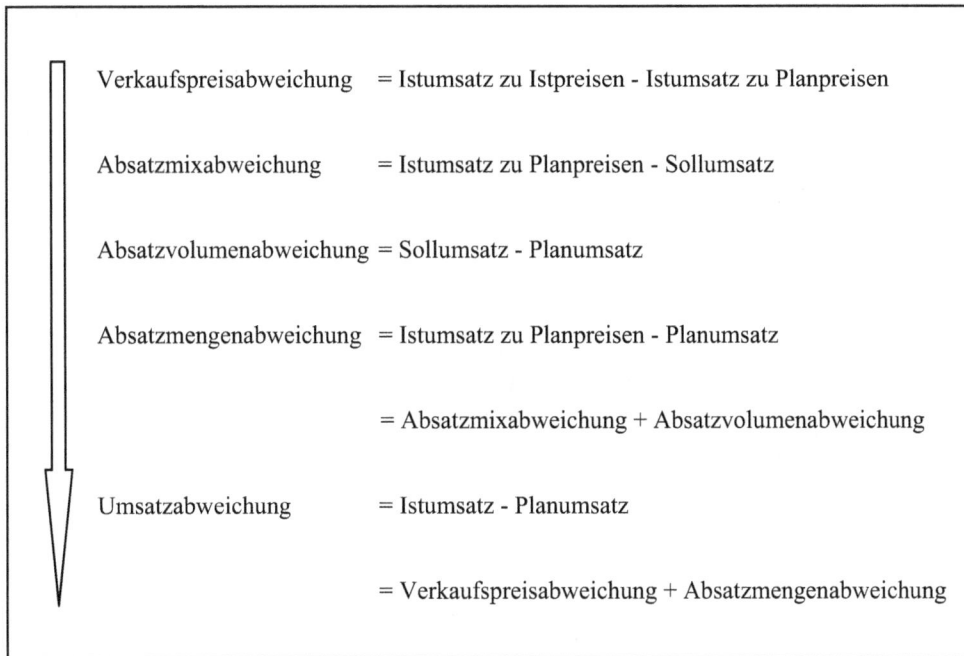

Abb. 1.3   *Formeln zur Berechnung einzelner Umsatzabweichungen*

1.7.2   Mögliche Kostenabweichungen

In diesem Abschnitt stehen neben der Ermittlung der Kosten auch die Interpretation möglicher Abweichungen sowie ihre grafische Darstellung im Vordergrund. Es wird auf Besonderheiten der Kostenanalyse, die Bedeutung möglicher Einflussfaktoren auf die Kosten und die Vorgehensweise zur Berechnung verschiedener Kostenabweichungen eingegangen.

Die Analyse der Kosten erfolgt analog zur Umsatzanalyse. Sie betrachtet die Wirkung einzelner Einflussfaktoren auf die Abweichung zwischen Ist- und Plankosten. Vor diesem Hintergrund sind zunächst die wesentlichen Einflussfaktoren zu identifizieren. Hierzu gehören insbesondere die Einkaufspreise für Rohstoffe, Vorprodukte usw., der Inputmix, das Produktionsvolumen und die fixen Kosten.

Auch hier ist es notwendig, die Reihenfolge zu bestimmen, mit der die einzelnen Teilabweichungen der Kostenabweichung berechnet werden. Bei der Darstellung in Tab. 1.5 erfolgt zuerst die Abspaltung der Preisabweichung. Dieser werden alle Abweichungen höherer Ordnung, an denen der Preis beteiligt ist, zugerechnet.

Im nächsten Schritt wird das Planvolumen an das Sollvolumen (bei erreichtem Output notwendiges Inputvolumen) angepasst. Dabei werden auch die Fixkosten entsprechend proportionalisiert.

Danach wird die Proportionalisierung der Fixkosten rückgängig gemacht. (Fixkosten sind nicht mengenabhängig. Abweichungen von dieser Regel müssen jeweils berücksichtigt werden.)

Schließlich werden alle weiteren Einflussfaktoren, die ermittelt werden können (im Beispiel der Mix), abgespalten. Am Ende wird die Restabweichung, die keinem Bestimmungsfaktor zugeordnet werden kann, als Differenz zwischen den Istkosten zu Planpreisen und den Sollkosten ermittelt.

Tab. 1.5   *Vorgehensweise bei der Aufspaltung der Kostenabweichung*

Kostenniveau bzw. Kosten-einflussfaktor	Istkosten zu Istpreisen	Istkosten zu Plan-preisen	Sollkosten beim Istmix	Sollkosten beim Planmix	Verrechnete Plankosten	Plan-kosten
Preis	Istpreis	Planpreis	Planpreis	Planpreis	Planpreis	Planpreis
	(1) ⟶	► (5) ⟶	►			
Volumen	Ist-volumen	Ist-volumen	Soll-volumen	Soll-volumen	Soll-volumen	Plan-volumen
					◄—	(2)
Mix	Istmix	Istmix	Istmix	Planmix	Planmix	Planmix
			◄— (4)			
Fixkosten						
(Proportiona-	Nein	nein	nein	nein	ja	-
lisierung)				◄— (3)		

Tab. 1.6 zeigt die Teilabweichungen der Kostenabweichung.

Tab. 1.6 *Teilabweichungen der Kostenabweichung*

Kostenniveau bzw. Kosten-einflussfaktor	Istkosten zu Istpreisen	Istkosten zu Plan-preisen	Sollkosten beim Istmix	Sollkosten beim Plan-mix	Verrechnete Plankosten	Plan-kosten
Preis	Istpreis	Planpreis	Planpreis	Planpreis	Planpreis	Planpreis
Volumen	Ist-volumen	Ist-volumen	Soll-volumen	Soll-volumen	Soll-volumen	Plan-volumen
Mix	Istmix	Istmix	Istmix	Planmix	Planmix	Planmix
Fixkosten (Proportiona-lisierung)	nein	nein	nein	nein	ja	-

↑ Preis-abweichung ↑↑ Rest-abweichung ↑↑ Mix-abweichung ↑↑ Fixe Beschäftigungs-abweichung ↑↑ Budget-abweichung ↑

↑ Globale Verbrauchsabweichung ↑↑ Variable Beschäftigungsabweichung ↑

↑ Mengenabweichung ↑

↑ Kostenabweichung ↑

Aus der Zuordnungstabelle von Kostenbestimmungsfaktoren und Kostenniveaus sowie den daraus resultierenden Teilabweichungen lassen sich die Formeln zu deren Berechnung wie in Abb. 1.4 herleiten. Auch diese Abweichungsformen sind stets in der gewählten Reihenfolge sowie nach der Auswahl der einzelnen Kostenbestimmungsfaktoren zu betrachten. Wie beim Umsatz gilt bei den Kosten, dass die zuerst abgespalten Abweichungen den größten Anteil an Abweichungen höherer Ordnung beinhalten. Deshalb liefern sie ebenfalls nur begrenzt Aussagen.

Preisabweichung = Istkosten zu Istpreisen - Istkosten zu Planpreisen

Restabweichung = Istkosten zu Planpreisen - Sollkosten beim Istmix

Mixabweichung = Sollkosten beim Istmix - Sollkosten beim Planmix

Fixe Beschäftigungsabweichung = Sollkosten beim Planmix - Verrechnete Plankosten

Budgetabweichung = Verrechnete Plankosten - Plankosten

Variable Beschäftigungsabweichung = Sollkosten beim Planmix - Plankosten
= Fixe Beschäftigungsabweichung + Budgetabweichung

Globale Verbrauchsabweichung = Istkosten zu Planpreisen - Sollkosten beim Planmix
= Restabweichung + Mixabweichung

Mengenabweichung = Istkosten zu Planpreisen - Plankosten
= Globale Verbrauchsabweichung + Variabler Beschäftigungsabweichung

Kostenabweichung = Istkosten zu Istpreisen - Plankosten
= Preisabweichung + Mengenabweichung

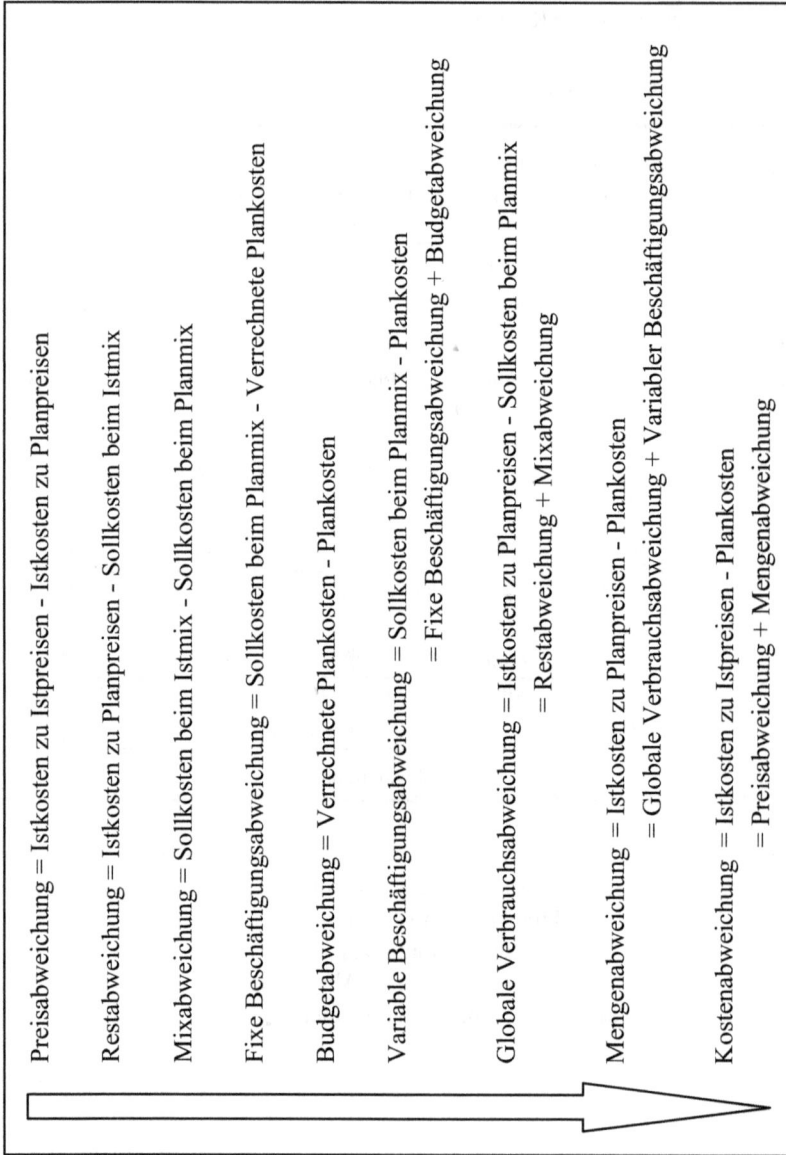

Abb. 1.4   *Formeln zur Berechnung einzelner Kostenabweichungen*

Die errechneten Teilabweichungen dienen dazu, Gegensteuerungspotenziale aufzudecken. Zum Schluss müssen entsprechende Gegensteuerungsmaßnahmen zur Reduktion der Gesamtabweichung identifiziert werden.

1.7.3   Abweichungsanalysen in diesem Buch

Da einige Kostenabweichungen bereits in *Kostensteuerung kompakt* ausführlich erläutert wurden, stehen im Mittelpunkt hier die Umsatzabweichungen. Trotzdem liefert Kapitel 2 konkrete Beispiele von Umsatz- und Kostenabweichungen für die Absatzmix-, Absatzmengen-, Marktgrößen- und Marktanteilsabweichungen und Kapitel 3 für die Inputmix- und Ausbeuteabweichungen.

1.8   Englische und deutsche Fachterminologie im Vergleich

balanced controlling	ausgewogenes Controlling
capital charge	kalkulatorische Zinsen
cross-selling	Querverkauf
customer profitability analysis, customer profitability metrics	Kundenrentabilitätsanalyse
loss leader	Lockartikel
net operating profit after taxes (NOPAT)	Betriebsergebnis nach Steuern
performance-oriented	leistungsorientiert
reswitching	zurück wechselnd
spread	ökonomische Spanne oder Marge
tying arrangements	Koppelungsvereinbarungen
value-oriented	wertorientiert
weighted average cost of capital (WACC)	Gesamtkapitalkosten

1.9   Literatur

Alisch, K., E. Winter und U. Arentzen (Hrsg.), *Gabler Wirtschaftslexikon*, Gabler, Wiesbaden, 2005.

Anderson, C., „Why $0.00 Is the Future of Business", *Wired*, March 2008.

Bark, C. und P. Temmel, „Wertorientierte Steuerung von KUM durch Management von Wertgeneratoren und Nutzenpotenzialen", *Der Controlling-Berater*, 1/2008.

Bauer, J., „A Simplified Approach to Tying Arrangements: A Legal and Economic Analysis", *Vanderbilt Law Review*, 1980.

Beyer, C. T., „Kennen Sie Ihre wertvollsten Kunden?", http://www.economics.phil.uni-erlangen.de/bwl/bpract/kuwert/kuwert.htm, Stand 3.10. 2008.

Bühner, R., *Das Management-Wert-Konzept*, Schäffer-Poeschel, Stuttgart, 1990.

Bühner, R., „Unternehmerische Führung mit Shareholder Value", in R. Bühner (Hrsg.), *Shareholder-Value-Report: Erfahrungen, Ergebnisse, Entwicklungen*, Moderne Industrie, Landsberg a. Lech, 1994.

Cochran, S., *Encountering Chinese Networks: Western, Japanese, and Chinese Corporations in China, 1880-1937*, University of California Press, Berkeley, 2000.

Comez, P. und B. Weber, *Akquisitionsstrategie – Wertsteigerung durch Übernahme von Unternehmen*, Neue Zürcher Zeitung, Zürich/Stuttgart, 1989.

Copeland, T. E., T. Koller und J. Murrin, *Unternehmenswert*, 3. Aufl., Campus, Frankfurt/New York, 2002.

Craswell, R. „Tying Requirements in Competitive Markets: The Consumer Protection Rationale", *Boston University Law Review*, 1982.

Dam, K., „Fortner Enterprises v. United States Steel: Neither a Borrower Nor A Lender Be", *Supreme Court Review*, 1969.

Drukarczyk, J., *Unternehmensbewertung*, 4. Aufl, Vahlen, München, 2004.

Fikert, R., „Shareholder Value-Ansatz zur Bewertung von Strategien", in P. Weilemann und R. Fickert (Hrsg.), *Strategie-Controlling in Theorie und Praxis*, Paul Haupt, Bern/Stuttgart, 1991.

Fischermanns, G., *Praxishandbuch Prozessmanagement*, Dr. Götz Schmidt, Gießen, 2006.

Fong, Y., „When Does Aftermarket Monopolization Soften Foremarket Competition?", Northwestern University Kellogg School of Management, Evanston, IL, 2007.

Gärtner, H., „Strategische Unternehmensführung mit der Balanced Scorecard", *Fitness Tribune*, 2/2006.

Gaitanides, M., *Prozessorganisation: Entwicklung, Ansätze und Programme des Managements von Geschäftsprozessen*, Vahlen, München, 2006.

Garegnani, P., *Kapital, Einkommensverteilung und effektive Nachfrage: Beiträge zur Renaissance des klassischen Ansatzes in der Politischen Ökonomie*, Metropolis, Marburg, 1989.

Heesen, B., „Asset-Backed-Securities-Transaktionen und deren Auswirkungen (Teil 2)", *Der Controlling-Berater*, 4/2008.

Horngren, C. T., G. L. Sundem, W. O. Stratton, D. Burgstahler und J. Schatzberg, *Introduction to Management Accounting*, Pearson Education, Upper Saddle River, NJ, 2008.

Hylton, K. N. und M. Salinger, „Tying Law and Policy: A Decision-Theoretic Approach", *Antitrust Law Journal*, 2001.

Kaplan, R. S., „Add a Customer Profitability Metric to Your Balanced Scorecard," *Balanced Scorecard Report*, 4/2005.

Kaplan, R. S. und S. R. Anderson, „Time-Driven Activity-Based Costing", *Harvard Business Review*, November 2004.

Kaplan, R. S. und S. R. Anderson, *Time-Driven Activity-Based Costing*, Harvard Business School, Boston, 2007.

Kaplan, R. S. und R. Cooper, *Cost & Effect: Using Integrated Cost Systems to Drive Profitability and Performance*, Harvard Business School, Boston, 1998.

Kaplan, R.S. und V.G. Narayanan, „Measuring and Managing Customer Profitability", *Journal of Cost Management*, 5/2001.

Kaplan, R. S. und D. P. Norton, „The Balanced Scorecard: Measures That Drive Performance", *Harvard Business Review*, 1/1992.

Kaplan, R. S. und D. P. Norton, „Putting the Balanced Scorecard to Work", *Harvard Business Review*, 5/1993.

Kaplan, R. S. und D. P. Norton, *Chemical Bank: Implementing the Balanced Scorecard*, Harvard Business School Press, Boston, 1995.

Kaplan, R. S. und D. P. Norton, „Using the Balanced Scorecard as a Strategic Management System", *Harvard Business Review*, 1/1996.

Kaplan, R. S. und D. P. Norton, *Balanced Scorecard: Translating Strategy into Action*, Harvard Business School Press, Boston, 1996.

Kaplan, R. S. und D. P. Norton, „Measuring the Strategic Readiness of Intangible Assets", Harvard Business Review, 2/2004.

Kaplan, R. S. und D. P. Norton, *Strategy Maps: Converting Intangible Assets into Tangible Outcomes*, Harvard Business School Press, Boston, 2004.

Kenney, R. und B. Klein, „The Economics of Block Booking", *Journal of Law & Economics*, 3/1983.

Klein, B. und L. Saft, „The Law and Economics of Franchise Tying Contracts", *Journal of Law & Economics*, 2/1985.

Knote, K. und A. Tschache, „Produkt- und Kundenrentabilität steigern", Michel-Institut, BDU-Datenbank: Fachaufsätze   von   Unternehmensberatern, http://www.bdu.de/fach_38.html, Stand 3. 10. 2008.

Kramer, V., „The Supreme Court and Tying Arrangements: Antitrust as History", *Minnesota Law Review*, 1985.

Krause, H.- U. und D. Arora, *Controlling-Kennzahlen – Key Performance Indicators*, München, Oldenbourg, 2008.

Kröger, F., „EVA vernichtet Werte", *Harvard Business Manager*, 8/2005.

Kurz, H. D., „Capital Theory - Debates", in J. Eatwell, M. Milgate und P. Newman (Hrsg.), *The New Palgrave: A Dictionary of Economics*, Vol. 1., Macmillan, London/New York/Tokyo, 1987.

Langguth, H., *Kapitalmarktorientieres Wertmanagement*, Vahlen, München, 2008.

Lauk, K. J., „Kunde oder Aktionär – ein Dilemma für das Controlling?", in P. Horváth (Hrsg.), *Kunden und Prozesse im Fokus, Controlling und Reengineering*, Schaeffer-Poeschel Stuttgart, 1994.

Leslie, C., „Unilaterally Imposed Tying Arrangements and Antitrust's Concerted Action Requirement", *Ohio State Law Journal*, 1999.

Leslie, C., „Cutting Through Tying Theory with Occam's Razor: A Simple Explanation of Tying Arrangements", *Tulane Law Review*, 2004.

Leyk, J., M. Müller und D. Grünebaum, „Der Ansatz des Advanced Budgeting in der Unternehmenspraxis: Empirische Ergebnisse des Horváth & Partners CFO-Panel zum aktuellen Anwendungsstand", *Der Controlling-Berater*, 4/2006.

Lewis, T. und S. Lehmann, „Überlegene Investitionsentscheidungen durch CFROI", *Betriebswirtschaftliche Forschung und Praxis*, 1/1992.

Lopatka, J. und W. Page, „The Dubious Search for Integration in the Microsoft Trial", *Connecticut Law Review*, 1999.

Mail Online, http://www.mailonsunday.co.uk/tvshowbiz/article-465229/Coming-weekend--greatest-newspaper-giveaway--EVER.html, 10 July 2007, Stand 21.11. 2008.

Mansch, H und K. v. Wysocki (Hrsg.), „Finanzierungsrechnung im Konzern", *Zeitschrift für betriebswirtschaftliche Forschung*, Sonderheft 37, Düsseldorf/Frankfurt a. M., 1996.

Martin, R., „The Razor's Edge", *The Industry Standard*, 6. August 2001.

Matzler, K., M. Rier, B. Renzl und H. Hinterhuber, „Die wichtigsten Managementkonzepte und -methoden: Die Sicht der Unternehmensberater", *Zeitschrift für Controlling & Management*, 2/2004.

Meese, A., „Tying Meets the New Institutional Economics: Farewell to the Chimera of Forcing", *University of Pennsylvania Law Review*, 1/1997.

Meese, A., „Monopoly Bundling in Cyberspace: How Many Products Does Microsoft Sell?", *Antitrust Bulletin*, 65, 1999.

Niraj, R., M. Gupta, und C. Narasimhan, „Customer Profitability in a Supply Chain", *Journal of Marketing*, 3/2001.

OECD, *Economic Outlook*, No. 77, OECD, Paris, Juni 2005.

Özel, F., „Controlling und Kontrolle", *Controller Magazin*, 1/2003.

Pfeifer, P. E., M. E. Haskins und R. M. Conroy, „Customer Lifetime Value, Customer Profitability, and the Treatment of Acquisition Spending", *Journal of Managerial Issues*, 1/2005.

Posner, R. A., *Antitrust: An Economic Perspective*, University of Chicago Press, Chicago, IL, 1976.

Presbar, R. und S. Sindl, „Die Grundsätze der ordnungsgemäßer Planung (GOP) im Kontext der Anforderungen mittelständischer Unternehmen", *Controller Magazin*, 2/2008.

Rappaport, A., *Creating Shareholder Value*, The Free Press, New York/Oxford, 1986.

REFA, *Methodenlehre des Arbeitsstudiums, Teil 1 Grundlagen*, Carl Hanser, München, 1971.

Reichheld, F. F., *The Loyalty Effect*, Harvard Business School, Boston, 1996.

Reimann, „Does Your Business Create Real Shareholder Value", *Business Horizon*, 5/1986.

Rickards, R. C., *Budgetplanung kompakt*, Oldenbourg, München, 2007.

Rickards, R. C., *Kostensteuerung kompakt*, Oldenbourg, München, 2008.

Rieker, S., *Bedeutende Kunden*, Gabler, Wiesbaden, 1995.

Schmitt, M., „Bilanz- und GuV-Kennzahlen im Zusammenspiel – viele Wege führen zum Renditeziel", *Der Controlling-Berater*, 4/2007.

Schröder, E. F., *Modernes Unternehmens-Controlling, Handbuch für die Unternehmenspraxis*, 8. Aufl., Friedrich Kiehl, Ludwigshafen a. Rhein, 2003.

Schulz, B., *Kundenpotentialanalyse im Kundenstamm von Unternehmen*, Peter Lang, Wien, 1995.

Selden, L. und G. Colvin, *Killer Customers: Tell the Good from the Bad and Crush Your Competitors*, Penguin, New York, 2003.

Sindl, S., „Die Grundsätze ordnungsgemäßer Planung (GoP) im Kontext der Anforderungen mittelständischer Unternehmen", Fachtagung „Controlling für mittelständische Unternehmen", am 23. und 24. April 2008, Nürnberg.

Sraffa, P., *Warenproduktion mittels Waren*, Suhrkamp, Frankfurt/Main, 1976 (Erstveröffentlichung 1960).

Steinhübel, V. „Strategien, Ziele und Balanced Scorecard – Umfassende Steuerung im Mittelstand", Fachtagung „Controlling für mittelständische Unternehmen", am 23. und 24. April 2008, Nürnberg.

Stermetz, E., „Wertorientiertes Controlling – die wichtigsten Kennzahlen im Überblick", *Der Controlling-Berater*, 6/1999.

Stermetz, E., „Wertorientiertes Controlling – die Rolle der Kennzahlen im Managementprozess", *Der Controlling-Berater*, 2/2000.

Stewart, G. B., The *Quest for Value: A Guide for Senior Managers*, HarperCollins, New York, 2001.

Stigler, G. J., „A Note on Block Booking", *Supreme Court Review*, 1963.

Stöger, R., *Geschäftsprozesse erarbeiten – gestalten – nutzen: Qualität, Produktivität, Konkurrenzfähigkeit*, Schäffer Poeschel, Stuttgart, 2005.

Turner, D., „Tying Arrangements under the Antitrust Laws", *Harvard Law Review*, 1/1958.

Weber, J., B. Hirsch und G. Müller, „Die Zukunft des Shareholder-Value", *Harvard Business Manager*, 7/2004.

Whinston, M. D., „Exclusivity and Tying in U.S. v. Microsoft: What We Know, and Don't Know", *Journal of Economic Perspectives*, 2/2001.

Wikipedia, http://de.wikipedia.org/wiki/Produktivit%C3%A4t, Stand 20. Juli 2008.

Williams, R., A. Wurth, P. Newton und K. Lopez, *Calculating and Reporting Customer Profitability*, APQC, Houston, 2006.

Zischg, K, *Investitionen planen und bewerten*, Haufe, München, 2005.

2 Umsatzerlösverteilung, Erlösabweichungen und Kundenprofitabilitätsanalysen

2.1 Einführung

In *Kostensteuerung kompakt* wurde betont, dass ein detailliertes Verständnis der Kosten unverzichtbar ist, wenn man Entscheidungen über Produkte, Dienstleistungen, Kunden, Abteilungen usw. trifft. Das Buch unterstreicht auch die Bedeutung der Kosten für das Management laufender Operationen und für das alltägliche Geschäft in Unternehmen. Jedoch ist die andere Hälfte der Gewinngleichung – die Umsatzerlöse – ist von gleicher Wichtigkeit. Manager erfolgreicher Unternehmen geben der Planung und Analyse von Erlösen eine hohe Priorität.

Dieses Kapitel behandelt drei Themen, die eng mit den Umsatzerlösen zusammenhängen: die Aufschlüsselung und Zuordnung von Umsatzerlösen, Erlösabweichungen und Kundenprofitabilitätsanalysen. Zuerst wird untersucht, welche Fragen zur Umsatzerlösverteilung sich aus der heutzutage üblichen Praxis des Verkaufs mehrerer Produkte oder Dienstleistungen als ein komplettes Güterbündel, Bündelprodukt oder Produktpaket („product bundle" or „package deal") zu einem Preis ergeben. Im zweiten Teil werden die Instrumente, die in *Kostensteuerung kompakt* zur Analyse der Kostenabweichungen eingesetzt wurden, auf Erlösabweichungen angewandt, die in Unternehmen mit mehreren Produkten vorkommen. Da im Brennpunkt vieler Entscheidungen, die Manager bei der Planung und dem Controlling treffen, der Kunde steht, behandelt das dritte Unterkapitel Fragen, die sich auf Kundenumsätze und -kosten beziehen. Hier werden verschiedene Methoden vorgestellt, die ein Controller benutzen kann, um das Augenmerk der Manager auf die Rentabilität ihrer Kunden zu konzentrieren.

2.2   Verteilung von Umsatzerlösen

Umsatzerlöse sind Einnahmen (fast immer Geld oder Forderungen), die ein Unternehmen im Austausch gegen Produkte oder Dienstleistungen von Kunden erhält. Genau wie man Kosten aufschlüsselt und spezifischen Kostenträgern zuordnet, kann man erzielte Umsatzerlöse auf Produkte, Dienstleistungen, Kunden und Geschäftsbereiche verteilen.

2.2.1   Erlöse und Güterbündel

Bei der Allokation von Erlösen auf Umsatzträger unterscheidet man zwischen der direkten Zurechnung und verschiedenen indirekten Verteilungsmethoden. Eine direkte Zuordnung von Umsätzen findet statt, wenn man bestimmten Umsatzträgern Erlöse in ökonomisch vertretbarer (d. h. kostengünstiger) Weise unmittelbar zuteilen kann. Eine Aufschlüsselung von Umsätzen ist dagegen erforderlich, wenn Erlöse eine Verbindung zu bestimmten Produkten, Dienstleistungen, Kunden, Abteilungen usw. haben, aber auf diese Umsatzträger nicht direkt zurückzuverfolgen sind. In solchen Fällen (z. B. beim Verkauf von Güterbündeln) werden die erzielten Erlöse nach einem bestimmten Schlüssel auf die Umsatzträger verrechnet. Die direkte Zurechnung von Umsätzen ergibt demnach ein verursachungsgerechteres Bild der Umsätze als die indirekten Verteilungsmethoden.

Eine weit verbreitete Vermarktungsstrategie ist es, zwei oder mehr Güter zu bündeln und als ein einziges, kombiniertes Produkt zum Verkauf anzubieten (Mulhern/Leone, 1991; Yadav/Monroe, 1993; Salinger, 1995; Simonin/Ruth, 1995; Ovans, 1997; Chuang/Sirbu, 1997; Van Buer/Venta/Zydiak, 1997; Fürderer/Hermann/Wübke, 1999; Solomon, 1999; Kempf, 2007). Diese Strategie wird beispielsweise im Softwaregeschäft häufig verwendet (Angebot einer „Office Suite", die einen Word Processor, ein Spreadsheet und eine Database beinhaltet), bei Telefongesellschaften im Festnetzbereich (ein „Triple-Play" umfasst Telefon, Kabelfernsehen und Internetzugang) und in der Fast-Food-Industrie (ein „Complete Meal" besteht aus einem Sandwich, Pommes Frittes und einem Getränk).

Eine auf Bündelprodukten basierende Strategie ist am erfolgreichsten, wenn es Größenvorteile in der Fertigung oder Verbundvorteile im Vertrieb gibt, die Grenzkosten der Bündelung gering oder die Rüst- bzw. die Kundenakquisitionskosten groß sind. Ferner sollten die Verbraucher die Vereinfachung der Kaufentscheidung schätzen und einen großen Nutzen von der Leistung der kombinierten Produkte haben (Gaeth/Levin/Chakraborty/Levin, 1990; Drumwright, 1992; Venkatesh/Mahajan, 1993; Yadav, 1994; Harlam/Krishna/Lehmann/Mela, 1995; Coreen/Wind/Jain, 2000; Alford/Biswas, 2002; Agarwal/Chatterjee, 2003; Janiszewski/Cunha, 2004; Harris/Blair, 2006; Hwang, 2006).

Die Bündelung von Produkten ist deshalb auch gut geeignet für Güter mit hohem Absatz und niedrigen Grenzkosten im Verhältnis zum Verkaufspreis. Eine Untersuchung ergab, dass die Bündelung bei Informationsgütern, wo eine zusätzliche Produkteinheit fast keine Grenzkosten verursacht, besonders effektiv sein kann. Sie kann einen Anbieter mit minderwertigem Sortiment in die Lage versetzen, einen Konkurrenten mit hochwertigerem Sortiment, der seine Produkte jedoch als Einzelartikel vertreibt, vollkommen vom Markt zu verdrängen (Bakos/Brynjolfsson, 1999).

Am Beispiel der fiktiven Stralsunder TBR-Software KG, die ihre Produkte als Einzelartikel und als Produktpakete verkauft, wird nachfolgend die Vorgehensweise bei der direkten Zurechnung bzw. indirekten Verteilung von Umsatzerlösen erläutert. Das Unternehmen bietet drei Artikel getrennt und auch Produktpakete an. Die einzelnen Produkte heißen IT-Controlling (ITC), Chargeback (CB) und Service-Management (SM). ITC hilft bei der Geschäfts- und Prozessoptimierung durch eine transparente Aufschlüsselung der Kosten und des Nutzens der Informationstechnologie. CB ermöglicht eine lückenlose Kostenstellenzuordnung und -kontrolle für die IT-Leistungserbringung. SM beschreibt und überwacht die Qualität der IT-Dienste für die Kundenzufriedenheit. Die Stralsunder TBR-Software KG bietet verschiedene Zweier-Kombinationen dieser Produkte als die Güterbündel Infotec I, II, und III an. Diese drei Produkte bilden zusammen das Güterbündel Infotec IV.

2.2.2   Direkte Zuordnung

Da die direkte Zuordnung von Umsatzerlösen zu den einzelnen Umsatzträgern die genaueste Allokationsmethode ist, sind Unternehmen i. d. R. daran interessiert, möglichst große Teile ihrer Erlöse direkt zurechnen zu können. Heute unterstützen moderne Informationssysteme die Zuordnung von Produkterlösen und liefern wertvolle Erkenntnisse zum Erfolg einzelner Produkte oder zur Kundenprofitabilität. Wie man Rücksendungen behandelt, bleibt dabei allerdings ein potenzielles Problem.

Behandlung von Rücksendungen
Viele Unternehmen erlauben es unzufriedenen Kunden, die erworbenen Produkte gegen Rückerstattung des Kaufpreises oder Gutschrift zurückzugeben. Zum Verkaufszeitpunkt weiß man noch nicht, welcher spezifische Kunde ein Produkt zurückgeben wird. Daher schätzt man den Anteil der Retouren auf der Basis von Erfahrungswerten mit vergangenen Rückgaben und berücksichtigt diese bei der Darstellung der Umsatzerlöse im Jahresabschluss bzw. am Ende einer Rechnungsperiode.

Unternehmen, die Berichtigungen für Retouren auf der Grundlage eines Durchschnittswerts für ein breites Warensortiment vornehmen, reduzieren jedoch potenziell die Genauigkeit der einzelnen Produktumsätze. Das Berichtswesen für die Stralsunder TBR-Software KG stellt das Ergebnis der Berechnung eines solchen breiten Durchschnitts dar. Das Unternehmen geht von einer Retourenquote in Höhe von 2 % des gesamten Bruttoumsatzes aus. Diese Annahme wird auf jedes der drei Produkte angewandt. Man nimmt ferner an, dass die Rücksendungen keinen Wert mehr haben. Für jeden Monat weist die Stralsunder TBR-Software KG als Erlöse 98 % des Bruttoumsatzes aus. Die Erlöse in Tab. 2.1 wurden mit neuen Kunden im Jahr 20XX erzielt. Die Allgemeinen Geschäftsbedingungen des Unternehmens erlauben die Warenrückgabe innerhalb eines Monats nach Erwerb. Einen Monat nach Ende des Jahres 20XX kennt das Management die tatsächliche Summe der Rücksendungen im gesamten abgelaufenen Geschäftsjahr.

Tab. 2.1   Verkäufe der Stralsunder TBR-Software KG in 20XX

	ITC	CB	SM	Summe
Istabsatz (Stk.)	8.000	10.000	5.000	
Istverkaufspreis	125 €	200 €	600 €	
Bruttoumsätze	1.000.000 €	2.000.000 €	3.000.000 €	6.000.000 €
- Wertberichtigung für Planrückwaren (2 % vom Bruttoumsatz)	20.000 €	40.000 €	60.000 €	120.000 €
Nettoerlöse	980.000 €	1.960.000 €	2.940.000 €	5.880.000 €

Berichtigung von Erlösen auf Basis eines Durchschnittswerts

Gegenwärtig sammelt die Stralsunder TBR-Software KG die tatsächlichen Retouren auf einem einzigen Konto. Am Ende der Rechnungsperiode bucht sie eine einzige Berichtigung der 20XXer Umsatzerlöse. Das Unternehmen hat im Jahr 20XX Istretouren in Höhe von 192.000 €, die mit dem Bruttoumsatz von 6.000.000 € zusammenhängen. Mit der ursprünglichen Annahme von durchschnittlich 2 % hat das Management die tatsächlichen Rückwaren um 72.000 € unterschätzt. Der Istretourenanteil aller drei Artikel lag bei 3,2 % (192.000 € / 6.000.000 €) anstelle der geplanten 2 % (120.000 € / 6.000.000 €).

Tab. 2.2 zeigt, wie die Stralsunder TBR-Software KG Ende 20XX eine einheitliche Berichtigung der Nettoumsatzerlöse für jedes Produkt durchführt. Man zieht zusätzliche 1,2 % ab, sodass die Istretourenkorrektur im Durchschnitt 3,2 % beträgt.

Tab. 2.2   Berichtigung der Bruttoumsätze der Stralsunder TBR-Software KG für 20XX aufgrund eines Durchschnittswerts

	ITC	CB	SM	Summe
Bruttoumsätze	1.000.000 €	2.000.000 €	3.000.000 €	6.000.000 €
- Wertberichtigung für Istrückwaren (3,2 % vom Bruttoumsatz)	32.000 €	64.000 €	96.000 €	192.000 €
Nettoerlöse	968.000 €	1.936.000 €	2.904.000 €	5.808.000 €

Die Anwendung eines einheitlichen Durchschnittswerts von 3,2 % über das gesamte Absatzsortiment beruht auf der Annahme, dass es keine wesentlichen Unterschiede zwischen den Retourenquoten der einzelnen Produkte gibt. Wenn aber Unterschiede existieren, kann man genaue Nettoumsätze für die einzelnen Produkte nur durch die gesonderte Zurechnung der jeweiligen Istrücksendungen ermitteln.

Die Daten in Tab. 2.3 beschreiben die Istretouren der Stralsunder TBR-Software KG im Jahr 20XX. Die Prozentsätze für die Istretouren waren jeweils 1 % (10.000 € / 1.000.000 €),

3,1 % (62.000 € / 2.000.000 €) und 4 % (120.000 € / 3.000.000 €) für IT-Controller, Charge-back und Service-Management. Die Verwendung des einheitlichen Durchschnittswerts von 3,2 % des gesamten Umsatzes für die Korrektur der Umsätze der einzelnen Produkte führt zu den Unterbewertungen bzw. der Überbewertung in Tab. 2.4. Diese Unschärfen bei der Er-mittlung der Istnettoumsätze wirken sich auf die ermittelte Profitabilität der einzelnen Pro-dukte aus. IT-Controller und Chargeback (Service-Management) sind profitabler (weniger profitabel) als berichtet, wenn man die Korrektur auf Grundlage des Durchschnittswerts von 3,2 % durchführt. Dadurch erscheinen die Produkte mit niedrigeren Preisen weniger rentabel und die Produkte mit höheren Preisen rentabler, als sie in Wirklichkeit sind.

Tab. 2.3 *Berichtigung der Bruttoumsätze der Stralsunder TBR-Software KG für 20XX aufgrund jeweiliger Istrückwarenquoten*

	ITC	CB	SM	Summe
Bruttoumsätze	1.000.000 €	2.000.000 €	3.000.000 €	6.000.000 €
- Wertberichtigung für Istrückwaren (jeweils 1,0 %, 3,1 % und 4 % vom Bruttoumsatz)	10.000 €	62.000 €	120.000 €	192.000 €
Nettoerlöse	990.000 €	1.938.000 €	2.880.000 €	5.808.000 €

Tab. 2.4 *Berichtigung der Bruttoumsätze der Stralsunder TBR-Software KG für 20XX aufgrund jeweiliger Istrückwarenquoten*

	Istnettoerlöse	Berichtigte Nettoerlöse unter Annahme einer Rückwaren-quote von 3,2 %	Unterschied
ITC	990.000 €	968.000 €	22.000 € Unterbewertung
CB	1.938.000 €	1.936.000 €	2.000 € Unterbewertung
SM	2.880.000 €	2.904.000 €	24.000 € Überbewertung

Unterschiedliche Retourenquoten mögen ferner auf Qualitätsunterschiede in der Program-mierung hinweisen. Wenn die drei Produkte jeweils von einem anderen Team entwickelt wurden, könnte die relativ höhere Retourenquote auf Probleme beim Service-Management-Team hindeuten. Diese Einsicht kann u. U. künftige Aufgaben oder Zusammensetzung aller drei Teams beeinflussen.

Da die Sammlung und Auswertung von Daten für einzelne Produkte ein komplexer Vorgang ist, nutzten in der Vergangenheit viele Unternehmen zur Korrektur ihrer Umsatzerlöse breite Durchschnittswerte. Heutzutage ist die Sammlung präziser Daten über die Rücksendung diverser Produkte in großen Sortimenten auch in verschiedenen Läden aufgrund moderner Informationssysteme viel einfacher geworden.

2.2.3   Verteilung von Erlösen beim Verkauf von Bündelprodukten

Wie bereits erwähnt sind Güterbündel oder Bündelprodukte Pakete aus zwei oder mehreren Produkten oder Dienstleistungen, die man zu einem einzigen, günstigen Preis verkauft. Dabei werden normalerweise die einzelnen Bestandteile des Bündels auch als Einzelprodukte mit individuellen Preisen angeboten. „Pure bundling" („reine Bündelung") bedeutet, dass ein Kunde nur das gesamte Güterbündel kaufen kann. In oligopolistischen oder monopolistischen Industrien führt „pure bundling" manchmal zu einem Missbrauch von Marktmacht, weil die Auswahlmöglichkeit des Verbrauchers künstlich beschränkt wird (Adams/Yellen, 1976; Cready, 1991; Porter, 1999; Frazier, 2001; Bundesnetzagentur, 2005; Clapperton/Corones, 2007). Wie in Kapitel 1 bereits erklärt, heißt sie in solchen Fällen auch „product tying" (Produktkopplung). Dagegen ereignet sich „mixed bundling" („gemischte Bündelung"), wenn man Verbrauchern anbietet, entweder das ganze Güterbündel oder einzelne Bestandteile zu kaufen.

Der Einzelpreis für ein Güterbündel ist geringer als die Summe der Preise der gebündelten Produkte, wenn man sie einzeln kaufen würde. Banken beispielsweise bieten ihren Kunden oft Bündelprodukte aus Dienstleistungen verschiedener Abteilungen (Girokonto, Wertpapierdepot und Anlageberatung) für ein pauschales Entgelt an. Reiseveranstalter bieten Reisen an, die für eine Pauschale den Hin- und Rückflug, die Unterbringung im Hotel, alle Mahlzeiten und ein Unterhaltungsprogramm umfassen. Diese Dienstleistungen sind meistens Produkte diverser Tochtergesellschaften (Fluglinie, Hotel, Restaurant und Freizeitgestaltung) des Reiseveranstalters (Baloglu/Weaver/McCleary, 1998). Gerade dort aber, wo einzelne Manager von Abteilungen, Sparten oder Divisionen ihre Teilumsätze verantworten müssen, wird die Frage nach der Aufschlüsselung des gebündelten Umsatzes und der Zuordnung der Erlöse zu einzelnen Produkten interessant (Kinberg/Sudit, 1979).

Die Stralsunder TBR-Software KG muss sich mit der Verteilungsfrage in Verbindung mit dem Verkauf ihrer Produktpakete auseinandersetzen. Drei von ihnen (I, II und III) beinhalten unterschiedliche Kombinationen von zwei der angebotenen Artikel, während Güterbündel IV alle drei umfasst. Die Nachfrage von Anwendern, die einen, zwei oder gar alle drei der Artikel wollen, ist erfreulich groß. Da die Stralsunder TBR-Software KG ihr Geschäft in Sparten um die drei Artikel organisiert hat und die Jahresprämien von der Profitabilität der einzelnen Artikel abhängen, sind die Manager an der Umsatzverteilung auf die Sparten sehr interessiert. Tab. 2.5 beinhaltet Daten zu den Verkaufspreisen der vier Güterbündel sowie der drei einzelnen Artikel. Die Stückkosten jedes der drei Artikel betragen: 4,00 € für IT-Controlling, 6,00 € für Chargeback und 12,00 € für Service-Management. Die zwei Hauptverfahrensarten zur Verteilung des Umsatzes sind die Einzelproduktmethode („stand-alone revenue allocation method") und die inkrementelle Methode („incremental revenue allocation method").

Tab. 2.5 *Preise von Einzelprodukten und Güterbündeln der Stralsunder TBR-Software KG in 20XX*

Infotec-Güterbündel	Verkaufspreis des Einzelprodukts			Verkaufspreis des Güterbündels
	ITC	CB	SM	
I. ITC und CB	125 €	200 €	-	260 €
II. ITC und SM	125 €	-	600 €	580 €
III. CB und SM	-	200 €	600 €	640 €
IV. ITC, CB und SM	125 €	200 €	600 €	740 €

Einzelproduktmethode der Umsatzverteilung

Die Einzelproduktmethode der Umsatzverteilung verwendet spezifische Informationen zu Bestandteilen eines Güterbündels, um Gewichtungen zu entwickeln, aufgrund derer man den gebündelten Erlös aufteilt und ihn den einzelnen Produkten zuordnet. Der Verkaufspreis für das Güterbündel Infotec II beträgt 580 €. Folgende drei Quellen können für die Gewichtung der Einzelprodukte herangezogen werden:

- Verkaufspreis je Stück
  Die Verkaufspreise der Einzelprodukte im Güterbündel betragen jeweils 125 € für IT-Controller und 600 € für Service-Management. Die Gewichtung für die Aufteilung des Umsatzes von Güterbündel II lautet deshalb:

  ITC = [(125 €) / (125 € + 600 €)] * 580 € = 0,1724 * 580 € = 100 €
  SM = [(600 €) / (125 € + 600 €)] * 580 € = 0,8276 * 580 € = 480 €

- Stückkosten
  Diese Methode nutzt die Kosten der Einzelprodukte, um die Gewichtung für die Verteilung des Umsatzes zu berechnen. Hier dienen die Fertigungskosten je Stück als Basis für die Berechnung der Gewichtung.

  ITC = [(4,00 €) / (4,00 € + 12,00 €)] * 580 € = 0,25 * 580 € = 145 €
  SM = [(12,00 €) / (4,00 € + 12,00 €)] * 580 € = 0,75 * 580 € = 435 €

- Stückzahl
  Jede Produkteinheit im Güterbündel hat das gleiche Gewicht bei der Verteilung des gebündelten Umsatzes an die einzelnen Produkte. Mit insgesamt zwei Einheiten in dem Paket wird jedem Produkt 50 % des Umsatzes von Güterbündel II zugeteilt.

  ITC = [(1) / (1 + 1)] * 580 € = 0,50 * 580 € = 290 €
  SM = [(1) / (1 + 1)] * 580 € = 0,50 * 580 € = 290 €

Die Ergebnisse der drei Varianten der Einzelproduktmethode sind in Tab. 2.6 zusammengestellt. Die Gewichtung über den jeweiligen Verkaufspreis je Stück der Einzelprodukte ist
vorteilhaft, weil sie den besten Indikator für den Nutzen darstellt, den Kunden vom Kauf
eines Produkts einerseits und das Unternehmen vom Absatz ihres Produkts andererseits erhalten. Eine marktorientierte Gewichtung spiegelt den Kundennutzen besser wider als Gewichtungen auf Basis von Stückkosten oder -zahlen. Wenn allerdings die Einzelprodukte im
Güterbündel niemals getrennt verkauft werden („pure bundling"), fehlen die notwendigen
Stückverkaufspreise. In diesen Fällen muss auf eine andere Methode ausgewichen werden.

Tab. 2.6   *Drei Varianten der Einzelproduktmethode der Umsatzallokation am Beispiel des Güterbündels II der*
TBR-Software KG

Methoden der Umsatzallokation	ITC	SM
Verkaufspreis je Stück	100 €	480 €
Stückkosten	145 €	43 €
Stückzahl	290 €	290 €

Typische Gründe für eine Gewichtung nach der Stückzahl sind die einfache Anwendung
oder Schwierigkeiten bei der Anwendung alternativer Varianten (z. B. instabile Stückverkaufspreise oder Fertigungskosten je Stück, die auf der Ebene des Einzelprodukts schwer zu
kalkulieren sind). Die Wahl der Stückzahl als Grundlage für die Gewichtung ist am sinn-
vollsten, wenn die Werte der gebündelten Güter in etwa gleich sind. So wäre es im Falle des
Verkaufs eines Autos mit vollem Benzintank nicht sinnvoll, die Hälfte des Umsatzes dem
Benzin zuzuordnen.

Inkrementelle Methode der Umsatzverteilung
Bei der inkrementellen Methode der Umsatzverteilung stellt man zunächst eine Rangfolge
der Waren im Güterbündel auf. Der gebündelte Umsatz wird dieser Rangfolge entsprechend
aufgespalten und den einzelnen Produkten zugeteilt. Man bezeichnet die Ware auf dem ersten Rang als das Hauptprodukt im Güterbündel („primary product") und jede weitere Ware
als Nebenprodukt („incremental product").

Im Güterbündel III stellt Service-Management das Hauptprodukt dar. Wenn der Umsatzerlös
des Güterbündels den Verkaufspreis des Hauptprodukts als Einzelprodukt übersteigt, ordnet
man dem Hauptprodukt 100 % seines Umsatzerlöses als Einzelprodukt zu. Dies ist beim
Güterbündel III der Fall. Der Umsatzerlös des Güterbündels von 640 € ist größer als der
Verkaufspreis von Service-Management als Einzelprodukt (600 €). Tab. 2.7 zeigt, dass dem
Hauptprodukt, Service-Management, deshalb 600 € vom gebündelten Umsatz zugeordnet
werden, während die übrigen 40 € (640 € - 600 €) dem Chargeback zugeteilt werden.

Tab. 2.7   *Umsatzverteilung, wenn Preis des Hauptprodukts > Preis des Güterbündels*

Produkt	Umsatzverteilung (in €)	Verbleibender Umsatzrest für die Verteilung auf andere Produkte (in €)
SM	600	(640 - 600) = 40
CB	40	0

Ist dagegen der Umsatzerlös aus dem Güterbündel geringer als der Verkaufspreis des Hauptprodukts als Einzelprodukt, ordnet man dem Hauptprodukt den gesamten gebündelten Umsatz zu. Alle anderen Produkte im Güterbündel haben dann keinen Teil mehr am Umsatz. Dieser Fall trifft auf das Güterbündel II zu und wird in Tab. 2.8 dargestellt.

Tab. 2.8   *Umsatzverteilung, wenn Preis des Hauptprodukts < Preis des Güterbündels*

Produkt	Umsatzverteilung (in €)	Verbleibender Umsatzrest für die Verteilung auf andere Produkte (in €)
SM	580	(580 < 600) => 0
ITC	0	0

Wenn mehr als zwei Produkte in einem Güterbündel enthalten sind, teilt man den gebündelten Umsatz der Reihenfolge nach auf. Der Verkaufspreis des Güterbündels IV beträgt 740 €. Die Stralsunder TBR-Software KG stuft Service-Management als Hauptprodukt, Chargeback als erstes Nebenprodukt und IT-Controller als zweites Nebenprodukt ein. Tab. 2.9 zeigt, wie die Umsatzverteilung sich gestaltet.

Tab. 2.9   *Umsatzverteilung, wenn das Güterbündel drei Produkte beinhaltet*

Produkt	Umsatzverteilung (in €)	Verbleibender Umsatzrest für die Verteilung auf andere Produkte (in €)
SM	600	(740 - 600) = 140
CB	140	(140 < 200) => 0
ITC	0	0

Ganz offensichtlich ist die Rangfolge der einzelnen Produkte im Güterbündel ausschlaggebend für die Höhe des dem Einzelprodukt zugeordneten Umsatzes. Nicht selten führt diese Methode daher zu heftigen Auseinandersetzungen unter den Managern eines Unternehmens.

Wer entscheidet bei dieser Methode über die Rangfolge der Produkte? Eine Möglichkeit zur objektiven Entscheidungsfindung wäre eine Umfrage unter den Kunden, welche relative Bedeutung die einzelnen Produkte bei der Entscheidung für ein Güterbündel hatten. Alternativ könnte man neuere Verkaufsdaten der im Bündel enthaltenen Einzelprodukte miteinander vergleichen. Eine weitere, allerdings subjektive Alternative besteht darin, dass das Topmanagement die Rangfolge festlegt.

Wahrscheinlich sind die Manager der Stralsunder TBR-Software KG unterschiedlicher Auffassung darüber, wessen Produkt wie wichtig für den Absatz eines Güterbündels ist. Es ist denkbar, dass beispielsweise jeder der drei Produktmanager behauptet, sein Produkt sei das Hauptprodukt im Güterbündel IV! Die Anwendung der Einzelproduktmethode zur Umsatzverteilung geht solchen möglichen Konfliktherden aus dem Weg.

Andere Umsatzverteilungsmethoden

Ein Managementurteil, das nicht explizit auf einer spezifischen Formel beruht, ist eine weitere Methode der Umsatzverteilung. Der Geschäftsführer eines Sportartikelunternehmens entschied beispielsweise die Gewichtungen für die Umsatzverteilung selbst festzulegen, nachdem die Manager sich über die Rangfolge der drei Produkte im Güterbündel nicht einigen konnten. Die Gewichtungen, die der Geschäftsführer für die drei Produkte beschloss, waren: 40 % für das erste Produkt, 40 % für das zweite Produkt und 20 % für das dritte Produkt. Die Variablen, die der Geschäftsführer bei seiner Entscheidung berücksichtigte, waren (1) die Verkaufspreise der Produkte als Einzelartikel (alle drei waren sehr ähnlich), (2) der Absatz als Einzelartikel (bei den ersten beiden Artikeln war er jeweils fünfmal größer als bei dem dritten), (3) die Produktbeurteilungen von unabhängigen Experten und der jeweilige Bekanntheitsgrad bei Konsumenten. Der Produktmanager des dritten Produkts beklagte, dass die 20 %-Gewichtung den Beitrag seines Produkts zum Umsatz des Güterbündels drastisch unterbewerte. Darauf antwortete der Geschäftsführer, dass die Aufnahme des Artikels in das Güterbündel seinen Bekanntheitsgrad bei den Konsumenten so stark erhöhe, dass der gesamte Umsatz des dritten Produkts (auch mit nur 20 % des Güterbündelumsatzes) größer war, als er gewesen wäre, wäre das Produkt kein Bestandteil des Güterbündels geworden.

2.3   Umsatzbezogene Abweichungen

Eine detaillierte Umsatzanalyse ist insbesondere bei den Unternehmen von großer Bedeutung, die mehrere Produkte bzw. Dienstleistungen in verschiedenen Regionen oder Ländern anbieten. Ausgehend von dem in Abschnitt 2.2 aufbereiteten Datenmaterial lassen sich eine Vielzahl von Erlösabweichungen („revenue variances") berechnen, die Einblicke in den Erfolg bzw. Misserfolg einzelner Produkte in spezifischen Märkten liefern.

Die Erlösabweichungen werden auch häufig als Absatzabweichungen („sales variances") bezeichnet, da der Absatz von Produkten am Markt die zentrale Erlösquelle der meisten Unternehmen darstellt. Beispielsweise beschert der Absatz von neuen PCs einem Computerhersteller wesentlich größere Einnahmen als die Kunden- und Reparaturdienste, die eine dem Verkauf nachgelagerte Erlösquelle bilden.

Abb. 2.1 zeigt, wie die verschiedenen Arten von umsatzbezogenen Abweichungen, die in diesem Buch untersucht werden, im Verhältnis zueinander stehen. Hier ist die spezifische

leistungsmengenbedingte Abweichung auf der dritten Berichtsebene die Absatzvolumenabweichung („sales-volume variance"). Die Absatzmix- und Absatzmengenabweichungen
(jeweils „sales-mix variance" und „sales quantity variance") auf der vierten sowie die
Marktgrößen- und Marktanteilsabweichungen (jeweils „market-size variance" und „market-
share variance") auf der fünften Berichtsebene helfen Managern zu verstehen, warum sich
der Ist- vom Planabsatz unterscheidet. Mithilfe dieser Informationen kann vor allem das
Management einer Marketingabteilung seine Aktivitäten besser planen und steuern.

2. Ebene	Abweichung vom statischen Budget
3. Ebene	Abweichung vom flexiblen Budget / Leistungsmengenbedingte Abweichung (Absatzvolumenabweichung)
4. Ebene	Absatzmixabweichung / Absatzmengenabweichung
5. Ebene	Marktanteilsabweichung / Markgrößenabweichung

Abb. 2.1 *Umsatzabweichungen*

Zur Illustration der Abweichungsarten dienen zwei Beispielunternehmen:

1. die Klassische Kreuzfahrten GmbH, die ihren Passagieren an Bord der Kreuzfahrtschiffe
   verschiedene Leistungsklassen anbietet, und

2. die Hamelner Handy AG, die als multinationales Unternehmen ihre Produkte in verschiedenen Ländern vermarktet

2.4   Abweichungsanalyse für mehrere Produkte

Die Klassische Kreuzfahrten GmbH verkauft Seereisen im Mittelmeerraum. Sie hat drei Dienstleistungsklassen an Bord: Luxusklasse, Erste Klasse und Touristenklasse. Derzeit setzt sich das Management mit den Ergebnissen des Monats Juli 20XX auseinander. Man misst den Absatz in Produkteinheiten (PE), die einer vollen Rundfahrt entsprechen (d. h. Buchungen für Passagen, die nur Teilstrecken darstellen, werden zu einer kleineren Zahl von Rundfahrtpassagen kombiniert). Tab. 2.10 enthält die Plan- und Istumsatzerlöse für Juli 20XX.

Tab. 2.10   *Plan- und Istumsatzerlöse der Klassischen Kreuzfahrten GmbH am 31. Juli 20XX*

Planerlös

Dienstleistungsklasse	Verkaufspreis/PE	Absatzvolumen (PE)	Absatzmix	Umsatzerlös
Luxus	9.600 €	300	5 %	2.880.000 €
Erste Klasse	4.800 €	1.200	20 %	5.760.000 €
Touristenklasse	2.400 €	4.500	75 %	10.800.000 €
Summe		6.000	100 %	19.440.000 €

Isterlös

Dienstleistungsklasse	Verkaufspreis/PE	Absatzvolumen (PE)	Absatzmix	Umsatzerlös
Luxus	7.800 €	720	10 %	5.616.000 €
Erste Klasse	4.000 €	2.160	30 %	8.640.000 €
Touristenklasse	2.100 €	4.320	60 %	9.072.000 €
Summe		7.200	100 %	23.328.000 €

Im Juni 20XX hatte ein Hauptkonkurrent der Klassischen Kreuzfahrten, Sizilianische Seereisen SpA, Insolvenz angemeldet und wurde von den Britischen Billigtouren Ltd. übernommen. Die Sizilianischen Seereisen SpA hatte einen beachtlichen Markanteil im Segment für Luxus- und erstklassige Passagiere. Sofort bot die Britische Billigtouren Ltd. starke Preisnachlässe für alle Passagierklassen an. Ihr Ruf unter Luxus- und Erste-Klasse-Reisenden war jedoch schlecht. Ein Reisemagazin berichtete, dass das Britische Billigtouren Ltd. in der Qualität ihrer Dienstleistungen für Gäste an Bord neue Tiefs in der Branche erreicht hätte. Um der Herausforderung der neuen Konkurrenz entgegenzutreten, hatte auch die Klassische Kreuzfahrten GmbH Ende Juni (nach Erstellung ihrer Planrechnung) alle ihre Tarife gesenkt.

2.4.1   Gesamtabweichung des Umsatzes

Die Gesamtabweichung des Umsatzes ergibt sich als Differenz zwischen dem Ist- und dem Planumsatz aus dem statischen (starren) Budget. Tab. 2.11 zeigt die Gesamtabweichungen der Umsatzerlöse der Klassische Kreuzfahrten GmbH. Das Unternehmen hat günstige Abweichungen für die Luxusklasse und die Erste Klasse sowie eine ungünstige Abweichung für ihre Touristenklasse ermittelt. Detailliertere Informationen zur günstigen Abweichung in Höhe von 3.888.000 € erhält man aus einer Untersuchung der Abweichung vom flexiblen Budget und der Absatzvolumenabweichung.

Tab. 2.11   *Gesamtabweichung des Umsatzes für die Klassische Kreuzfahrt GmbH im Juli 20XX*

	Isterlös	-	Planerlös	=	Gesamtabweichung des Umsatzes
Luxus	5.616.000 €		2.880.000 €		2.736.000 € G
Erste Klasse	8.640.000 €		5.760.000 €		2.880.000 € G
Touristenklasse	9.072.000 €		10.800.000 €		1.728.000 € (U)
Summe					3.888.000 € G

2.4.2   Abweichung vom flexiblen Budget und Absatzvolumenabweichung

Die Abweichung vom flexiblen Budget des Umsatzes ist die Differenz zwischen dem Ist- und dem Sollumsatz aus der Sollrechnung für die Istzahl der abgesetzten Produkteinheiten. Tab. 2.12 präsentiert die Abweichungen der Umsatzerlöse vom flexiblen Budget für die Klassische Kreuzfahrten GmbH. Die ungünstige Abweichung vom flexiblen Budget in Höhe von 4.320.000 € entspringt der beachtlichen Senkung der Verkaufspreise in allen Klassen gegenüber den geplanten Verkaufspreisen des Unternehmens.

Tab. 2.12   *Abweichung des Umsatzes vom flexiblen Budget für die Klassische Kreuzfahrt GmbH im Juli 20XX*

	Isterlös	-	Sollerlös	=	Abweichung des Umsatzes vom flexiblen Budget
Luxus	5.616.000 €		(9.600 € / PE)(720 PE) = 6.912.000 €		1.296.000 € (U)
Erste Klasse	8.640.000 €		(4.800 € / PE)(2.160 PE) = 10.368.000 €		1.728.000 € (U)
Touristenklasse	9.072.000 €		(2.400 € / PE)(4.320 PE) = 10.368.000 €		1.296.000 € (U)
Summe					4.320.000 € (U)

Die Absatzvolumenabweichung zeigt die Auswirkung des Unterschieds zwischen der Ist- und der Planmenge für die Variable, die dem flexiblen Budget (Sollrechnung) für den Istabsatz zugrunde gelegt wurde. Für die Umsatzerlöse der Klassische Kreuzfahrten GmbH ist diese Variable die Anzahl der verkauften vollen Rundreisen. Aus Tab. 2.13 ist die Absatzvolumenabweichung für jede Dienstleistungsklasse des Unternehmens ersichtlich. Obwohl die gesamte Absatzvolumenabweichung von 8.208.000 € günstig erscheint, beinhaltet sie neben den günstigen Abweichungen für die Luxus- und die Erste Klasse auch eine ungünstige Abweichung für die Touristenklasse. Zusatzinformationen zur Herkunft der Veränderungen im Absatz lassen sich durch die Unterteilung der Absatzvolumenabweichung in eine Absatzmengenabweichung und eine Absatzmixabweichung gewinnen.

Tab. 2.13   *Absatzvolumenabweichung des Umsatzes für die Klassische Kreuzfahrt GmbH im Juli 20XX*

	[Istabsatz - Planabsatz] * Planverkaufspreis =			Absatzvolumenabweichung des Umsatzes
Luxus	720 PE	300 PE	9.600 € / PE	4.032.000 € G
Erste Klasse	2.160 PE	1.200 PE	4.800 € / PE	4.608.000 € G
Touristenklasse	4.320 PE	4.500 PE	2.400 € / PE	432.000 € (U)
Summe				8.208.000 € G

2.4.3   Absatzmengenabweichung

Die Absatzmengenabweichung ist die Differenz zwischen zwei Beträgen: (1) dem budgetierten Umsatz auf Basis des Istabsatzes aller Produkte und des Planabsatzmixes und (2) der Umsatzangabe im statischen Budget, die auf dem Planabsatz aller Produkte und dem Planabsatzmix basiert. Tab. 2.14 zeigt die Kalkulation der Absatzmengenabweichungen der Klassische Kreuzfahrten GmbH. Die Abweichungen sind als günstig einzustufen, wenn die Istabsatzmenge größer ist als die Planabsatzmenge. Dieser Fall ist bei der Klassische Kreuzfahrten GmbH zu beobachten. Sie verkaufte 1.200 volle Rundreisen mehr als geplant.

Tab. 2.14 *Absatzmengenabweichung des Umsatzes für die Klassische Kreuzfahrt GmbH im Juli 20XX*

	Istabsatz aller Produkte in PE	Planabsatz aller Produkte in PE		Plan- absatzmix- prozentsatz		Planver- kaufspreis je PE	Absatzmengen- abweichung des Umsatzes
Luxus	7.200	6.000	*	5 %	*	9.600 €	576.000 € G
Erste Klasse	7.200	6.000		20 %		4.800 €	1.152.000 € G
Touristenklasse	7.200	6.000		75 %		2.400 €	2.160.000 € G
Summe							3.888.000 € G

2.4.4   Absatzmixabweichung

Die Absatzmixabweichung des Umsatzes ist die Differenz zwischen den Ist- und Planabsatzmixprozentsätzen, multipliziert mit dem Istabsatz aller Produkte (in PE) und dem Planverkaufspreis je PE. Tab. 2.15 enthält die Kalkulation der Absatzmixabweichungen für das Beispielunternehmen. Eine günstige Absatzmixabweichung entsteht auf der Ebene der einzelnen Produkte, wenn der Istabsatzmixanteil den Plananteil übersteigt. Dies ist der Fall bei der Luxusklasse (10 % > 5 %) und bei der Ersten Klasse (30 % > 20 %). Dagegen fällt die Absatzmixabweichung für die Touristenklasse ungünstig aus, weil der Istabsatzmixprozentsatz geringer ist als geplant (60 % < 75 %).

Tab. 2.15 *Absatzmixabweichung des Umsatzes für die Klassische Kreuzfahrt GmbH im Juli 20XX*

	Istabsatz aller Produkte in PE		Istabsatz- mix- prozentsatz	Planabsatz- - mix - prozentsatz		Planver- kaufspreis je PE	Absatzmengen- abweichung des Umsatzes
Luxus	7.200	*	10 %	5 %	*	9.600 €	3.456.000 € G
Erste Klasse	7.200		30 %	20 %		4.800 €	3.456.000 € G
Touristenklasse	7.200		60 %	75 %		2.400 €	2.592.000 € (U)
Summe							4.320.000 € G

Das Konzept hinter der Absatzmixabweichung für Umsatzerlöse in Höhe von 4.320.000 € G lässt sich am besten in Bezug auf die Planverkaufspreise je zusammengesetzte Produkteinheit des Absatzmixes erläutern. Eine zusammengesetzte Produkteinheit („composite product unit") ist eine hypothetische Einheit, in der die Einzelprodukte eines Unternehmens im Verhältnis zur relativen Bedeutung dieser Produktsparte insgesamt gewichtet sind. Tab. 2.16 zeigt die Gewichtung der einzelnen Produkte und berechnet daraus den Preis für die zusammengesetzte Ist- und die zusammengesetzte Planprodukteinheit des Beispielunternehmens.

Tab. 2.16   *Kalkulation der Planverkaufspreise einer zusammengesetzten Produkteinheit der Klassischen Kreuzfahrt GmbH im Juli 20XX*

	Plan-verkaufs-preis je PE	Ist-absatzmix-prozentsatz	Planverkaufspreis je zusammenge-setzte PE für den Istabsatzmix	Plan-absatzmix-prozentsatz	Planverkaufspreis je zusammengesetzte PE für den Planabsatzmix
	(1)	(2)	(3) = (1) * (2)	(4)	(5) = (1) * (4)
Luxus	9.600 €	10 %	960 €	5 %	480 €
Erste Klasse	4.800 €	30 %	1.440 €	20 %	960 €
Touristenklasse	2.400 €	60 %	1.440 €	75 %	1.800 €
Summe			3.840 €		3.240 €

Der Istabsatzmix hat einen Verkaufspreis je zusammengesetzte Produkteinheit von 3.840 €, während der Planabsatzmix einen Verkaufspreis je zusammengesetzte Produkteinheit von 3.240 € hatte. Die Folge des veränderten Absatzmix ist eine Erhöhung des Planverkaufspreises je zusammengesetzte Produkteinheit um 600 € (3.840 € - 3.240 €). Bei 7.200 verkauften Rundreisen bedeutet diese Preiserhöhung eine günstige Absatzmixabweichung von 4.320.000 €.

Tab. 2.17 präsentiert die Berechnung der Absatzmix- und der Absatzmengenabweichungen des Umsatzes im Spaltenformat. Damit wird noch einmal verdeutlicht, dass die Absatzvolumenabweichung des Umsatzes ebenso aus der Verschiebung im Absatzmix zugunsten von Dienstleistungen mit höheren Preisen (Luxusklasse und Erste Klasse) resultiert als auch aus einer 20-prozentigen Steigerung der insgesamt verkauften Rundreisen (7.200 Ist- gegenüber 6.000 Planprodukteinheiten).

Das Management der Klassische Kreuzfahrten GmbH sollte die Abweichungen in Tab. 2.17 hinterfragen. Warum gibt es die günstige gesamte Absatzmixabweichung von 4.320.000 €? Meinen die Kunden, dass ihre Luxus- und Erste-Klasse-Fahrten ein besseres Preis-Leistungsverhältnis bieten als die der Konkurrenz? Oder finden potenzielle Kunden der Touristenklasse, dass sie bei der Britische Billigtouren Ltd. besser aufgehoben sind? Ergibt sich die scheinbare Verschiebung zugunsten der teuren Produkte einfach dadurch, dass man das ursprüngliche Absatzvolumen ohne ausreichende Analyse der Marktbedingungen in 20XX prognostizierte? Diese und andere mögliche Erklärungen sollten untersucht werden.

Tab. 2.17 *Analyse der Absatzmix- und Absatzmengenabweichungen für den Umsatz der Klassischen Kreuzfahrten GmbH im Juli 20XX*

	Flexibles Budget (Soll-rechnung):		Statisches Budget (Plan-rechnung):
	Istabsatz aller Produkte (in PE) * Istabsatzmix * Planverkaufspreis / PE	Istabsatz aller Produkte (in PE) * Planabsatzmix * Planverkaufspreis / PE	Planabsatz aller Produkte (in PE) * Planabsatzmix * Planverkaufspreis / PE
Luxus	7.200 PE * 0,10 * 9.600 € / PE = 6.912.000 €	7.200 PE * 0,05 * 9.600 € / PE = 3.456.000 €	6.000 PE * 0,05 * 9.600 € / PE = 2.880.000 €
Erste Klasse	7.200 PE * 0,30 * 4.800 € / PE = 10.368.000 €	7.200 PE * 0,20 * 4.800 € / PE = 6.912.000 €	6.000 PE * 0,20 * 4.800 € / PE = 5.760.000 €
Touristenklasse	7.200 PE * 0,60 * 2.400 € / PE = 10.368.000 €	7.200 PE * 0,75 * 2.400 € / PE = 12.960.000 €	6.000 PE * 0,75 * 2.400 € / PE = 10.800.000 €
Summe	27.648.000 €	23.328.000 €	19.440.000 €

⬆ 4.320.000 € G ⬆ ⬆ 3.888.000 € G ⬆
gesamte Absatzmixabweichung   gesamte Absatzmengenabweichung

⬆ 8.208.000 € G ⬆
gesamte Absatzvolumenabweichung

2.4.5   Marktgrößen- und Marktanteilsabweichungen

Neben der Preispolitik sind insbesondere die Entwicklung der Gesamtnachfrage auf dem Markt und die Fähigkeit, Marktanteile zu halten, ausschlaggebend für die Umsatzentwicklung. Beispielsweise basiert der Planabsatz von 6.000 vollen Rundreisen der Klassische Kreuzfahrten GmbH auf einer Schätzung des Managements von einem 40 %-Marktanteil im Juli 20XX bei einer Industrieprognose der Reiseveranstaltergruppe (RVG) von 15.000 nachgefragten Rundreisen insgesamt. Im August 20XX veröffentlichte die RVG die Istabsatzzahlen (Tab. 2.18).

Tab. 2.18   *Plan- und Istabsatz (in PE) der Seereisenindustrie im Juli 20XX*

	Planabsatz	Istabsatz
Luxus	500	900
Erste Klasse	2.500	3.600
Touristenklasse	12.000	15.500
Summe	15.000	20.000

Im Gegensatz zum Planmarktanteil von 40 % lag der Istmarktanteil der Klassische Kreuzfahrten GmbH bei 36 % (7.200 PE / 20.000 PE). Laut RVG hatte die Britische Billigtouren Ltd. sehr erfolgreich das Marktsegment Touristenklasse bearbeitet, hatte jedoch Schwierigkeiten bei den Luxus- und Erste-Klasse-Fahrten. Indessen hatte sich die Klassische Kreuzfahrten GmbH laut RVG gerade bei letzteren Klassen über großen Zulauf gefreut.

Marktgrößenabweichung
Die Klassische Kreuzfahrten GmbH kann die Informationen der RVG verwenden, um zusätzliche Erkenntnisse zu Art und Herkunft ihrer Absatzmengenabweichung zu gewinnen, indem sie Marktgrößen- und Marktanteilsabweichungen ermittelt. Die Marktgrößenabweichung ist der Unterschied zwischen dem Planumsatz auf Grundlage der Istmarktgröße in Produkteinheiten und des Planmarktanteils einerseits und dem Planumsatz andererseits, der auf der Planmarktgröße in Produkteinheiten und dem Planmarktanteil basiert. Die Berechnung der Marktgrößenabweichungen der Klassische Kreuzfahrten GmbH ist in Abb. 2.2 dargestellt.

$$\left. \begin{array}{c} \text{(Istmarktgröße in PE - Planmarktgröße in PE)} \\ * \\ \text{Planmarktanteil} \ * \ \text{Ø Planverkaufspreis je PE} \end{array} \right\} \ = \ \text{Marktgrößenabweichung des Umsatzes}$$

$$[20.000 \text{ PE} - 15.000 \text{ PE}] * 0,40 * 3.240 \text{ €} \ = \ \text{Marktgrößenabweichung des Umsatzes}$$

$$6.480.000 \text{ € G} \ = \ \text{Marktgrößenabweichung des Umsatzes}$$

Abb. 2.2   *Marktgrößenabweichung des Umsatzes für die Klassische Kreuzfahrt GmbH im Juli 20XX*

Die Markgrößenabweichung in Höhe von 6.480.000 € ist günstig, weil sie den zusätzlichen Umsatz darstellt, der sich aus dem Marktzuwachs von 33 % [(20.000 PE - 15.000 PE) / 15.000 PE] ergibt, wenn die Klassische Kreuzfahrten GmbH sowohl ihren Planmarktanteil von 40 % als auch ihren durchschnittlichen Planverkaufspreis von 3.240 € halten kann.

Marktanteilsabweichung

Die Marktanteilsabweichung ergibt sich als Differenz zwischen den Planumsatzerlösen auf der Grundlage des Planabsatzmixes, der Istmarktgröße in Produkteinheiten und des Istmarktanteils einerseits, und dem Planumsatz basierend auf Planabsatzmix, der Istmarktgröße in Produkteinheiten und dem Planmarktanteil andererseits. Abb. 2.3 zeigt die Kalkulation der Marktanteilsabweichung des Umsatzes der Klassische Kreuzfahrten GmbH. Offensichtlich hat das Unternehmen Marktanteile verloren. Es plante mit 40 %, erreichte jedoch nur 36 %. Die ungünstige Marktanteilsabweichung in Höhe von 2.592.000 € quantifiziert die Auswirkung des Marktanteilsverlustes um 4 Prozentpunkte.

$$\left. \begin{array}{c} \text{[Istmarktanteil - Planarktanteil]} \\ * \\ \text{Istmarktgröße in PE} \quad * \quad \varnothing \text{ Planverkaufspreis je PE} \end{array} \right\} = \text{Marktanteilsabweichung des Umsatzes}$$

$$[0{,}36 - 0{,}40] * 20.000 \text{ PE} * 3.240 \text{ € / PE} = \text{Marktanteilsabweichung des Umsatzes}$$

$$2.592.000 \text{ € (U)} = \text{Marktanteilsabweichung des Umsatzes}$$

Abb. 2.3   Marktanteilsabweichung des Umsatzes für die Klassische Kreuzfahrt GmbH im Juli 20XX

2.5   Zusammenfassung der Umsatzabweichungen

Tab. 2.19 stellt die Marktanteils- und Marktgrößenabweichungen im Spaltenformat dar, Abb. 2.4 fasst die berechneten Abweichungen auf der 2. bis 5. Berichtsebene für die Klassische Kreuzfahrten GmbH in einer Übersicht zusammen. Darin wird insbesondere deutlich, dass zum Teil einander ausgleichende Abweichungen auf der 3. und 5. Berichtsebene vorkommen. In einigen Fällen sind diese Abweichungen ursächlich miteinander verbunden. Beispielsweise entsteht die ungünstige Abweichung vom flexiblen Budget in Höhe von 4.320.000 €, weil die Istverkaufspreise unter den Planverkaufspreisen liegen. Die günstige Absatzvolumenabweichung in Höhe von 8.208.000 € hängt unmittelbar mit ihr zusammen. Sie wurde durch die Senkung der Planverkaufspreise verursacht. Im umgekehrten Fall, wenn die Istverkaufspreise über den Planverkaufspreisen liegen, erwartet man i. d. R. eine ungünstige Marktanteilsabweichung, die zu ungünstigen Absatzmengen- und Absatzvolumenabweichungen führt.

Tab. 2.19 *Analyse der Marktanteils- und Marktgrößenabweichung des Umsatzes der Klassischen Kreuzfahrten GmbH im Juli 20XX*

		Statisches Budget:
Istmarktgröße	Istmarktgröße	Planmarktgröße
*	*	*
Istmarktanteil	Planmarktanteil	Planmarktanteil
*	*	*
Ø Planverkaufspreis je PE	Ø Planverkaufspreis je PE	Ø Planverkaufspreis je PE
20.000 PE * 0,36 * 3.240 € / PE	20.000 PE * 0,40 * 3.240 € / PE	15.000 PE * 0,40 * 3.240 € / PE
23.328.000 €	25.920.000 €	19.440.000 €

2.592.000 € (U)   6.480.000 € G
Marktanteilsabweichung   Marktgrößenabweichung

3.888.000 € G
gesamte Absatzmengenabweichung

2. Ebene
Abweichung vom statischen Budget
3.888.000 € G

3. Ebene
Abweichung vom flexiblen Budget
4.320.000 € (U)

Absatzvolumenabweichung
8.208.000 € G

4. Ebene
Absatzmixabweichung
4.320.000 € G

Absatzmengenabweichung
3.888.000 € G

5. Ebene
Marktgrößenabweichung
6.480.000 € G

Marktanteilsabweichung
2.592.000 € (U)

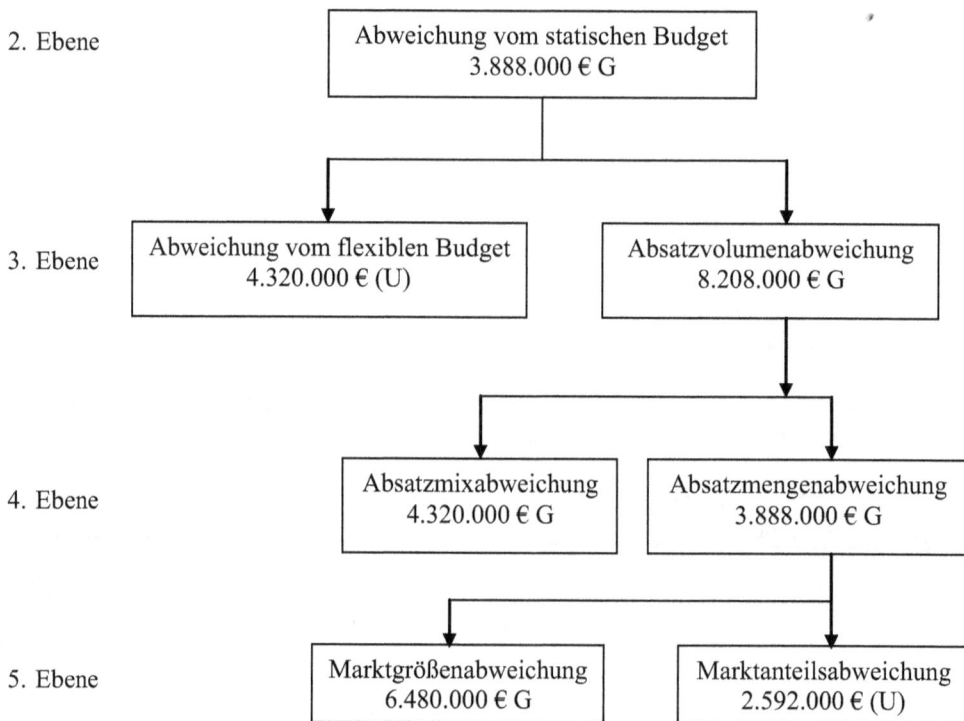

Abb. 2.4 *Umsatzabweichungen der Klassische Kreuzfahrten GmbH im Juli 20XX*

Ein Marketingmanager interessiert sich sehr für die Gründe, warum der Istabsatz vom Planabsatz abweicht. Wenn die Absatzmengenabweichung hauptsächlich auf von einzelnen Unternehmen nicht beeinflussbaren Veränderungen in der Marktgröße zurückzuführen ist, kann es sein, dass sie wachsen, schrumpfen oder zu neuen Produktmärkten wechseln sollten. Im Gegensatz zur Marktgröße ist der Marktanteil beeinflussbarer, weil sich klassische Marketingaktivitäten wie z. B. Preispolitik und Verkaufsförderung positiv darauf auswirken können. Die Absatzmixabweichung zeigt, ob sich der tatsächliche Absatzmix eher zugunsten von Waren bzw. Dienstleistungen mit höheren oder niedrigeren Umsätzen bzw. Gewinnmargen je Produkteinheit verschiebt, wenn die Abweichungen so detailliert berechnet werden können. Die Preisabweichung des Umsatzes stellt die Auswirkung einer Veränderung des Verkaufspreises auf die Umsatzentwicklung dar.

Abb. 2.4 gibt die eben beschriebene analytische Vorgehensweise wieder. Sie führt von einem hohen Niveau der Aggregation auf der 2. Ebene durch sukzessiv detailliertere Ebenen („drilling down"), um die Anteile grundlegender, spezifischer Abweichungen aufzudecken. Heute erlaubt es der Einsatz professioneller Standardsoftware, quasi auf Knopfdruck die erforderlichen Kalkulationen und Analysen durchzuführen.

Die Möglichkeit zur Berechnung von Marktgrößen- und Marktanteilsabweichungen ist abhängig von externen Datenquellen. Zuverlässige Daten über Marktgröße und Marktanteilsverhältnisse sind für einige, keineswegs für alle Branchen vorhanden. Die Fernseh-, Getränke- Nachrichten- und Telekommunikationsindustrie sind Wirtschaftzweige, für die aussagekräftige Statistiken generell zugänglich sind. In anderen Branchen wie der Managementberatung oder der Wirtschaftsprüfung sind Informationen zu Marktgrößen und Marktanteilen weit weniger zuverlässig und werden nur unregelmäßig veröffentlicht.

2.6 Abweichungsanalyse für mehrere Länder

Die Abweichungsanalyse des Umsatzes eignet sich für das Beispiel der Klassische Kreuzfahrten GmbH besonders gut, weil die variablen Kosten in der Reisebranche verhältnismäßig niedrig sind. In anderen Branchen spielen die variablen Kosten jedoch eine weitaus größere Rolle, weshalb dort oft Deckungsbeitragsanalysen in den Vordergrund rücken. Die Hildesheimer Handy AG führt eine solche Rechnung für ihr UMTS-Handy durch, das sie in vier Ländern verkauft: Brasilien, China, Deutschland und USA. Wie die Plan- und Istdaten in Tab. 2.20 und Tab. 2.21 zeigen, unterscheiden sich Verkaufspreis, Kostenstruktur und Konkurrenzsituation von Land zu Land.

Tab. 2.20 *Einige Plandaten der Hildesheimer Handy AG für UMTS-Handy in 20X7*

Land	Verkaufs- preis je PE (1)	Variable Kosten je PE (2)	Deckungs- beitrag/PE (3) = (1) - (2)	Absatz in PE (4)	Absatzmix (5)	Umsatz (6) = (1) * (4)	Deckungs- beitrag (7) = (3) * (4)
Brasilien	150 €	25 €	125 €	100.000	10 %	15.000.000 €	12.500.000 €
China	100 €	20 €	80 €	200.000	20 %	20.000.000 €	16.000.000 €
Deutschland	200 €	40 €	160 €	400.000	40 %	80.000.000 €	64.000.000 €
USA	250 €	45 €	205 €	300.000	30 %	75.000.000 €	61.500.000 €
				1.000.000	100 %	190.000.000 €	154.000.000 €

Tab. 2.21 *Einige Istdaten der Hildesheimer Handy AG für ihr UMTS-Handy in 20X7*

Land	Verkaufs- preis je PE (1)	Variable Kosten je PE (2)	Deckungs- beitrag/PE (3) = (1) - (2)	Absatz in PE (4)	Absatzmix (5)	Umsatz (6) = (1) * (4)	Deckungs- beitrag (7) = (3) * (4)
Brasilien	130 €	20 €	110 €	180.000	15 %	23.400.000 €	19.800.000 €
China	120 €	15 €	105 €	300.000	25 %	36.000.000 €	31.500.000 €
Deutschland	180 €	50 €	130 €	300.000	25 %	54.000.000 €	39.000.000 €
USA	240 €	40 €	200 €	420.000	35 %	100.800.000 €	84.000.000 €
				1.200.000	100 %	214.200.000 €	174.300.000 €

Anhand einer Abweichungsanalyse des Deckungsbeitrags auf der 2. bis 4. Berichtsebene lassen sich wertvolle Erkenntnisse zu den Unterschieden zwischen den Plan- und den Istergebnissen ermitteln. Tab. 2.22 präsentiert die Gesamtabweichung des Deckungsbeitrags für das UMTS-Handy der Hildesheimer Handy AG. Die ungünstige Abweichung in Höhe von 25.000.000 € in Deutschland wurde kompensiert durch die günstigen Abweichungen in Brasilien, China und in den USA.

Tab. 2.22 *Gesamtabweichung des Deckungsbeitrags des UMTS-Handy der Hildesheimer Handy AG in 20X7*

	Istdeckungsbeitrag	-	Plandeckungsbeitrag	=	Gesamtabweichung des Deckungsbeitrags
Brasilien	19.800.000 €		12.500.000 €		7.300.000 € G
China	31.500.000 €		16.000.000 €		15.500.000 € G
Deutschland	39.000.000 €		64.000.000 €		25.000.000 € (U)
USA	84.000.000 €		61.500.000 €		22.500.000 € G
Summe					20.300.000 € G

Tab. 2.23 und Tab. 2.24 zeigen jeweils die Kalkulation der Abweichung des Deckungsbeitrags vom flexiblen Budget und die Absatzvolumenabweichung des Deckungsbeitrags. Die positive Entwicklung der Absatzzahlen in Brasilien, China und den USA führten zu günstigen Absatzvolumenabweichungen. In Brasilien und den USA konnten die höheren Stückzahlen die gesunkenen Stückdeckungsbeiträge kompensieren, sodass die Gesamtdeckungsbeiträge für das jeweilige Land höher als geplant ausfielen. Nur in Deutschland, wo auch der Absatz niedriger ausfiel (300.000 PE vs. 400.000 PE), ist die Absatzvolumenabweichung ungünstig, weshalb der Gesamtdeckungsbeitrag für das Land den geplanten Wert nicht erreicht.

Tab. 2.23 *Abweichung vom flexiblen Budget des Deckungsbeitrags des UMTS-Handy der Hildesheimer Handy AG in 20X7*

	Istdeckungsbeitrag	-	Solldeckungsbeitrag	=	Abweichung des Deckungsbeitrags vom flexiblen Budget
Brasilien	19.800.000 €		(125 €/PE * 180.000 PE) = 22.500.000 €		2.700.000 € (U)
China	31.500.000 €		(80 €/PE * 300.000 PE) = 24.000.000 €		7.500.000 € G
Deutschland	39.000.000 €		(160 €/PE * 300.000 PE) = 48.000.000 €		9.000.000 € (U)
USA	84.000.000 €		(205 €/PE * 420.000 PE) = 86.100.000 €		2.100.000 € (U)
Summe					6.300.000 € (U)

Tab. 2.24 *Absatzvolumenabweichung des Deckungsbeitrags des UMTS-Handy der Hildesheimer Handy AG in 20X7*

	Istabsatz in PE	- Planabsatz in PE	* Plandeckungsbeitrag/PE =	Absatzvolumen - abweichung des Deckungsbeitrags
Brasilien	180.000	100.000	125 €	10.000.000 € G
China	300.000	200.000	80 €	8.000.000 € G
Deutschland	300.000	400.000	160 €	16.000.000 € (U)
USA	420.000	300.000	205 €	24.600.000 € G
Summe				26.600.000 € G

Die Abweichung vom flexiblen Budget des gesamten Deckungsbeitrags in Höhe von 6.300.000 € fiel ungünstig aus. Drei Märkte (Brasilien, Deutschland und USA) haben einen niedrigeren Stückdeckungsbeitrag erwirtschaftet als geplant. Daher weisen diese Länder ungünstige Abweichungen der Deckungsbeiträge vom flexiblen Budget aus. Das einzige Land mit einer günstigen Abweichung vom flexiblen Budget war China, wo mit 105 € ein Iststückdeckungsbeitrag erzielt werden konnte, der die Planzahl deutlich übersteigt.

Die Absatzvolumenabweichung des Deckungsbeitrags in Höhe von 26.600.000 € der Hildesheimer Handy AG lässt sich nun in Absatzmengen- und Absatzmixabweichungen unterteilen. Tab. 2.25 und Tab. 2.26 präsentieren die erforderlichen Kalkulationen und Ergebnisse.

Tab. 2.25 *Absatzmengenabweichung des Deckungsbeitrags des UMTS-Handy der Hildesheimer Handy AG in 20X7*

	Istabsatz aller UMTS - Handy in PE	Planabsatz UMTS - Handy in PE	Plan - absatzmix - prozentsatz	Plan - deckungs - beitrag je PE	Absatzmengen – abweichung des Deckungsbeitrags
Brasilien	1.200.000	1.000.000	10 %	125 €	2.500.000 € G
China	1.200.000	1.000.000	20 %	80 €	3.200.000 € G
Deutschland	1.200.000	1.000.000	40 %	160 €	12.800.000 € G
USA	1.200.000	1.000.000	30 %	205 €	12.300.000 € G
Summe					30.800.000 € G

Tab. 2.26 *Absatzmixabweichung des Deckungsbeitrags des UMTS-Handy der Hildesheimer Handy AG in 20X7*

	Istabsatz aller UMTS - Handy in PE	Ist - absatzmix - prozentsatz	Plan - absatzmix - prozentsatz	Plan - deckungs - beitrag je PE	Absatzmengen – abweichung des Deckungsbeitrags
Brasilien	1.200.000	15 %	10 %	125 €	7.500.000 € G
China	1.200.000	25 %	20 %	80 €	4.800.000 € G
Deutschland	1.200.000	25 %	40 %	160 €	28.800.000 € (U)
USA	1.200.000	35 %	30 %	205 €	12.300.000 € G
Summe					4.200.000 € (U)

Abb. 2.5 fasst die erläuterten Abweichungen des Deckungsbeitrags für das UMTS-Handy zusammen. Dabei ist die Absatzvolumenabweichung von 26.600.000 € G hauptsächlich auf den Absatzzuwachs von 200.000 Produkteinheiten über Plan (Istabsatz von 1.200.000 PE im Gegensatz zum Planabsatz von 1.000.000 PE) zurückzuführen. Auf der 4. Berichtsebene steht die Absatzmengenabweichung von 30.800.000 € G neben einer Absatzmixabweichung von 4.200.000 € (U). Der Plandeckungsbeitrag je zusammengesetzte Produkteinheit für den Istabsatzmix beträgt [(125 € * 0,15) + (80 € * 0,25) + (160 € * 0,25) + (205 € * 0,35)] = 150,50 € verglichen mit [(125 € * 0,10) + (80 € * 0,20) + (160 € * 0,40) + (205 € * 0,30)] = 154 € in der Planrechnung. Die Differenz des Deckungsbeitrags je zusammengesetzte Produkteinheit in Höhe von 3,50 € zum Planwert für die 1.200.000 tatsächlich abgesetzten Produkteinheiten führt zu der ungünstigen Absatzmixabweichung von 4.200.000 € (U) (3,50 €/PE * 1.200.000 PE). Der Unterschied im Absatzmix für Deutschland (0,25 anstatt 0,40) ist die Hauptursache für die ungünstige Absatzmixabweichung.

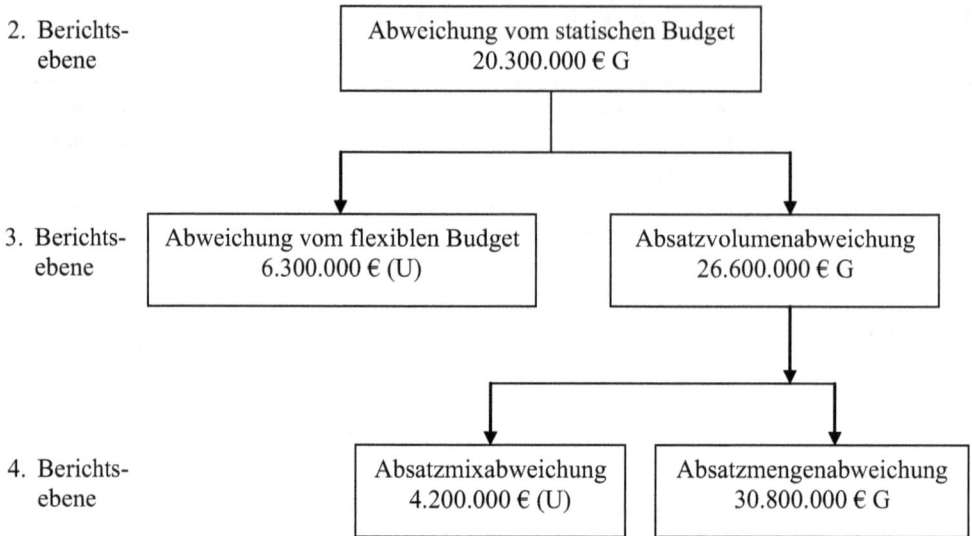

2. Berichts-
ebene

Abweichung vom statischen Budget
20.300.000 € G

3. Berichts-
ebene

Abweichung vom flexiblen Budget
6.300.000 € (U)

Absatzvolumenabweichung
26.600.000 € G

4. Berichts-
ebene

Absatzmixabweichung
4.200.000 € (U)

Absatzmengenabweichung
30.800.000 € G

Abb. 2.5 *Abweichungen auf der 2. bis 4. Berichtsebene für die Hildesheimer Handy AG in 20X7*

Ständen die erforderlichen Daten zur Verfügung, könnte man das Beispiel der Hildesheimer Handy AG selbstverständlich weiterführen, um Marktgrößen- und Marktanteilsabweichungen zu berücksichtigen, wie im Beispiel der Klassische Kreuzfahrten GmbH. Wie bereits erwähnt, ist es oft schwierig, zuverlässige Daten über die Größe eines Marktes oder die Anteile an ihm zu erhalten. Eine Analyse, die sich auf mehrere Länder erstreckt, gestaltet die Datensammlung noch schwieriger. Gelingt die Datenerhebung jedoch, so kann eine komplexe Abweichungsanalyse zu Umsatz, Kosten, Deckungsbeitrag usw. erstellt werden.

2.7   ABC-Analysen des Kundenstamms

Die ABC-Analyse ist ein Verfahren zur wertmäßigen Klassifikation von Entscheidungen. Ihr Ziel besteht darin, begrenzte finanzielle Mittel optimal einzusetzen, um maximale Ziele zu erreichen.

Indem man heterogene Grundgesamtheiten, wie z. B. Absatzgebiete, Lieferantenpools, Produktprogramme oder Kundenstämme in die drei Klassen A, B und C einteilt, erhält man jeweils drei wirtschaftlich homogenere Gruppen. Wie in Abb. 2.6 dargestellt, sind bei der Klassifikation der Kunden eines Unternehmens die „A"-Kunden regelmäßig die profitabelsten, die „C"-Kunden erwirtschaften nur knapp positive oder sogar negative Kundendeckungsbeiträge. In der Regel kann ein Unternehmen bei den „A"-Kunden mit nur 10 bis 20 % der Gesamtkosten etwa 60 % bis 80 % seines Umsatzes erwirtschaften, während in der Klasse „C" für 10 % bis 20 % der Umsatzerlöse häufig 50 % bis 70 % der Gesamtkosten anfallen. Bei „B"-Klasse-Kunden stehen sich Umsatzerlöse und Kosten in etwa gleicher Höhe gegenüber (Kaplan/Anderson, 2004).

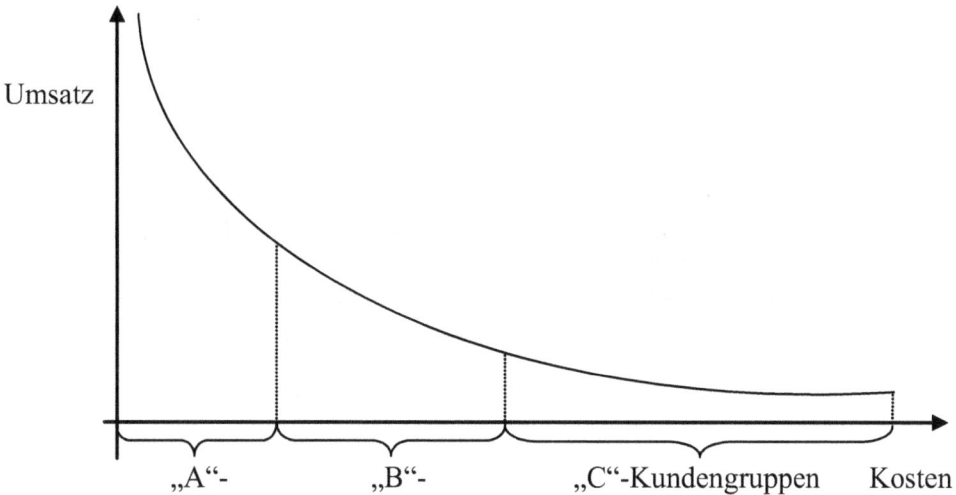

Abb. 2.6 *Verhältnis der „A"-, „B"- und „C"-Gruppen eines Kundenstamms zu Umsatz und Kosten eines hypothetischen Beispielunternehmens*

Die transparentere Darstellung der Kundengruppen ist die Basis für „passgenaue Therapiemaßnahmen" und adäquate Schwerpunkte bei der Bereitstellung von finanziellen Mitteln. Es muss beispielsweise sichergestellt werden, dass die Interessen profitabler Kunden im Vordergrund stehen, damit diese Umsatzquelle erhalten werden kann. Gleichzeitig muss überlegt werden, wie verlustbringende Kunden in die Gewinnzone überführt werden können.

2.7.1 Vernetzung von Controlling und Marketing

Die Erkenntnis, dass einige Kunden besonders förderungswürdig sind, löst ein Umdenken im Unternehmen aus. Der Vertriebsbereich verstärkt seinen Kundenservice, um sicherzugehen, dass A-Klasse-Kunden professionell betreut und zufrieden sind. Erfolgreiche Unternehmen stehen diesen Kunden mit multifunktionalen Teams, die sich z. B. aus Technikern und Mitarbeitern der Kundenbuchhaltung zusammensetzen, zur Seite. Mit Blick auf den Kundennutzen und die Kundendeckungsbeitragsrechnung bestimmt ein Kundenmanagement-Team, nach welchem Standard die Beziehungen zum einzelnen Kunden geregelt werden. Eine derartige interne Programmplanung im Vertrieb trägt wesentlich zu einer aktiven Gewinnsteuerung bei (Bensch, 5/1996).

Gleichzeitig wird die Aufmerksamkeit im Controllingbereich auf Potenziale des Unternehmens gelenkt, die zu schnelleren Problemlösungen für A-Klasse-Kunden führen können, um diese Kundengruppe nicht an Mitbewerber zu verlieren. Wenn sich Forschung und Entwicklung um entsprechende Lösungen in Form von Innovationen und/oder strategischen Geschäftsfeldern bemühen, wird eine direkte Brücke vom operativen zum strategischen Controlling geschlagen. Während sich im operativen Bereich Plan-, Soll- und Istzahlen verändern, meldet der strategische Bereich die Änderung von Bedingungen im Umfeld und in der Umwelt. Letztere können zu zukünftigen Wachstumsengpässen führen. Sie rechtzeitig zu erkennen und bei der Gestaltung neuer Geschäftsmodelle zu umgehen, ist der größte Vorteil der klassischen Kundenorientierung im Controlling.

2.7.2   Kundenprofitabilitätsanalysen

In prosperierenden Unternehmen sind Manager besonders darauf bedacht, bei ihrer Entscheidungsfindung die Kunden zu berücksichtigen. So hat die Analyse der Kundenrentabilität, d. h. die Analyse der Erlöse und Kosten sowohl einzelner Kunden als auch verschiedener Kundengruppen, an Bedeutung gewonnen. Mithilfe dieser Informationen, können Manager sicher gehen, dass die Kunden, die maßgeblich zur Profitabilität des Unternehmens beitragen, angemessene Aufmerksamkeit bei operativen Maßnahmen und strategischen Überlegungen erhalten.

2.7.3   Kundenerlöse und Kundenkosten

Ein Kundenvergleich mit dem Augenmerk auf den Erlösen und Kosten kann wichtige Einsichten darüber geben, warum die Kundenprofitabilität variiert. Nehmen wir als Beispiel die Wiesbadener Weinkelterei AG, die einen ausgezeichneten Flaschenwein herstellt und verkauft. Das Unternehmen hat zwei Vertriebswege: (1) Großhandel und (2) Fachhandel. In der nachfolgenden Analyse steht der Fachhandel im Mittelpunkt. Der Listenpreis für diesen Vertriebsweg ist 12,00 € je Flasche, die Kosten der Wiesbadener Weinkelterei AG liegen bei 10,00 € je Flasche. Würde das Vertriebsteam jede Flasche für den Listenpreis an Fachhändler verkaufen, wären 2,00 € je Flasche der Bruttogewinn des Unternehmens.

2.7.4   Analyse der Kundenerlöse

Zur Analyse der Kundenerlöse listet Tab. 2.27 Daten für vier der zwölf Fachhändlerkunden der Wiesbadener Weinkelterei AG im Oktober 20X8 auf.

Tab. 2.27 *Daten für 4 Einzelhändlerkunden der Wiesbadener Weinkelterei AG im Oktober 20X8*

	Kunden			
	F1	F2	F3	F4
Absatz (Flaschen)	1.900.000	1.700.000	150.000	130.000
Listenpreis	12,00 €	12,00 €	12,00 €	12,00 €
Rechnungspreis	11,30 €	11,75 €	11,10 €	12,00 €
Umsatz	21.470.000 €	19.975.000 €	1.665.000 €	1.560.000 €

Die Aussagefähigkeit der Kundenprofitabilitätsanalyse hängt z. T. von detaillierten Daten ab. Hier erklären zwei Variablen, warum die Kundenumsätze variieren: (1) die Stückzahl der abgesetzten Flaschen, und (2) die Größe der Preisnachlässe („price discounts"). Unternehmen, die nur den Rechnungspreis in ihrem Management Information System (MIS) festhalten, können die Auswirkung der Preisnachlässe nicht verfolgen.

Die Begrenzung von Mengenrabatten und Skonti ist oft ausschlaggebend für den Erhalt der Kundenprofitabilität. Preisnachlässe werden nicht nur aufgrund von Abnahmen in großen Mengen und prompter Zahlung gewährt. Unternehmen gönnen sie ihren Kunden auch, um Marketingvorteile (beispielsweise Erhöhung des Bekanntheitsgrads) zu erreichen, die dem Vertrieb weiter helfen. Sie können aber auch das Resultat schlecht geführter Verhandlungen sein oder Anreize für das Vertriebsteam, die nur auf den Absatzzahlen basieren.

Die Nachverfolgung von Preisnachlässen hinsichtlich Kunden und Vertretern kann nützliche Auskünfte darüber liefern, wie man die Kundenrentabilität verbessern kann. Beispielsweise sollte die Wiesbadener Weinkelterei AG darauf achten, dass ihre Vorgaben über Mengenrabatte strikt eingehalten werden. Sie könnte auch fordern, dass ihr Verkaufspersonal die Zustimmung der Zentrale einholt, bevor es größere Preisnachlässe an Kunden gibt, denen sie eigentlich nicht zustehen. Auf jeden Fall sollten die Absatzzahlen von Kunden, denen Vertreter aufgrund des angenommenen Wachstumspotenzials hohe Preisnachlässe gewährt haben, genau beobachtet werden. Im Beispiel oben sollte man beim Kunden F3 prüfen, ob die Verkaufszahlen tatsächlich angemessen gestiegen sind. Mitglieder des Vertriebsteams, die das zukünftige Wachstum wiederholt schlecht einschätzen, sollten in der Kunden-Verkaufsprognose geschult oder entlassen werden.

2.7.5   Kundenkostenanalyse

Die Kundenumsatzerlöse sind eine von zwei Einflussfaktoren auf die Kundenprofitabilität. Die Kundenkosten bilden den anderen. Eine kundenbezogene Kostenhierarchie („customer cost hierarchy") ordnet Kundenkosten aufgrund unterschiedlicher Kostentreiber verschiedenen Kostenpools zu.

Die Wiesbadener Weinkelterei AG hat ein aktivitätenbasiertes Kostenrechnungssystem (ABC), das sich auf Kunden anstatt auf Produkte bezieht. Einzelkosten in diesem Kostenrechnungssystem sind lediglich die Flaschenkosten, aber es gibt mehrere Gemeinkostenpools. Die Gemeinkosten bilden fünf verschiedene Kategorien in der kundenbezogenen Kostenhierarchie:

- Kundenkosten der Produkteinheitsebene („customer output-unit-level costs") entstehen durch Ressourcen, die beim Verkauf jeder Flasche Wein an einen Kunden eingesetzt werden, z. B. die Handhabungskosten jeder verkauften Flasche.

- Kundenkosten der Losebene („customer batch-level costs") entstehen, wenn man ein Los von Produkteinheiten an einen Kunden verkauft, z. B. Kosten, die aufkommen, um Bestellungen zu bearbeiten, Rechnungen zu stellen oder und auszuliefern.

- Kosten kundenbezogener Aktivitäten („customer-sustaining costs") werden durch Maßnahmen zur Pflege einzelner Kunden verursacht, unabhängig davon, wie viele Produkteinheiten oder Lose an den Kunden geliefert werden. Beispiele: die Kosten von Kundenkontakten und -besuchen oder Ausstellungen auf dem Gelände des Kunden.

- Vertriebswegkosten („distribution-channel costs") sind zur Aufrechterhaltung eines bestimmten Vertriebswegs notwendig. Ein Beispiel ist das Gehalt des Managers der Wiesbadener Weinkelterei AG, der ausschließlich für den Fachhandel verantwortlich ist.

- Kosten unternehmensbezogener Aktivitäten („corporate-sustaining costs") sind die, die man nicht einzelnen Kunden oder Vertriebswegen zuordnen kann, z. B. die Kosten des Spitzenmanagements und der allgemeinen Verwaltung. In einem Unternehmen mit nur einem Produkt, wie der Wiesbadener Weinkelterei AG, könnten das auch Kosten für die allgemeine Verkaufsförderung sein (beispielweise das Sponsoring von Kulturveranstaltungen).

2.7.6   Kosten der Kundenebene

Kosten der Kundenebene umfassen die Umsatzkosten sowie die Kosten der ersten drei Kategorien der Kundenkostenhierarchie – der Produkteinheitsebene, der Losebene und die Kosten kundenbezogener Aktivitäten. Tab. 2.28 zeigt die fünf Aktivitäten denen die Wiesbadener Weinkelterei AG die Kosten der Kundenebene zuordnet. Die Abbildung listet die Kostentreiber und die Kostentreibersätze sowie die Kostenhierarchiekategorie für jede Aktivität auf.

Tab. 2.28 *Aktivitäten und Kostendaten der Kundenebene für die Wiesbadener Weinkelterei AG im Oktober 20X8*

Aktivität	Kostentreiber und -satz	Kostenhierarchiekategorie
Annahme von Bestellungen	2.200,00 € je Bestellung	Losebene
Kundenbesuche	1.700,00 € je Kundenbesuch	kundenbezogene Aktivitäten
Lieferwagen	80,00 € je Kilometer	Losebene
Produkthandhabung	0,40 € je verkaufte Flasche	Produkteinheitsebene
Beschleunigte Lieferungen	5.300,00 € je Lieferung	Losebene

Tab. 2.29 enthält die Quantität der Kostentreiber, die von vier Beispielkunden verbraucht wurden.

Tab. 2.29 *Kostentreiberverbrauch von Kunden der Wiesbadener Weinkelterei AG im Oktober 20X8*

	Kunde			
	F1	F2	F3	F4
Zahl der Bestellungen	62	53	37	28
Zahl der Kundenbesuche	14	12	10	8
Zahl der Lieferungen	13	7	5	4
Gefahrene Kilometer je Lieferung	110	230	407	129
Zahl der beschleunigten Lieferungen	3	0	8	0

Tab. 2.30 zeigt die Kundenrentabilitätsanalyse für die vier Beispielkunden aufgrund der weiter oben genannten Kundenerlöse und die Kosten der Kundenebene im Kostenrechnungssystem der Wiesbadener Weinkelterei AG.

Tab. 2.30 *Kundenrentabilitätsanalyse für 4 Kunden des Einzelhandelvertriebswegs der Wiesbadener Weinkelterei im Oktober 20X8*

	Kunden			
	F1	F2	F3	F4
Erlöse zu Listenpreisen (12,00 € / Fl. * 1.900.000 Fl.; 1.700.000 Fl.; 150.000 Fl.; 130.000 Fl.)	22.800.000 €	20.400.000 €	1.800.000 €	1.560.000 €
Preisnachlass (0,70 € / Fl. * 1.900.000 Fl.; 0,25 € / Fl. * 1.700.000 Fl.; 0,90 € / Fl. * 150.000 Fl.; 0,00 € / Fl. * 130.000 Fl.)	1.330.000 €	425.000 €	135.000 €	0 €
Erlöse (zu Istpreisen)	21.470.000 €	19.975.000 €	1.665.000 €	1.560.000 €
Umsatzkosten (10,00 € / Fl. * 1.900.000 Fl.; 1.700.000 Fl.; 150.000 Fl.; 130.000 Fl.)	19.000.000 €	17.000.000 €	1.500.000 €	1.300.000 €
Bruttospanne	2.470.000 €	2.975.000 €	165.000 €	260.000 €
Laufende Kosten der Kundenebene				
Annahme von Bestellungen (2.200 € / Bst. * 62 Bst.; 53 Bst.; 37 Bst.; 28 Bst.)	136.400 €	116.600 €	81.400 €	61.600 €
Kundenbesuche (1.700 € / Bsch. * 14 Bsch.; 12 Bsch.; 10 Bsch.; 8 Bsch.	23.800 €	20.400 €	17.000 €	13.600 €
Lieferwagen 80 € / Km. * ([13 Touren * 110 Km / Touren]; [7 Touren * 230 Km / Touren]; [5 Touren * 407 Km / Touren]; [4 Touren * 129 Km / Touren])	114.400 €	128.800 €	162.800 €	41.280 €
Produkthandhabung (0,40 € / Fl. * 1.900.000 Fl.; 1.700.000 Fl.; 150.000 Fl.; 130.000 Fl.)	760.000 €	680.000 €	60.000 €	52.000 €
Beschleunigte Lieferungen (5.300 € / Lieferung * 3 Lieferungen; 0 Lieferung; 8 Lieferungen; 0 Lieferung)	15.900 €	0 €	42.400 €	0 €
Summe	1.050.500 €	945.800 €	363.600 €	168.480 €
Betriebsergebnis der Kundenebene	1.419.500 €	2.029.200 €	(198.600) €	91.520 €

Die Wiesbadener Weinkelterei AG kann die Informationen aus Tab. 2.30 nutzen, um ihre Kunden zu motivieren, den Verbrauch der Kostentreiber zu reduzieren. Im Vergleich zum Kunden F1 beträgt der Absatz von F3 beispielsweise nur 7,9 % (150.000 Fl. / 1.900.000 Fl.), F3 benötigt jedoch 59,7 % der Bestellgänge, 71,4 % der Kundenbesuche, 38,5 % der Lieferungen und 266,7 % der beschleunigten Lieferungen. Die Wiesbadener Weinkelterei AG sollte dem Kunden nahelegen, seine Bestellungen zu bündeln und weniger Lieferkosten zu verursachen, gleichzeitig aber an der Steigerung des Verkaufsvolumens arbeiten.

Das aktivitätenbasierte Kostenrechnungssystem, auf dem Tab. 2.30 basiert, zeigt Wege auf, wie die durch einzelne Kunden verursachten Kostentreiber gedrosselt und die Kosten gesenkt werden können. Die ABC weist auf eine zweite Möglichkeit, durch die die Wiesbadener Weinkelterei AG Kostensenkungen realisieren könnte, nämlich dadurch, dass sie die Kosten ihrer eigenen Aktivitäten verringert. Beispielsweise kostet die Annahme von Bestellungen zurzeit 2.200,00 € je Bestellung. Durch eine effizientere Gestaltung des Bestellprozesses – z. B. durch die elektronische Bestellung – könnte das Unternehmen seine Kosten mindern, ohne dass die Kundschaft weniger Bestellungen als bisher abgeben würde.

Tab. 2.31 zeigt das monatliche Betriebsergebnis für die Wiesbadener Weinkelterei AG. Das Betriebsergebnis auf der Kundenebene der Kunden F1 und F2 in Tab. 2.30 erscheint in den Spalten 8 und 9 von Tab. 2.31. Das Berichtsformat in Tab. 2.31 hat die Kostenhierarchie des Unternehmens zur Grundlage. Dieses Format ist konform mit den Entscheidungsebenen der Wiesbadener Weinkelterei AG.

In den angelsächsischen Ländern war bereits Anfang der 1990er Jahre die Kundenrentabilität ein wichtiges Thema. Damals gaben amerikanische und australische Manager in Umfragen als die drei wichtigsten allgemeinen Managementprioritäten an: (1) die Kundenrentabilität/-befriedigung, (2) die Kostenkontrolle und (3) die Qualität (Foster/Young, 1997). In Großbritannien führten 50 % der Unternehmen Kundenrentabilitätsanalysen durch, und weitere 12 % waren dabei, sie in nächster Zukunft einzuführen (Innes/Mitchell, 1995). Diese Unternehmen nutzten die Ergebnisse der Kundenrentabilitätsanalyse (1) bei der Preisfindung, (2) bei der Wiederverhandlung von Kundenverträgen, (3) als Grundlage bei der Entwicklung von Kundendienstmaßnahmen und (4) für die Kostenkontrolle bezüglich der Kunden. Letztlich fand man heraus, dass die 80:20 Regel für 60 % der Unternehmen, die die kumulierten Beiträge ihrer Kunden zum Gesamtgewinn analysierten, galt: 80 % des Gewinns stammte von 20 % der Kunden.

Tab. 2.31　*GuV-Rechung (€) der Wiesbadener Weinkelterei AG im Oktober 20X8*

		Vertriebswege									
		Großhandelskunden						Einzelhandelskunden			
	Gesamt	Summe	G1	G2	...	...	Summe	F1†	F2†	...	...
	(1)	(2)	(3)	(4)	(5)	(6)	(7)	(8)	(9)	(10)	(11)
Erlöse	498.800.000	418.800.000	77.840.000	59.040.000			80.000.000	21.470.000	19.975.000		
Kosten der Kundenebene	477.560.000	401.920.000	74.720.000	56.640.000			75.640.000	20.050.500	17.945.800		
Betriebsergebnis der Kundenebene	21.240.000	16.880.000	3.120.000	2.400.000			5.360.000	1.419.500	2.029.200		
Vertriebswegkosten	7.600.000	5.280.000					2.320.000				
Betriebsergebnis der Vertriebsebene	14.640.000	11.600.000					3.040.000				
Kosten der Betriebsebene	10.520.000										
Betriebsergebnis	4.120.000										

†Einzelheiten erscheinen in Tab. 2.30

2.7.7 Profile der Kundenrentabilität

Manager halten Kundenrentabilitätsanalysen aus verschiedenen Gründen für nützlich. Sie weisen zum einen darauf hin, wie lebenswichtig eine kleine Gruppe von Kunden für den Gesamtgewinn ist und legen das Augenmerk darauf, dass die Interessen dieser Kunden eine hohe Priorität haben. Microsoft benutzt die Phrase „not all revenue dollars are endowed equally in profitability", um diesen Punkt zu betonen (Horngren/Foster/Datar, 2000). Taucht zum anderen ein Kunde in der „Verlustkategorie" auf, ist das für das Management das Zeichen, zukünftige Geschäfte mit diesem Kunden gewinnträchtiger zu gestalten.

Tab. 2.32 zeigt zwei unterschiedliche Möglichkeiten, zwölf Kundenrentabilitätsprofile im Einzelhandelsvertriebsweg der Wiesbadener Weinkelterei AG im Berichtswesen darzustellen. In Teil A erscheinen die Kunden in der Rangfolge des Betriebsergebnisses auf der Kundenebene. Spalte 3 zeigt das entsprechende kumulierte Betriebsergebnis für diese Kunden. Man berechnet die Zahlen in Spalte 3, indem man die einzelnen Summen in Spalte 1 addiert. Beispielsweise hat Reihe 3 für den Kunden F12 ein kumuliertes Betriebsergebnis von 4.107.640 € in Spalte 3. Diese Summe ergibt sich aus der Addition von 2.029.200 € für den Kunden F2, 1.419.500 € für den Kunden F1 und 658.940 € für den Kunden F12. Spalte 4 zeigt an, welchen Anteil in Prozent das kumulierte Betriebsergebnis von F12 am gesamten Betriebsergebnis der Kundenebene Fachhandel (5.360.000 €) hat. Die drei rentabelsten Kunden (F2, F1 und F12) haben also einen Gesamtanteil von 76,64 % am Gesamtbetriebsergebnis auf Kundenebene, Vertriebsweg Fachhandel. Dieser hohe Beitrag durch eine vergleichsweise kleine Anzahl von Kunden ist ein für zahlreiche Untersuchungen typisches Resultat (Kaplan/Cooper, 1998; Niraj/Gupta/Narasimhan, 2001; Selden/Colvin, 2003; Kaplan, 2005; Hughes, 2008; Knote/Tschache, 2008). Es unterstreicht die Bedeutung, die der Aufrechterhaltung guter Beziehungen zur Schlüsselgruppe der rentabelsten Kunden für die Wiesbadener Weinkelterei AG zukommt.

Tab. 2.32 *Kundenrentabilitätsanalyse für den Fachhandelsvertrieb der Wiesbadener Weinkelterei AG im Oktober 20X8*

Teil A: Kundenrangfolge laut Betriebsergebnis auf der Kundenebene

Kunde	Betriebsergebnis der Kundenebene (1)	Kundenerlöse (2)	Kumuliertes Betriebsergebnis der Kundenebene (3)	Betriebsergebnis der Kundenebene in % des gesamten Betriebsergebnisses der Kundenebene (4) = (3) / 5.360.000 €
F2	2.029.200 €	19.975.000 €	2.029.200 €	37,85 %
F1	1.419.500 €	21.470.000 €	3.448.700 €	64,34 %
F12	658.940 €	15.603.400 €	4.107.640 €	76,64 %
F6	521.130 €	7.592.618 €	4.628.770 €	86,36 %
F10	347.190 €	3.745.387 €	4.975.960 €	92,84 %
F5	265.840 €	1.898.155 €	5.241.800 €	97,79 %
F11	227.360 €	1.540.000 €	5.469.160 €	102,04 %
F9	113.120 €	1.440.000 €	5.582.280 €	104,15 %
F4	91.520 €	1.560.000 €	5.673.800 €	105,85 %
F7	-44.800 €	2.311.760 €	5.629.000 €	105,02 %
F8	-70.400 €	1.198.680 €	5.558.600 €	103,71 %
F3	-198.600 €	1.665.000 €	5.360.000 €	100,00 %
	5.360.000 €	80.000.000 €		

Tab. 2.32   *Fortsetzung*

Teil B: Kundenrangfolge nach Erlösen

Kunde	Kundenerlöse (1)	Betriebsergebnis der Kundenebene (2)	Betriebsergebnis der Kundenebene in % des Erlöses (3)	Kumulierte Kundenerlöse (4)	Kumulierte Kundenerlöse in % der gesamten Erlöse (5) = (4) / 80.000.000 €
F1	21.470.000 €	1.419.500 €	6,61 %	21.470.000 €	26,83 %
F2	19.975.000 €	2.029.200 €	10,02 %	41.445.000 €	51,81 %
F12	15.603.400 €	658.940 €	4,22 %	57.048.400 €	71,31 %
F6	7.592.618 €	521.130 €	6,86 %	64.641.018 €	80,80 %
F10	3.745.387 €	347.190 €	9,27 %	68.386.405 €	85,48 %
F7	2.311.760 €	-44.800 €	-1,94 %	70.698.165 €	88,37 %
F5	1.898.155 €	265.840 €	14,01 %	72.596.320 €	90,75 %
F3	1.665.000 €	-198.600 €	-11,93 %	74.261.320 €	92,83 %
F4	1.560.000 €	91.520 €	5,87 %	75.821.320 €	94,78 %
F11	1.540.000 €	227.360 €	14,76 %	77.361.320 €	96,70 %
F9	1.440.000 €	113.120 €	7,86 %	78.801.320 €	98,50 %
F8	1.198.680 €	-70.400 €	-5,87 %	80.000.000 €	100,00 %
	80.000.000 €	5.360.000 €			

Teil B von Tab. 2.32 positioniert die Kunden nach der Größe der Isterlöse (d. h. Erlöse nach Preisnachlässen). Drei der sieben (bezüglich der Erlöse) kleinsten Kunden sind unrentabel. Eine weitere Analyse ergab, dass ein früherer Vertreter beim Versuch, ein monatliches Absatzvolumenziel zu erreichen, dem Kunden F3 übergroße Preisnachlässe gewährte.

Ein Balkandiagramm wie in Abb. 2.7 ist nützlich, weil es in anschaulicher Weise die Ergebnisse der Kundenrentabilitätsanalyse präsentiert. Es hebt die hochprofitablen Kunden hervor und macht die Zahl der Verlust-Kunden und die Größe der Verluste offensichtlich.

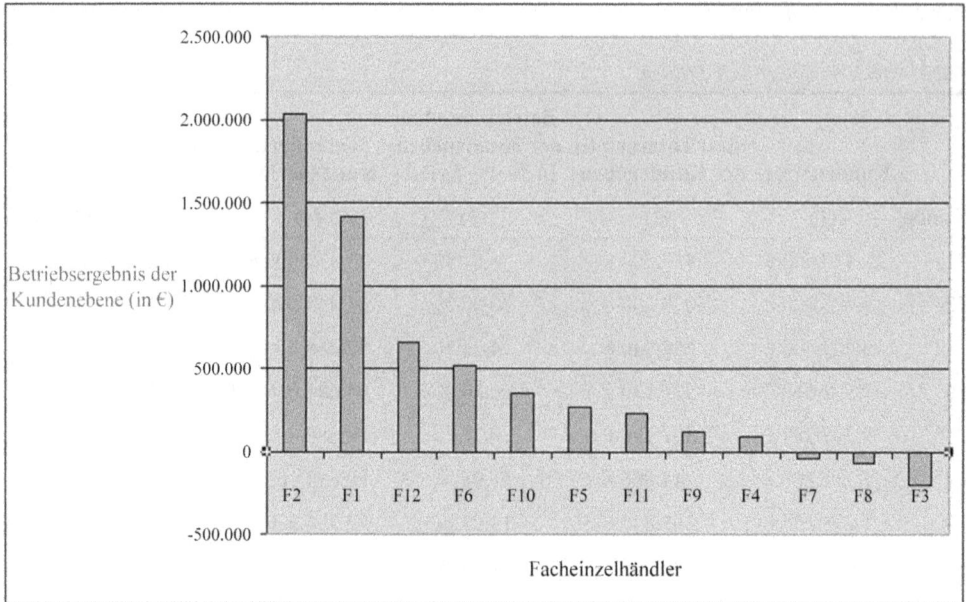

Abb. 2.7 *Balkendiagramm der Betriebsergebnisse der Kundenebene der Wiesbadener Weinkelterei AG im Oktober 20X8*

2.7.8 Beurteilung des Kundenwertes, Kundenevaluierung, Beendigung einer Kundenbeziehung

Die Informationen in Tab. 2.30 bis Tab. 2.32 sowie in Abb. 2.7 beziehen sich auf die Kundenrentabilität in einer monatlichen Rechnungsperiode. Es sind Fakten, die das Management bei seinen Entscheidungen über die Investition von Ressourcen in Kunden berücksichtigen sollte. Die folgenden Faktoren sind weitere wichtige Entscheidungskriterien:

1. Kurzfristige und langfristige Kundenrentabilität. Zeitpunkt und Länge des gewählten Untersuchungszeitraums (Periodenbezug) beeinflussen Ergebnisse und Informationsgehalt von Kundenwertberechnungen wesentlich. Die Entscheidung, Kunden „zu entlassen", d. h. bestehende Kundenbeziehungen zu beenden, sollte nur mit großer Vorsicht getroffen werden. Kurzfristige Rentabilitätsberichte können falsche Signale zur langfristigen Rentabilität setzen. Um eine langfristige Kundenbindung richtig zu bewerten, sollten ABC-Analysen („ABC evaluation analysis") deshalb stets über einen längeren Zeitraum durchgeführt werden. Ferner sind nicht alle Kosten, die man einem Kunden zuordnet, kurzfristig variabel. Das Ende einer gegenwärtig unprofitablen Kundenbeziehung wird nicht unbedingt zur Eliminierung aller kurzfristigen Kosten führen, die man diesem Kunden zuordnet.

2. Wahrscheinlichkeit der Kundenbindung. Je wahrscheinlicher es ist, dass man weiter mit einem Unternehmen auch in Zukunft Geschäfte machen wird, desto wertvoller kann der Kunde sein. Wie oben dargestellt, hat jedoch nicht jeder Kunde einen positiven Wert. Auch wenn ein A-Kunde öfter auf Schnäppchenjagd bei anderen Lieferanten geht, ist er mehrfach profitabler als ein absolut loyaler C-Kunde. Es kann unter Umständen also sinnvoll sein, den C-Kunden nicht um jeden Preis zu halten.

3. Potenzial für Kundenwachstum. Dieser Faktor wird bestimmt durch das wahrscheinliche Wachstum der Kundenbranche und des Kunden selbst (z. B. aufgrund seiner Fähigkeit, neue Produkte zu entwickeln). Dadurch vergrößert sich das Cross-Selling-Potenzial, also die Möglichkeit, dem Kunden nicht nur das augenblicklich nachgefragte Produkt, sondern auch weitere Produkte zu verkaufen.

4. Bekanntheitsgrad des Kunden, Kunde als Referenz. Der hohe Bekanntheitsgrad und gute Ruf eines Kunden kann dem Absatz eines oder mehrerer Produkte eines Unternehmens sehr förderlich sein, wenn dieser Kunde damit einverstanden ist, dass er als Referenz genannt wird oder wenn er das Produkt selbst öffentlich empfiehlt.

5. Prozessoptimierung durch Kundeninput. Kunden können wichtige Ideengeber sein, können neue Produkte anregen oder neue Prozesse, um existierende Produkte zu verbessern. Kunden, die bereit sind, solchen Input zu liefern, können besonders wertvoll sein.

2.7.9   Therapien für Kunden der B- und C-Klasse

Verständlicherweise geben viele Vertriebsmitarbeiter nur ungern zu, dass ihre B- und C-Klasse-Kunden lediglich minimale bzw. negative Beiträge zum Betriebsergebnis beisteuern. Daher bezweifeln einige in einer ersten Reaktion die ihren Kunden zugeteilten Kosten, und argumentieren, dass diese anderen Kunden hätten zugeschrieben werden müssen. Am Ende steht jedoch meist eine gründliche Untersuchung der Kosten im Hinblick auf deren Zusatznutzen aus Kundensicht. Diese Reaktion mündet in einer veränderten Zusammenarbeit des Unternehmens mit seinen wenig oder nicht profitablen Kunden. Das Ergebnis kann eine Zunahme der Kundenzufriedenheit und eine Steigerung des Anteils der profitablen Kunden sein.

Die Umgestaltung der internen Abläufe eines Unternehmens zielt idealerweise auf höhere Erträge. Man sollte versuchen, die B- und C-Klassen-Kunden zu einem profitableren Zusammenspiel von Produkten und/oder Dienstleistungen zu führen. Alternativ könnten Preiserhöhungen vorgenommen werden. Selbstverständlich kann das Betriebsergebnis auch dadurch verbessert werden, dass man den Ressourcenverbrauch der B- und C-Klasse-Kunden reduziert.

Natürlich kann es vorkommen, dass sich die Geschäfte mit B- und C-Klasse-Kunden nicht profitabler gestalten lassen. Eine undifferenzierte Kundenorientierung hat spätestens hier ihre Grenzen. Die wenig bzw. nicht profitablen Kunden werden bewusst vernachlässigt (Verringerung des Ressourcenverbrauchs) oder – noch konsequenter – „entlassen" bzw. nicht mehr bedient. Dies sind harte, aber teilweise notwendige Entscheidungen eines Unternehmens, um unvorteilhafte Geschäfte zu beenden und sich auf seine Kernkompetenzen (und damit auf das Zielsegment A-Klasse-Kunden) zu konzentrieren.

Eine qualifizierte Kundenwertanalyse mit einer am Kundenwert orientierten Gestaltung des Marketingmixes kann so das Unternehmensergebnis erheblich verbessern. Tab. 2.33 fasst vier grobe Strategierichtungen für den Umgang mit Kunden zusammen.

Tab. 2.33   Strategierichtungen für den Umgang mit Kunden

Kunden	Rentabel	Unrentabel
Zielsegment	Erhalten	Verändern
Kein Zielsegment	Beobachten	Vernachlässigen

Die Ergebnisse von Kundenwertanalysen werden besonders erfolgreich eingesetzt, wenn sie als Baustein des vernetzten Gesamtsystems des Unternehmens und seiner Marktbeziehungen gesehen werden. So besteht beispielsweise auch eine nachweisbare Beziehung zwischen Kundenloyalität und Mitarbeiterloyalität. Gleiche Überlegungen gelten für die Optimierung der Geschäftsprozesse (Beyer, 2008).

Zum Schluss noch zwei Warnungen aus der Praxis: In vielen Unternehmen ist die Datenbasis zu schmal, um aussagekräftige Kundenwerte zu berechnen. Auch ist die gewählte Untersuchungsmethode oft entscheidend für die Aussagekraft einer Kundenwertkennziffer. Eine allen Ansprüchen genügende Analysemethode gibt es bisher nicht (Rieker, 1995; Schulz, 1995; Cornelsen, 1996; Kaplan/Norton, 1996; Plinke, 1997, Homburg/Schnurr, 1998; Kaplan/Narayanan, 2001; Pfeifer/Maskins/Mark/Conroy, 2005).

2.8   Zusammenfassung

Die direkte Zurechnung von Umsätzen auf einzelne Umsatzträger (z. B. Produkte, Dienstleistungen, Kunden usw.) ist sinnvoll, wenn sie sich in einer ökonomisch vertretbaren (kosteneffizienten) Weise durchführen lässt. Die Verteilung von Umsätzen findet statt, wenn Umsätze einzelnen Produkten zugeordnet werden, zu denen sie zwar eine gewisse Verbindung haben, auf die sie aber nicht direkt zurückverfolgt werden können.

Einzelne Produktkategorien können sich hinsichtlich ihrer Retourenquote bzw. Rabattierung erheblich voneinander unterscheiden. Unternehmen, die breite Durchschnittswerte für die Ermittlung ihrer gesamten Erlösschmälerung am Jahresende verwenden, können die Umsätze einzelner Produkte nur unscharf darstellen. Fortschritte in der Informationstechnologie ermöglichen die Zurückverfolgung der Erlösschmälerungen auch für einzelne Produkte oder Kunden.

Zunehmend bieten Unternehmen zwei oder mehr Produkte, die sie auch getrennt vertreiben, in einem Güterbündel zu einem Pauschalpreis an. Die zwei Hauptverfahren zur Allokation des Umsatzes auf die Bestandteile des Güterbündels sind die Einzelproduktmethode und die inkrementelle Methode.

Eine Absatzvolumenabweichung kann aufgrund einer Absatzmengen- und/oder einer Absatz-mixabweichung entstehen. Erstere resultiert aus einer Abweichung des Istabsatzes vom Planabsatz, während sich die Absatzmixabweichung aus Differenzen zwischen Ist- und Planabsatzmix ergibt. Man kann Absatzmengen- und Absatzmixabweichungen für Unternehmen berechnen, die mit mehreren Produkten oder Dienstleistungen auf dem gleichen Markt oder mit einem Produkt bzw. einer Dienstleistung auf mehreren Märkten präsent sind.

Eine Absatzmengenabweichung kann sich aus einer Marktgrößen- und/oder einer Marktanteilsabweichung ergeben. Bei einer Marktgrößenabweichung unterscheidet sich die Istmarktgröße in Produkteinheiten von der Planmarktgröße, während eine Marktanteilsabweichung entsteht, wenn der Istmarktanteil nicht dem erwarteten Marktanteil entspricht.

Die klassische, artikelbezogene Kostenrechnung weist für Einzelartikel nur Durchschnittswerte aus. Ein Unternehmen benötigt jedoch zusätzliche Informationen zu Deckungsbeiträgen einzelner Kunden, Kundengruppen, Verkaufsbezirke, Länder oder auch Außendienstmitarbeiter. Um die Umsatzqualität entsprechend analysieren zu können, muss das bestehende Kostenrechnungssystem ergänzt werden. Ein Kundenkostenrechnungs- und Kundencontrollingsystem kann das Management nicht nur bei Preisentscheidungen unterstützen und bei der Zusammensetzung der Produktpalette wichtige Daten liefern, sondern auch bei der Kundenbeurteilung wertvolle Hilfestellungen leisten.

Nicht alle Kunden wünschen die gleiche Betreuung. Sie sollten deshalb entsprechend ihren Bedürfnissen betreut und bearbeitet werden. Weder rechnet sich für alle Kunden die gleiche Bearbeitung, noch zahlt sich in jedem Fall die vom Kunden gewünschte Bearbeitung aus. Die rational fundierte Beurteilung einiger Abnehmer als „nicht förderungswürdig" markiert die effektiven Grenzen einer Kundenorientierung.

2.9   Englische und deutsche Fachterminologie im Vergleich

ABC evaluation analysis	ABC-Analyse
bundled products	Bündelprodukte, Güterbündel, Produktpaket
composite product unit	zusammengesetzte Produkteinheit
corporate-sustaining costs	Kosten unternehmensbezogener Aktivitäten
customer batch-level costs	Kundenkosten der Losebene

customer cost hierarchy	kundenbezogene Kostenhierarchie
customer output-unit-level costs	Kundenkosten der Produkteinheitsebene
customer-profitability analysis	Analyse der Kundenprofitabilität
customer-sustaining costs	Kosten kundenbezogener Aktivitäten
distribution-channel costs	Vertriebswegkosten
drill down	desaggregieren, herunterbrechen
incremental product	Nebenprodukt
incremental revenue allocation method	inkrementelle Methode
market-share variance	Marktanteilsabweichung
market-size variance	Marktgrößenabweichung
mixed bundling	gemischte Bündelung
package deal	Bündelprodukt, Güterbündel, Produktpaket
primary product	Hauptprodukt
product bundle	Bündelprodukt, Güterbündel, Produktpaket
product tying	Produktkopplung
price discount	Preisnachlass
pure bundling	reine Bündelung
revenue allocation	Allokation der Umsatzerlöse
revenue variance	Umsatzabweichung
sales-mix variance	Absatzmixabweichung
sales-quantity variance	Absatzmengenabweichung
sales returns	Retouren, Warenrückgaben
sales-volume variance	Absatzvolumenabweichung
stand-alone revenue allocation method	Einzelproduktmethode

2.10 Übungen

2.10.1 Richtig oder falsch?

1. Eine Aufschlüsselung von Erlösen findet dann statt, wenn man die Umsätze auf einzelne Produkte (Dienstleistungen, Kunden usw.) in einer ökonomisch sinnvollen (kosteneffizienten) Weise zurückverfolgen kann.

2. Ein Bündelprodukt ist ein Paket von zwei oder mehr Produkten (oder Dienstleistungen), die man zu einem Preis am Markt anbietet, wobei man die einzelnen Komponenten des Bündels auch getrennt voneinander zu individuellen Preisen veräußert.

3. Die Einzelproduktmethode für die Verteilung von Erlösen verwendet produktspezifische Informationen, um den gebündelten Umsatz aufzuschlüsseln und den einzelnen Produkten zuzuordnen.

4. Die inkrementelle Verteilungsmethode nutzt produktspezifische Informationen, um Gewichtungen für die Produkte in einem Güterbündel zu entwickeln, anhand derer der gebündelte Umsatz aufgeschlüsselt und den einzelnen Produkten zugeordnet wird.

5. Bei der inkrementellen Methode der Umsatzverteilung bezeichnet man das Produkt auf dem ersten Platz der Rangfolge als das inkrementelle Produkt.

6. Man berechnet die Abweichung vom statischen Budget, indem man den Deckungsbeitrag je Produkteinheit mit dem Absatzvolumen multipliziert.

7. Die Abweichung vom flexiblen Budget ist der Unterschied zwischen einem Istergebnis und der Angabe im flexiblen Budget (d. h. in der Sollrechnung), die auf der Istausbringungsmenge der Rechnungsperiode basiert.

8. Manager können zusätzliche Erkenntnisse zu Veränderungen des Absatzes gewinnen, indem sie die Absatzvolumenabweichung in eine Absatzmixabweichung und eine Umsatzabweichung vom flexiblen Budget unterteilen.

9. Eine ungünstige Absatzmixabweichung für einzelne Produkte entsteht, wenn der Anteil des Istabsatzmixes größer ist als der Anteil des Planabsatzmixes.

10. Die Absatzmengenabweichung ist ungünstig, wenn der Istabsatz aller Produkte größer ist als der Planabsatz aller Produkte.

2.10.2   Multiple Choice

1. Eine Motivation für das Angebot gebündelter Produkte ist es,

    a. dem Kunden ein attraktives Angebot im Hinblick auf die Produkte und auch auf den Preis zu machen
    b. die Profitabilität des Unternehmens insgesamt zu erhöhen
    c. die Probleme der Umsatzallokation zu umgehen
    d. a und b

2. Eine ungünstige Absatzmixabweichung für einzelne Produkte entsteht, wenn

    a. der Istabsatzmix in Euro größer ist als der Planwert
    b. der Planabsatzmixanteil den Istabsatzmixanteil übersteigt
    c. der Istabsatzmixanteil kleiner ist als der Planabsatzmixanteil
    d. Keiner der obigen Umstände würde zu einer ungünstigen Absatzmixabweichung führen.

3. Mögliche Gründe für eine ungünstige Absatzmixabweichung sind:

    a. Ein Hauptkonkurrent bringt ein besseres Produkt zu einem günstigeren Preis auf den Markt.
    b. Produkte mit niedrigeren Plandeckungsbeiträgen je Produkteinheit erzielen einen Absatz, der über den Erwartungen liegt.
    c. Man hat Absatzprognosen abgegeben, ohne zuvor das Marktpotenzial ausreichend analysiert zu haben.
    d. Jeder der obigen Umstände ist Grund für eine ungünstige Absatzmixabweichung.

4. Die Auswirkung einer Veränderung des Absatzmixes zugunsten von Produkten mit geringeren Deckungsbeiträgen auf den Gesamtdeckungsbeitrag besteht normalerweise in

    a. einer ungünstigen Absatzmixabweichung
    b. einer ungünstigen Absatzmengenabweichung
    c. einer ungünstigen Absatzvolumenabweichung
    d. a und c

5. Wenn der Istabsatzmix sich zugunsten des Produkts mit dem höchsten Deckungsbeitrag verändert, dann

    a. ist die gesamte Absatzmixabweichung ungünstig
    b. ist die gesamte Absatzmixabweichung günstig
    c. ist die gesamte Absatzvolumenabweichung ungünstig
    d. ist die gesamte Absatzvolumenabweichung günstig

6. Welche der folgenden Überlegungen ist nicht wichtig für einen Manager, der Absatzvolumenabweichungen analysiert?

    a. Sind die Plan- und Istprodukteinheiten insgesamt gleich hoch?

    b. Geben die die aggregierten Zahlen ein Gesamtbild der Produktlinien wieder?

    c. Wie viele Produkte wurden während der Periode produziert?

    d. Wie ist die Zusammensetzung der Absatzvolumenabweichungen für jedes Produkt?

7. Die Absatzmengenabweichung entsteht, weil sich

    a. der Istabsatzmix der einzelnen Produkte vom Planabsatzmix unterscheidet

    b. die Anzahl der insgesamt abgesetzten Produkteinheiten vom Planwert im statischen Budget unterscheidet

    c. die Anzahl der Produkteinheiten, die man insgesamt verkaufen wollte, von der Angabe im statischen Budget unterscheidet

    d. der Sollabsatzmix der Produkte vom Istabsatzmix der Produkte unterscheidet

8. Die Marktanteilsabweichung ist der Unterschied zwischen

    a. der Istmarktgröße in Produkteinheiten und der Planmarktgröße in Produkteinheiten

    b. dem Istmarktanteil und dem Planmarktanteil

    c. dem Produkt aus der Istmarktgröße in Produkteinheiten und dem Plandeckungsbeitrag je zusammengesetzte Produkteinheit für den Planabsatzmix einerseits und dem Produkt aus der Planmarktgröße und dem Plandeckungsbeitrag je zusammengesetzte Produkteinheit für den Planabsatzmix andererseits

    d. dem Plandeckungsbeitrag je Produkteinheit, multipliziert mit dem Istabsatz in Produkteinheiten, und dem Istdeckungsbeitrag je Produkteinheit, multipliziert mit dem Istabsatz in Produkteinheiten

9. Man kann den Plandeckungsbeitrag je zusammengesetzte Produkteinheit für den Planabsatzmix berechnen wie folgt:

    a. den gesamten Plandeckungsbeitrag durch die Istzahl der Produkteinheiten dividieren

    b. den gesamten Plandeckungsbeitrag durch die Planzahl der Produkteinheiten dividieren

    c. den gesamten Istdeckungsbeitrag durch die Istzahl der Produkteinheiten dividieren

    d. den gesamten Istdeckungsbeitrag durch die Planzahl der Produkteinheiten dividieren

10. Die Marktgrößenabweichung ist der Unterschied zwischen

    a. der Istmarktgröße in Produkteinheiten und der Planmarktgröße in Produkteinheiten

    b. Istmarktanteil und Planmarktanteil

    c. dem Produkt aus der Istmarktgröße in Produkteinheiten und dem budgetierten Deckungsbeitrag je zusammengesetzter Produkteinheit für den Planabsatzmix und dem Produkt aus der Planmarktgröße und dem budgetierten Deckungsbeitrag je zusammengesetzter Produkteinheit für den Planabsatzmix

    d. dem Plandeckungsbeitrag je Produkteinheit, multipliziert mit dem Istabsatz in Produkteinheiten einerseits und dem Istdeckungsbeitrag je Produkteinheit, multipliziert mit dem Istabsatz in Produkteinheiten andererseits

2.10.3   Kurze Fragen

1. Erläutern Sie den Unterschied zwischen der direkten Zurechnung von Erlösen und der Umsatzverteilung.

2. Warum bilden Unternehmen Rückstellungen für Retouren, und wie kann deren Höhe zuverlässig geschätzt werden?

3. Beschreiben Sie, warum Unternehmen sich zunehmend mit Entscheidungen über die Allokation von Umsätzen beschäftigen müssen.

4. Erläutern Sie den Unterschied zwischen der Einzelproduktmethode und der inkrementellen Methode der Umsatzallokation.

5. Erklären Sie, wie Manager durch die detaillierte Untersuchung der Komponenten der Absatzvolumenabweichung zusätzliche Erkenntnisse über die Ursachen gewinnen können.

2.10.4   Aufgaben

1. Absatzmengen-, -mix- und Absatzvolumenabweichungen

Die Geraer Glasfabrik AG verkauft zwei Bierkrugmarken: Stammtisch und Kollektor. Das Unternehmen ermittelt folgende Umsatzdaten für den Monat Juni 20X6.

Gesamter Deckungsbeitrag im Plan	5.600 €
Planabsatz aller Bierkrüge im Juni 20X6	2.000 PE
Plandeckungsbeitrag je Stammtisch-PE	2,00 €
Plandeckungsbeitrag je Kollektor-PE	6,00 €
Gesamte Absatzmengenabweichung	1.400 € (U)
Istabsatzmix Stammtisch	60 %

   i. Berechnen Sie die Absatzmengenabweichung für jedes Produkt in Juni 20X6.

   ii. Berechnen Sie die Absatzmixabweichung für jedes einzelne Produkt und für den gesamten Absatz im Juni 20X6.

   iii. Berechnen Sie die Absatzvolumenabweichung für jedes einzelne Produkt und auch für den gesamten Absatz in Juni 20X6.

   iv. Welche Schlussfolgerungen würden Sie aus den obigen Abweichungen ziehen?

2. Umsatzverteilung bei gebündelten Produkten

Der HUI-Konzern betreibt ein 5-Sterne-Hotel im Hochharz mit einem in Mitteleuropa bekannten Golfplatz. Das Hotel hat eine dezentralisierte Führungsstruktur mit drei Bereichen:

- Unterbringung (Zimmer, Konferenzräume)
- Gastronomie (Restaurant, Zimmerservice)
- Unterhaltung (Golfplatz, Erlebnisbad, usw.)

Zu Beginn des kommenden Monats will HUI Paaren für 800 € ein zweitägiges Sonderangebot anbieten. Das Sonderangebot ist ein Güterbündel mit folgendem Inhalt:

- Zwei Übernachtungen im Doppelzimmer mit Blick auf den Brocken, die als Einzelleistung 350 € je Paar und Nacht kosten würden
- Zwei Runden Golf, die als Einzelleistung 300 € (150 € je Person und Runde) kosten würde; entweder können zwei Personen je eine Runde oder eine Person zwei Runden spielen
- Ein Abendessen für das Paar im exklusiven Restaurant „Zur Harzer Hexe", wo ein Menü als Einzelleistung 100 € je Person kostet

Neulich fragte Antje Ankerfrau, die Leiterin des Unterhaltungsbereiches, den Geschäftsführer des Hochharzer Hotels, welchen Anteil ihr Bereich am gebündelten Umsatz von 800 € habe. Der Golfplatz sei bereits zu 100 % ausgelastet. Der garantierte Zugang zum Golfplatz war Bestandteil des Sonderangebots für Gäste, die eine Woche im Voraus gebucht hatten. Frau Ankerfrau bemerkte, dass jede Buchung des Sonderangebots eine Buchung zu 150 € je Person und Runde verhindern würde. Sie betonte, die hohe Nachfrage spiegele das Bemühen ihrer Mitarbeiter wider, den Golfplatz als einen der besten zehn in Mitteleuropa (laut der Golf-Zeitschrift *Fore!*) zu halten. Am Rande bemerkte sie, dass das Restaurant nur in Ausnahmefällen (z. B. Silvester) Gäste wegen Ausbuchung ablehnen müsse.

    i. Teilen Sie den 800 €-Umsatz unter den drei Bereichen auf unter Verwendung

        a. der Einzelproduktmethode
        b. der inkrementellen Methode (Übernachtung als Hauptprodukt, danach Unterhaltung und Gastronomie)

    Verwenden Sie für a und b die Verkaufspreise zur Berechnung der Gewichtungen.

    ii. Was sind die Vor- und Nachteile der Anwendung von a und b im Teil i?

3. Umsatzallokation, gebündelte Produkte, zusätzliche Komplikationen (Fortsetzung zu Aufgabe 2)

Die einzelnen Produkte im Sonderangebot des Hochharzer Hotels werden nicht von jedem Gast voll ausgenutzt. Nehmen Sie an, dass während des ersten Monats, 15 % der Kunden des Sonderangebots den Golfplatz nicht benutzten, während 3 % nicht im Restaurant essen gingen. Die Übernachtungen wurden zu 100 % angenommen. Wie sollte das Hochharzer Hotel die unterschiedliche Nutzung der Angebote bei der Verteilung des gebündelten Umsatzes auf Übernachtung, Unterhaltung und Gastronomie berücksichtigen?

4. Abweichungsanalyse des Deckungsbeitrags, mehrere Produkte

Die Delmenhorster Drucker GmbH stellt drei Arten von Druckern für Computer her und verkauft sie an Endverbraucher:

    a. DD1 ist das Schwarz-Weiß-Modell für Einsteiger, das das Unternehmen hauptsächlich an Studierende verkauft.
    b. DD2 ist ebenfalls ein Schwarz-Weiß-Modell, das jedoch zusätzliche Funktionen für Firmenkunden bietet.
    c. DD3 ist ein hochwertiger Farbdrucker, der für Künstler und die Werbeagenturen interessant ist.

Plan- und Istdaten für 20XX sind folgende:

Plandaten der Delmenhorster Drucker GmbH für 20XX

	Verkaufspreis/PE	Variable Kosten/PE	Deckungsbeitrag/PE	Absatz (in PE)
DD1	800 €	500 €	300 €	700.000
DD2	1.200 €	700 €	500 €	250.000
DD3	5.000 €	3.000 €	2.000 €	50.000
Summe				1.000.000

Istdaten der Delmenhorster Drucker GmbH für 20XX

	Verkaufspreis/PE	Variable Kosten/PE	Deckungsbeitrag/PE	Absatz (in PE)
DD1	650 €	400 €	250 €	825.000
DD2	1.100 €	500 €	600 €	220.000
DD3	3.500 €	2.500 €	1.000 €	55.000
Summe				1.100.000

Im Jahr 20XX hat die starke Konkurrenz unter den Zulieferern zu einem Preisverfall bei Druckerkomponenten geführt. Dies erlaubte es der Delmenhorster Drucker GmbH, wichtige Bauteile billiger einzukaufen. Das Unternehmen hatte für 20XX eine bedeutende Ausdehnung seines Geschäfts geplant, wobei es den Erfolg seines Hauptkonkurrenten, der Bielefelder Blaudot AG, unterschätzte.

Bei der Abweichungsanalyse der Delmenhorster Drucker GmbH steht der Deckungsbeitrag im Mittelpunkt.

i. Berechnen Sie die Absatzvolumenabweichung insgesamt und für die einzelnen Produkte der Delmenhorster Drucker GmbH im Jahr 20XX.

ii. Berechnen Sie die Absatzmengenabweichung insgesamt und für die einzelnen Produkte der Delmenhorster Drucker GmbH im Jahr 20XX.

iii. Berechnen Sie die Absatzmixabweichung insgesamt und für die einzelnen Produkte der Delmenhorster Drucker GmbH im Jahr 20XX.

iv. Kommentieren Sie Ihre Ergebnisse zu i, ii und iii.

5. Marktgrößen- und Marktanteilsabweichungen

Die Grundlagen für die Planrechnung der Delmenhorster Drucker GmbH im Jahr 20XX waren eine interne Schätzung des Managements, die einen Marktanteil von 20 % ergab, und eine Absatzprognose des Wirtschaftsforschungsinstituts (WFI) für die Branche von 5.000.000 PE. Ende 20XX berichtete das WFI, dass der Istabsatz der Branche für das Jahr bei 6.875.000 PE lag.

Berechnen Sie die Marktgrößen- und Marktanteilsabweichungen des Deckungsbeitrags der Delmenhorster Drucker GmbH für das Jahr 20XX.

6. Abweichungsanalyse der Umsätze in mehreren Ländern

Die Welttour der Heidelberger Heavy Metal im Jahr 20X9 führte diese Rockband in fünf Länder auf fünf Kontinenten. Nach ihrer Rückkehr analysiert ihr Manager folgende Plan- und Istdaten:

Ergebnisse der Heilbronner Heavy Metal Welttour in 20XX

	20XXer Plandaten		Istdaten 20XX	
Land	Umsatz je Karte	Abgesetzte Karten	Umsatz je Karte	Abgesetzte Karten
Argentinien	6,00 €	600.000	5,90 €	600.000
Italien	12,00 €	1.000.000	11,80 €	3.000.000
Japan	15,00 €	1.200.000	15,50 €	4.800.000
Mexiko	4,00 €	800.000	4,05 €	1.200.000
Südafrika	2,00 €	400.000	2,10 €	2.400.000

Plandaten im 20XX

	Umsatz pro Kopf	Abgesetzte Karten	Absatzmix	Umsatzerlöse
	(1)	(2)	(3)	(4) = (1) * (2)
Argentinien	6,00 €	600.000	15 %	3.600.000 €
Italien	12,00 €	1.000.000	25 %	12.000.000 €
Japan	15,00 €	1.200.000	30 %	18.000.000 €
Mexiko	4,00 €	800.000	20 %	3.200.000 €
Südafrika	2,00 €	400.000	10 %	800.000 €
		4.000.000	100 %	37.600.000 €

Istdaten im 20XX

	Umsatz pro Kopf	Abgesetzte Karten	Absatzmix	Umsatzerlöse
	(1)	(2)	(3)	(4) = (1) * (2)
Argentinien	5,90 €	600.000	5 %	3.540.000 €
Italien	11,80 €	3.000.000	25 %	35.400.000 €
Japan	15,50 €	4.800.000	40 %	74.400.000 €
Mexiko	4,05 €	1.200.000	10 %	4.860.000 €
Südafrika	2,10 €	2.400.000	20 %	5.040.000 €
		12.000.000	100 %	123.240.000 €

i. Führen Sie eine Abweichungsanalyse der Umsätze der Welttour auf der zweiten bis vierten Berichtsebene durch. Präsentieren Sie Ihre Berechnungen für jedes Land und auch für die Summe aller fünf Länder.

ii. Welche Schlussfolgerungen können Sie aus Ihrer Analyse in (i.) ziehen?

7. Kundenprofitabilität

Die Wiesbadener Weinkelterei AG ist besorgt über ihr Rentabilitätsniveau. Das Betriebsergebnis von 4.120.000 € im Oktober 20X8 ist 0,83 % der Umsatzerlöse (4.120.000 € / 498.800.000 €). Nehmen Sie an, dass der November 20X8 mit einer Ausnahme identisch ist mit dem Oktober 20X8. Im November 20X8 führt das Unternehmen eine gründliche Effizienzanalyse seiner Aktivitäten durch und kann als Folge seine Kosten auf die folgenden Beträge senken:

Aktivität	Kostentreiber und -satz	Kostenhierarchiekategorie
Annahme von Bestellungen	1.200 € je Bestellung	Losebene
Kundenbesuche	1.000 € je Kundenbesuch	Unterstützung
Lieferwagen	60 € je Kilometer	Losebene
Produkthandhabung	0,03 € je verkaufte Flasche	Produkteinheitebene
Beschleunigte Lieferungen	4.000 € je Lieferung	Losebene

i. Wie wirken sich die Kostenreduktionen auf die Rentabilität (das Betriebsergebnis der Kundenebene) der Kunden F1, F2, F3 und F4 in 2.30 aus?

ii. Durch welche zusätzlichen Maßnahmen könnte die Wiesbadener Weinkelterei versuchen, die Rentabilität der Kunden F1-F4 noch weiter zu verbessern?

2.10.5   Kritisches Denken

Die Augsburger A-bis-Z AG stellt zahlreiche gleichartige Produkte her, die ihre Mitarbeiter auf einer Fertigungsstraße zusammensetzen. Der Produktionsleiter hat entschieden, von allen Produkt- und Fertigungsstraßenverantwortlichen zu verlangen, mehr Verantwortung für die eigenen Abläufe zu übernehmen. Das MIS des Unternehmens ist groß und komplex. Es kann, wenn erforderlich, Detailberichte liefern und verfügt auch über ausreichend freie Kapazitäten für neue Anwendungen. Diskutieren Sie, wie der Produktionsleiter die Berichtsanforderungen der verantwortlichen Manager erweitern könnte.

2.11   Lösungen

2.11.1   Richtig oder falsch?

1. Falsch. Die Aufschlüsselung von Umsätzen findet dann statt, wenn man sie in einer ökonomisch sinnvollen (kosteneffizienten) Weise nicht auf einzelne Produkte (Dienstleistungen, Kunden usw.) zurückverfolgen kann.

2. Richtig.

3. Richtig.

4. Falsch. Die inkrementelle Methode ordnet die Bündelprodukte in einer Rangfolge an.

5. Falsch. Das Produkt auf dem ersten Platz der Rangfolge bezeichnet man als das Hauptprodukt.

6. Falsch. Die Abweichung vom statischen Budget ist der Unterschied zwischen der Angabe im flexiblen Budget (Sollrechnung) und der Angabe im statischen Budget (Planrechnung).

7. Richtig.

8. Falsch. Man unterteilt die Absatzvolumenabweichung in eine Absatzmixabweichung und eine Absatzmengenabweichung.

9. Falsch. Eine ungünstige Absatzmixabweichung entsteht, wenn der Anteil am Istabsatzmix kleiner ist als der Anteil am Planabsatzmix.

10. Falsch. Eine Absatzmengenabweichung ist ungünstig, wenn der Istabsatz kleiner als der Planabsatz ausfällt.

2.11.2 Multiple Choice

1. d

2. c

3. d

4. d

5. b

6. c

7. b

8. b

9. b

10. a

2.11.3 Kurze Antworten

1. Die direkte Zurechnung von Erlösen erfolgt, wenn zwischen Umsätzen und einzelnen Produkten (Dienstleistungen, Kunden usw.) auf ökonomisch vernünftige (kosteneffiziente) Weise eine direkte Verbindung hergestellt werden kann. Die Verteilung von Umsätzen wird in den Fällen durchgeführt, in denen man Erlöse nicht direkt auf einen Umsatzträger zurückverfolgen kann. Hier erfolgt die Umsatzverteilung auf Basis eines Verrechnungsschlüssels. Die direkte Zurechnung von Umsätzen erlaubt eine genauere Allokation der Erlöse auf die Produkte als die Umsatzverteilung.

2. Da Retouren zum Alltagsgeschäft gehören, bilden Unternehmen Rückstellungen für sie, um zu vermeiden, dass ihre Umsätze zu hoch ausgewiesen werden. Zum Verkaufszeitpunkt ist noch unklar, welche Einzelkunden ein Produkt zurückgeben werden. Daten aus Vorperioden für das Unternehmen oder für einen Konkurrenten dienen als Grundlagen für die Schätzung der zu erwartenden Aufwendungen für Retouren.

3. Eine zunehmende Zahl einzelner Produkte oder Dienstleistungen wird heute gebündelt und als Paket zu einem Sonderpreis verkauft. Unternehmen, die solche Bündel verkaufen, müssen den erzielten gebündelten Umsatz aufschlüsseln und den einzelnen Produkten im Paket zuordnen, wenn sie die Profitabilität einzelner Produkte untersuchen wollen.

4. Die Einzelproduktmethode macht Gebrauch von Informationen zu den einzelnen Produkten in ihren jeweils getrennten Märkten. Die inkrementelle Methode dagegen stellt eine

Rangfolge der einzelnen Produkte im Bündel auf und verwendet diese Rangfolge als Grundlage für die Verteilung der Umsatzerlöse auf die einzelnen Produkte.

5. Die Absatzvolumenabweichung ist eine Abweichung auf der dritten Berichtsebene. Ein Manager kann zusätzliche Erkenntnisse für die Ursache dieser Abweichung gewinnen, wenn er deren Komponenten auf der vierten Berichtsebene (die Absatzmix- und die Absatzmengenabweichungen) und der fünften Berichtsebene (die Marktgrößen- und die Marktanteilsabweichungen) untersucht.

2.11.4   Aufgabenlösungen

1.

i., ii. und iii.

	Sollrechnung (Istabsatz aller Bierkrüge * Istabsatzmix) * Plan-DB/PE (1)	(Istabsatz aller Bierkrüge * Planabsatzmix) * Plan-DB/PE (2)	Planrechnung (Planabsatz aller Bierkrüge * Planabsatzmix) * Plan-DB/PE (3)
Stamm-tisch	(1.500 PE * 0,6) * 2 €/PE 900 PE * 2 €/PE 1.800 €	(1.500 PE * 0,8) * 2 €/PE 1.200 PE * 2 €/PE 2.400 €	(2.000 PE * 0,8) * 2 €/PE 1.600 PE * 2 €/PE 3.200 €

↑ 600 € (U) ↑   ↑ 800 € (U) ↑
Absatzmixabweichung   Absatzmengenabweichung

↑ 1.400 € (U) ↑
Absatzvolumenabweichung

Kollektor	(1.500 PE * 0,4) * 6 €/PE 600 PE * 6 €/PE 3.600 €	(1.500 PE * 0,2) * 6 €/PE 300 PE * 6 €/PE 1.800 €	(2.000 PE * 0,2) * 6 €/PE 400 PE * 6 €/PE 2.400 €

↑ 1.800 € G ↑   ↑ 600 € (U) ↑
Absatzmixabweichung   Absatzmengenabweichung

↑ 1.200 € G ↑
Absatzvolumenabweichung

Alle Bier-krüge	5.400 €	4.200 €	5.600 €

↑ 1.200 € G ↑   ↑ 1.400 € (U) ↑
gesamte   gesamte
Absatzmixabweichung   Absatzmengenabweichung

↑ 200 € (U) ↑
gesamte
Absatzvolumenabweichung

iv. Insgesamt hat die Geraer Glasfabrik AG 25 % weniger Bierkrüge verkauft als geplant [(2.000 PE - 1.500 PE) / 2.000 PE]. Es gab jedoch eine beachtliche Verschiebung vom Stammtisch-Modell (Plandeckungsbeitrag = 2,00 €/PE) zugunsten des Kollektor-Modells (Plandeckungsbeitrag = 6,00 €/PE). So fielen die Deckungsbeiträge des erzielten Absatzvolumens nur 200 € unter Plan aus.

2.

i. a.
Die Umsatzerlöse für die drei Produkte im 800-€-Güterbündel, berechnet mithilfe der Einzelproduktmethode (unter Verwendung der Stückverkaufspreise), lauten:

Übernachtung	350 €	* 2	700 €
Unterhaltung	150 €	* 2	300 €
Gastronomie	100 €	* 2	200 €
Summe			1.200 €

Übernachtung: (700 €/1.200 €) * 800 € = 466,67 €
Unterhaltung: (300 €/1.200 €) * 800 € = 200,00 €
Gastronomie: (200 €/1.200 €) * 800 € = 133,33 €

i. b.
Die Umsatzerlöse, berechnet mithilfe der inkrementellen Methode, betragen:

Produkt	Umsatzverteilung	Verbleibender Umsatz zur Verteilung auf die anderen Produkte
Übernachtung	700 €	800 € - 700 €
Unterhaltung	100 €	100 € - 300 €
Gastronomie	0 €	
Summe	800 €	

ii. Die Vorteile der Einzelproduktmethode:

    a. Jedes Produkt im Bündel erhält ein positives Gewicht. Dies bedeutet, dass alle Parteien die resultierenden Zuordnungen eher akzeptieren können. Bei der inkrementellen Methode, bei der ein oder mehrere Produkte oftmals keinen Teil der Umsatzerlöse zugeordnet bekommen, ist das nicht der Fall.

b. Die Methode verwendet marktnahe Daten (Stückverkaufspreise), um die Umsatzverteilung zu bestimmen, da der Stückpreis einen Indikator des erhaltenen Nutzens darstellt.

c. Einfache Anwendung.

Die Nachteile der Einzelproduktmethode:

a. Sie berücksichtigen nicht die relative Bedeutung der einzelnen Produkte beim Kauf des Güterbündels für den Kunden.

b. Sie berücksichtigen auch keine Opportunitätskosten der einzelnen Produkte im Güterbündel. So ist z. B. der Golfplatz schon zu 100 % ausgelastet. Kunden des Sonderangebots müssen eine Woche im Voraus buchen, oder man kann ihnen keine Spielzeit garantieren. Ein solcher Kunde würde also selten einen regulären Golfspieler verdrängen. Im Gegenteil führt die Anwendung der Einzelproduktmethode dazu, dass der Golfplatz zweimal bezahlt wird: einmal durch den regulären Golfspieler und ein zweites Mal durch die Beteiligung am gebündelten Umsatz des Sonderangebots-Kunden, der nicht spielt (entweder weil er nicht will, oder weil er nicht früh genug gebucht hat).

Hinweis: Eine häufig geäußerte Kritik an den Methoden der Umsatzverteilung gilt eher der Verwendung der zugrunde liegenden Listenpreise als den Methoden selbst. Z. B. können die Einzelproduktverantwortlichen ihre Gewichtung im Bündel positiv beeinflussen, indem sie „hohe" Stückpreise in die Preislisten einfügen, dann jedoch öfter Preisnachlässe gewähren. Das Problem lässt sich reduzieren, indem man den Iststückpreis oder den Istumsatz je Produkt in die Formeln der Einzelproduktmethode einsetzt. Wenn aber die Preise sich auf engen Märkten permanent ändern, gestaltet sich die Anwendung von Verteilungsmethoden schwierig, weil sich die Gewichtung bzw. der verbleibende Umsatz für die Verteilung auf die anderen Produkte im Güterbündel kontinuierlich ändert.

Die inkrementelle Methode hat folgende Vorteile:

a. Die Methode kann potenziell widerspiegeln, dass Kunden gewisse Bestandteile des Güterbündels besonders schätzen. Daher fließt jedes Produkt mit einem individuellen Preisabschlag in das Paket ein, wobei höher geschätzte Produkte weniger rabattiert werden als die weniger wertvollen Bestandteile. Dieses Potenzial in Istumsatzerlöse umzuwandeln setzt u. a. voraus, dass die Wahl des Hauptprodukts auf zuverlässigen Daten zu den Präferenzen der Kunden basiert.

b. Nach der Ermittlung der Rangfolge gestaltet sich die Anwendung der inkrementellen Methode einfach.

Zu den Nachteilen der inkrementellen Methode zählen folgende Punkte:

a. Die Verteilung des gebündelten Umsatzes auf die einzelnen Produkte kann sehr stark von der Rangfolge der Produkte beeinflusst werden. Deshalb ist es manchmal schwierig, eine von allen beteiligten Managern akzeptierte Rangfolge zu erstellen. Konkurrenzprobleme zwischen ihnen sind daher eine häufige Begleiterscheinung des Entscheidungsprozesses.

b. Einige Produkte sind am gebündelten Umsatz nicht beteiligt. So trägt der Gastronomiebereich z. B. die Kosten zweier Abendessen, verbucht hierfür jedoch keinen Umsatz.

3.

Denkbare Alternativen wären:

a. Man könnte Informationen über die tatsächlich in Anspruch genommenen Leistungen des Güterbündels nutzen. Wenn beispielsweise zwei Personen nur die Übernachtung und die Verpflegung nachfragen, würde man den gebündelten Umsatz von 800 € nur diesen beiden Produkten zuordnen. Dieses Vorgehen wäre das genaueste, da das den Istverbrauch bzw. den ausbleibenden Verbrauch von Ressourcen berücksichtigt.

b. Man könnte die Informationen zu nicht in Anspruch genommenen Leistungen nutzen, um berichtigte Verkaufspreise zu entwickeln.

Übernachtung	700 €	* 1,00	= 700 €
Unterhaltung	300 €	* 0,85	= 255 €
Gastronomie	200 €	* 0,97	= 194 €
Summe			1.149 €

Die berichtigten Verkaufspreise zusammen könnte man als Grundlage für die Einzelproduktmethode oder die inkrementelle Methode verwenden. Folgende Verteilung wäre bei der Einzelproduktmethode denkbar:

Übernachtung: (700 € / 1.149 €) * 800 € = 487,38 €
Unterhaltung: (255 € / 1.149 €) * 800 € = 177,55 €
Gastronomie: (194 € / 1.149 €) * 800 € = 135,07 €

4.

i., ii. und iii.

Die nachfolgenden Abbildungen präsentieren die Berechnung der Absatzvolumen-, Absatzmengen- und Absatzmixabweichungen des Deckungsbeitrags für DD1, DD2 und DD3 sowie insgesamt für die Delmenhorster Drucker GmbH im Jahr 20XX.

i.

Absatzvolumenabweichungen des Deckungsbeitrags der Delmenhorster Drucker GmbH in 20XX

	Istabsatz in PE	- Planabsatz in PE	* Plandeckungsbeitrag je PE	= Absatzvolumenabweichung des Deckungsbeitrags
DD1	825.000	700.000	300 €	37.500.000 € G
DD2	220.000	250.000	500 €	15.000.000 € (U)
DD3	55.000	50.000	2.000 €	10.000.000 € G
Summe				32.500.000 € G

ii.

Absatzmengenabweichungen des Deckungsbeitrags der Delmenhorster Drucker GmbH in 20XX

	Istabsatz aller Produkte	- Planabsatz aller Produkte	* Planabsatzmix	* Plandeckungsbeitrag je PE	= Absatzmengenabweichung des Deckungsbeitrags
DD1	1.100.000	1.000.000	0,70	300 €	21.000.000 € G
DD2	1.100.000	1.000.000	0,25	500 €	12.500.000 € G
DD3	1.100.000	1.000.000	0,05	2.000 €	10.000.000 € G
Summe					43.500.000 € G

iii.

Absatzmixabweichungen des Deckungsbeitrags der Delmenhorster Drucker GmbH in 20XX

	Istabsatzmix (Anteil)	- Planabsatzmix (Anteil)	* Istabsatz aller Produkte	* Plandeckungsbeitrag je PE	= Absatzmixabweichung des Deckungsbeitrags
DD1	0,75	0,70	1.100.000	300 €	16.500.000 € G
DD2	0,20	0,25	1.100.000	500 €	27.500.000 € (U)
DD3	0,05	0,05	1.100.000	2.000 €	0 €
Summe					11.000.000 € (U)

iv.

Die Delmenhorster Drucker GmbH hat eine ungünstige Absatzmixabweichung im Wert von 11.000.000 €, die jedoch durch die günstige Absatzmengenabweichung in Höhe von 43.500.000 € mehr als kompensiert wird. Die Zunahme des Istabsatzes (1.100.000 PE) gegenüber dem Planabsatz (1.000.000 PE) für alle Produkte führt zu einer günstigen Absatzmengenabweichung für jedes Druckermodell, weil man bei der Berechnung der Absatzmengenabweichung den Planabsatzmix nicht verändert.

Es entsteht eine günstige Absatzmixabweichung für DD1, weil der Istabsatzmixanteil dieses Modells größer ist als der Planabsatzmixanteil. Dagegen gibt es eine ungünstige Absatzmixabweichung im Falle von DD2, weil dessen Istabsatzmixanteil geringer ausfällt als sein Planabsatzmixanteil. Da der Plan- und der Istabsatzmixanteil bei DD3 gleich groß sind, gibt es hier keine Absatzmixabweichung. Die gesamte Absatzmixabweichung jedoch ist ungünstig, weil sich der Absatzmix zugunsten des DD1 mit dessen verhältnismäßig niedrigem Deckungsbeitrag je Produkteinheit verschiebt.

Die Aufgabe zeigt, wie sich das Misslingen des geplanten Marktdurchbruchs von Produkten mit hohen Deckungsbeiträgen je Produkteinheit negativ auf das Betriebsergebnis auswirkt (11.000.000 € (U)). Dennoch wird dieser negative Effekt durch die höheren Absatzmengen von zwei der drei Produkten mehr als kompensiert (43.500.000 € G).

In der nachfolgenden Abbildung werden die Absatzvolumen-, Absatzmengen- und Absatzmixabweichungen der Delmenhorster Drucker GmbH für das Jahr 20XX im Spaltenformat dargestellt.

Die Absatzvolumen-, Absatzmenge- und Absatzmixabweichungen des Deckungsbeitrags der Delmenhorster Drucker GmbH in 20XX

	Flexibles Budget		**Statisches Budget**
	(Istabsatz aller Produkte $*$ **Istabsatzmix)** $*$ **Plandeckungsbeitrag/PE**	**(Istabsatz aller Produkte** $*$ **Planabsatzmix)** $*$ **Plandeckungsbeitrag/PE**	**(Planabsatz aller Produkte** $*$ **Planbsatzmix)** $*$ **Plandeckungsbeitrag/PE**
	(1)	**(2)**	**(3)**
DD1	$(1.100.000 * 0{,}75) * 300 € =$ $247.500.000 €$	$(1.100.000 * 0{,}70) * 300 € =$ $231.000.000 €$	$(1.000.000 * 0{,}70) * 300 € =$ $210.000.000 €$

$\overset{\uparrow \qquad 16.500.000\ €\ G \qquad \uparrow\uparrow}{\text{Absatzmixabweichung}}$ $\overset{21.000.000\ €\ G \qquad \uparrow}{\text{Absatzmengenabweichung}}$

$\overset{\uparrow \qquad\qquad 37.500.000\ €\ G \qquad\qquad \uparrow}{\text{Absatzvolumenabweichung}}$

DD2	$(1.100.000 * 0{,}20) * 500 € =$ $110.000.000 €$	$(1.100.000 * 0{,}25) * 500 € =$ $137.500.000 €$	$(1.000.000 * 0{,}25) * 500 € =$ $125.000.000 €$

$\overset{\uparrow \qquad 27.500.000\ €\ (U) \qquad \uparrow\uparrow}{\text{Absatzmixabweichung}}$ $\overset{12.500.000\ €\ G \qquad \uparrow}{\text{Absatzmengenabweichung}}$

$\overset{\uparrow \qquad\qquad 15.000.000\ €\ (U) \qquad\qquad \uparrow}{\text{Absatzvolumenabweichung}}$

	Flexibles Budget		**Statisches Budget**
	(Istabsatz aller Produkte * Istabsatzmix) * Plandeckungsbeitrag/PE	**(Istabsatz aller Produkte * Planabsatzmix) * Plandeckungsbeitrag/PE**	**(Planabsatz aller Produkte * Planabsatzmix) * Plandeckungsbeitrag/PE**
	(1)	**(2)**	**(3)**
DD3	(1.100.000 * 0,05) * 2.000 € = 110.000.000 €	(1.100.000 * 0,05) * 2.000 € = 110.000.000 €	(1.000.000 * 0,05) * 2.000 € = 100.000.000 €

$$\underset{\text{Absatzmixabweichung}}{\underline{0\,€}} \qquad \underset{\text{Absatzmengenabweichung}}{\underline{10.000.000\,€\ \text{G}}}$$

$$\underset{\text{Absatzvolumenabweichung}}{\underline{10.000.000\,€\ \text{G}}}$$

| Summe | 467.500.000 € | 478.500.000 € | 435.000.000 € |

$$\underset{\substack{\text{gesamte}\\\text{Absatzmixabweichung}}}{\underline{11.000.000\,€\ \text{(U)}}} \qquad \underset{\substack{\text{gesamte}\\\text{Absatzmengenabweichung}}}{\underline{43.500.000\,€\ \text{G}}}$$

$$\underset{\substack{\text{gesamte}\\\text{Absatzvolumenabweichung}}}{\underline{32.500.000\,€\ \text{G}}}$$

5.

Unten sind die Berechnungen der Marktgrößen- und Marktanteilsabweichungen aufgeführt. Die Marktgrößenabweichung misst den zusätzlichen Deckungsbeitrag (163.125.000 € G), den man aufgrund der Erweiterung des Marktes um 37,5 % erwarten würde, vorausgesetzt, die Delmenhorster Drucker GmbH behielte ihren Marktanteil von 20 %. Allerdings ist ihr Marktanteil tatsächlich auf 16 % gesunken, so dass eine ungünstige Marktanteilsabweichung von 119.625.000 € entsteht. Der kleinere Marktanteil bedeutet, dass die Delmenhorster nicht in der Lage waren, proportional mit dem Markt zu wachsen.

Berechnung der gesamten Marktgrößenabweichung des Deckungsbeitrags:

$\left(\begin{array}{c}\textbf{Istmarktgröße} \\ \textbf{in PE}\end{array} - \begin{array}{c}\textbf{Planmarktgröße} \\ \textbf{in PE}\end{array}\right)$	$*\begin{array}{c}\textbf{Planmarkt -} \\ \textbf{anteil}\end{array}$	$*\begin{array}{c}\textbf{Plandeckungs -} \\ \textbf{beitrag je PE}\end{array}$	$=\begin{array}{c}\textbf{Marktgrößenabweichung} \\ \textbf{des Deckungsbeitrags}\end{array}$

$$[6.875.000\ \text{PE} - 5.000.000\ \text{PE}] * 0,20 * 435\ €/\text{PE} = 163.125.000\ €\ \text{G}$$

Berechnung der gesamten Marktanteilsabweichung des Deckungsbeitrags:

$$\text{Istmarktgröße in PE} * \left[\begin{array}{c} \text{Istmarkt-} \\ \text{anteil} \end{array} - \begin{array}{c} \text{Planmarkt-} \\ \text{anteil} \end{array} \right] * \begin{array}{c} \text{Plandeckungs-} \\ \text{beitrag je PE} \end{array} = \begin{array}{c} \text{Marktanteilsabweichung} \\ \text{des Deckungsbeitrags} \end{array}$$

$$6.875.000 \text{ PE} * [0,16 - 0,20] * 435 \text{ €/PE} = 119.625.000 \text{ € (U)}$$

	Flexibles Budget		**Statisches Budget**
	(Istmarktgröße * Istmarktanteil) * Plandeckungsbeitrag/PE	**(Istmarktgröße * Planmarktanteil) * Plandeckungsbeitrag/PE**	**(Planmarktgröße * Planmarktanteil) * Plandeckungsbeitrag/PE**
	(1)	**(2)**	**(3)**
Insgesamt	$(6.875.000 \text{ PE} * 0,16^{\dagger}) *$ $435 \text{ €/PE}^{\ddagger} = 478.500.000 \text{ €}$	$(6.875.000 \text{ PE} * 0,20) *$ $435 \text{ €/PE} = 598.125.000 \text{ €}$	$(5.000.000 \text{ PE} * 0,20) *$ $435 \text{ €/PE} = 435.000.000 \text{ €}$

⬆ 119.625.000 € (U) ⬆   ⬆ 163.125.000 € G ⬆

gesamte   gesamte

Marktanteilsabweichung   Marktgrößenabweichung

⬆ 43.500.000 € G ⬆

gesamte

Absatzmengeabweichung

[†] *Istmarktanteil = 1.100.000 PE / 6.875.000 PE = 16 %*

[‡] *Durchschnittlicher Plandeckungsbeitrag je Einheit = [(700.000 PE * 300 €/PE) +*
(250.000 PE * 500 €/PE) +
(50.000 PE * 2.000 €/PE)] /
1.000.000 PE
= [210.000.000 € + 125.000.000 € +
100.000.000 €] / 1.000.000 PE
= 435 €/PE

Die folgende Abbildung fasst alle berechneten Abweichungen der Delmenhorster Drucker GmbH für das Jahr 20XX zusammen.

3. Berichtsebene

Absatzvolumenabweichung

32.500.000 € G

4. Berichtsebene

Absatzmixabweichung	Absatzmengenabweichung
11.000.000 € (U)	43.500.000 € G

5. Berichtsebene

Marktanteilsabweichung	Marktgrößenabweichung
119.625.000 € (U)	163.125.000 € G

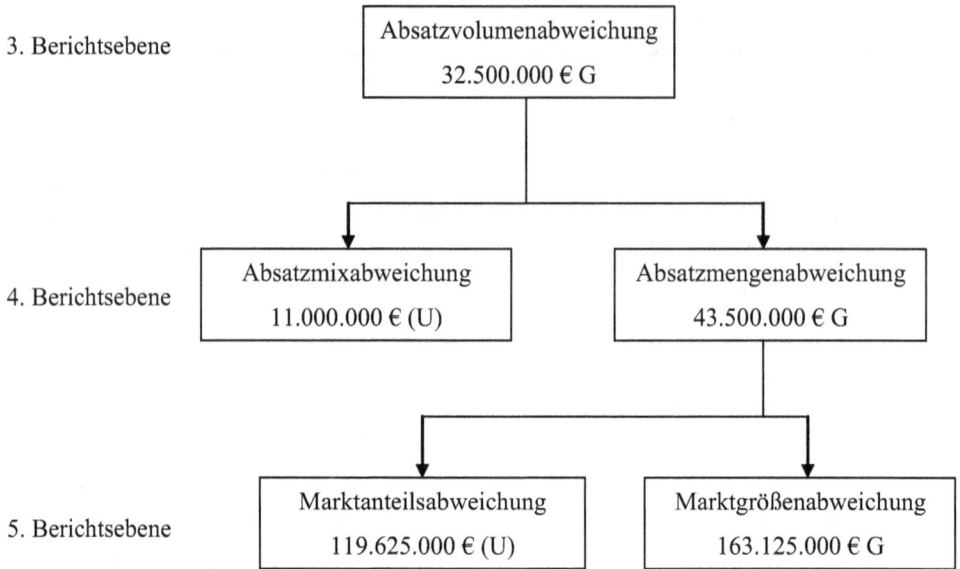

Übersicht der Abweichungen in Aufgaben 4 und 5

6.

i.

Planerlös je Karte = 37.600.000 € / 4.000.000 Karten = 9,40 €/Karte

Isterlös je Karte = 123.240.000 € / 12.000.000 Karten = 10,27 €/Karte

	Istumsatz	-	Planumsatz	=	Abweichung des Umsatzes vom statischen Budget
Argentinien	3.540.000 €		3.600.000 €		60.000 € (U)
Italien	35.400.000 €		12.000.000 €		23.400.000 € G
Japan	74.400.000 €		18.000.000 €		56.400.000 € G
Mexiko	4.860.000 €		3.200.000 €		1.660.000 € G
Südafrika	5.040.000 €		800.000 €		4.240.000 € G
Summe	123.240.000 €		37.600.000 €		85.640.000 € G

	Istumsatz -	Sollumsatz	=	Abweichung des Umsatzes vom flexiblen Budget
Argentinien	3.540.000 €	(6,00 €/Karte * 600.000 Karten) = 3.600.000 €		60.000 € (U)
Italien	35.400.000 €	(12,00 €/Karte * 3.000.000 Karten) = 36.000.000 €		600.000 € (U)
Japan	74.400.000 €	(15,00 €/Karte * 4.800.000 Karten) = 72.000.000 €		2.400.000 € G
Mexiko	4.860.000 €	(4,00 €/Karte * 1.200.000 Karten) = 4.800.000 €		60.000 € G
Südafrika	5.040.000 €	(2,00 €/Karte * 2.400.000 Karten) = 4.800.000 €		240.000 € G
Summe	123.240.000 €	121.200.000 €		2.040.000 € G

	(Istabsatz - Planabsatz)	* Planerlös je Karte	=	Absatzvolumen - abweichung des Umsatzes
Argentinien	(600.000 Karten - 600.000 Karten)	6,00 €		0 €
Italien	(3.000.000 Karten - 1.000.000 Karten)	12,00 €		24.000.000 € G
Japan	(4.800.000 Karten - 1.200.000 Karten)	15,00 €		54.000.000 € G
Mexiko	(1.200.000 Karten - 800.000 Karten)	4,00 €		1.600.000 € G
Südafrika	(2.400.000 Karten - 400.000 Karten)	2,00 €		4.000.000 € G
Summe				83.600.000 € G

	Istabsatz aller Produkte in PE	Planabsatz - aller Produkte in PE	* Anteil am Plan - absatzmix	* Planerlös je PE	= Absatzmengen - abweichung des Umsatzes
Argentinien	12.000.000	4.000.000	0,15	6,00 €	7.200.000 € G
Italien	12.000.000	4.000.000	0,25	12,00 €	24.000.000 € G
Japan	12.000.000	4.000.000	0,30	15,00 €	36.000.000 € G
Mexiko	12.000.000	4.000.000	0,20	4,00 €	6.400.000 € G
Südafrika	12.000.000	4.000.000	0,10	2,00 €	1.600.000 € G
Summe					75.200.000 € G

	Istabsatz aller Produkte	* [Anteil am Istabsatz	− Anteil am Planabsatz]	* Planerlös je PE	= Absatzmixabweichung des Umsatzes
Argentinien	12.000.000 PE	0,05	0,15	6,00 €	7.200.000 € (U)
Italien	12.000.000 PE	0,25	0,25	12,00 €	0 €
Japan	12.000.000 PE	0,40	0,30	15,00 €	18.000.000 € G
Mexiko	12.000.000 PE	0,10	0,20	4,00 €	4.800.000 € (U)
Südafrika	12.000.000 PE	0,20	0,10	2,00 €	<u>2.400.000 € G</u>
Summe					<u>8.400.000 € G</u>

ii.

Die günstige Abweichung des Umsatzes vom statischen Budget in Höhe von 85.640.000 € hebt den beachtlichen Erfolg der Heidelberger Heavy Metal-Band hervor. Auf der dritten Berichtsebene zeigt die günstige Absatzvolumenabweichung des Umsatzes im Wert von 83.600.000 €, dass die Zunahme der abgesetzten Eintrittskarten um 8.000.000 PE die Hauptursache der günstigen Abweichung vom statischen Budget ist. Auch die Absatzmengenabweichung auf der vierten Berichtsebene von 75.200.000 € G untermauert den großen Einfluss der zusätzlichen 8.000.000 Eintrittskarten auf die Absatzvolumenabweichung. Ferner gibt es verhältnismäßig kleine, günstige Abweichungen vom flexiblen Budget (in Höhe von 2.040.000 € G), d. h. von der Sollrechnung, die den höheren durchschnittlichen Umsatz je Eintrittskarte von 10,27 € statt 9,40 € widerspiegeln, und (im Wert von 8.400.000 €) für den Absatzmix, die zum großen Teil auf den höheren Anteil des japanischen Marktes mit seinem höheren Umsatz je Kopf zurückzuführen sind.

Abweichung vom statischen Budget

Argentinien	60.000 € (U)
Italien	23.400.000 € G
Japan	56.400.000 € G
Mexiko	1.660.000 € G
Südafrika	4.240.000 € G
Summe	85.640.000 € G

Abweichung vom flexiblen Budget		**Absatzvolumenabweichung**	
Argentinien	60.000 € (U)	Argentinien	0 €
Italien	600.000 € (U)	Italien	24.000.000 € G
Japan	2.400.000 € G	Japan	54.000.000 € G
Mexiko	60.000 € G	Mexiko	1.600.000 € G
Südafrika	240.000 € G	Südafrika	4.000.000 € G
Summe	2.040.000 € G	Summe	83.600.000 € G

Absatzmixabweichung		**Absatzmengenabweichung**	
Argentinien	7.200.000 € (U)	Argentinien	7.200.000 € G
Italien	0 €	Italien	24.000.000 € G
Japan	18.000.000 € G	Japan	36.000.000 € G
Mexiko	4.800.000 € (U)	Mexiko	6.400.000 € G
Südafrika	2.400.000 € G	Südafrika	1.600.000 € G
Summe	8.400.000 € G	Summe	75.200.000 € G

7.i.

Wie die nachfolgende Abbildung zeigt, ist das Betriebsergebnis auf der Kundenebene für jeden Kunden gestiegen, obwohl F3 ein verlustbringender Kunde bleibt. Besonders auffällig sind die Auswirkungen einer Automatisierung der Produkthandhabung. Für alle vier Kunden führten die Kostensenkungsmaßnahmen zu einem Betriebsergebnis der Kundenebene von 5.153.380 € im November 20X8, verglichen mit 3.341.620 € im Oktober 20X8 eine Steigerung von [(5.153.380 € - 3.341.620 €) / 3.341.620 €] = 52,78 %. So wuchs die Rentabilität der vier Kunden auf dieser Ebene der Kostenhierarchie von [3.341.620 € / (21.470.000 € + 19.975.000 € + 1.665.000 € + 1.560.000 €)] = 7,48 % auf [5.153.380 € / (21.470.000 € + 19.975.000 € + 1.665.000 € + 1.560.000 €)] = 11,41 %.

Kundenrentabilitätsanalyse für 4 Kunden des Einzelhandelvertriebswegs der Wiesbadener Weinkelterei im November 20X8

	Kunden			
	F1	F2	F3	F4
Bruttospanne	2.470.000 €	2.975.000 €	165.000 €	260.000 €
Laufende Kosten der Kundenebene:				
Annahme von Bestellungen (1.200 €/Bst. * 62 Bst.; 53 Bst.; 37 Bst.; 28 Bst.)	74.400 €	63.600 €	44.400 €	33.600 €
Kundenbesuche (1.000 €/Bsch. * 14 Bsch.; 12 Bsch.; 10 Bsch.; 8 Bsch.)	14.000 €	12.000 €	10.000 €	8.000 €
Lieferwagen 60 €/Km. * ([13 Touren * 110 Km/Touren]; [7 Touren * 230 Km/Touren]; [5 Touren * 407 Km/Touren]; [4 Touren * 129 Km/Touren])	85.800 €	96.600 €	122.100 €	30.960 €
Produkthandhabung (0,03 €/Fl. * 1.900.000 Fl.; 1.700.000 Fl.; 150.000 Fl.; 130.000 Fl.)	57.000 €	51.000 €	4.500 €	3.900 €
Beschleunigte Lieferungen (4.000 €/Lieferung * 3 Lieferungen; 0 Lieferung; 8 Lieferungen; 0 Lieferung)	12.000 €	0 €	32.000 €	0 €
Summe	243.200 €	223.200 €	213.000 €	85.220 €
Betriebsergebnis der Kundenebene	2.226.800 €	2.751.800 €	(48.000) €	174.780 €

ii.

Die Wiesbadener Weinkelterei AG könnte darüber hinaus versuchen, die Kundenprofitabilität zu verbessern, indem sie durch Verhandlungen mit dem Flaschenlieferanten niedrigere Einkaufspreise erzielt. Auch die Anhebung von Listenpreisen, die Reduzierung von Preisnachlässen oder ein niedrigerer Ressourcenverbrauch bei den fünf untersuchten Aktivitäten wären Maßnahmen zur Steigerung der Kundenprofitabilität. Die Herausforderung besteht darin, die Bereitschaft der Kunden, bei der Wiesbadener Weinkelterei AG trotz der neuen Preis- und Kostenparameter einzukaufen, zu erhalten bzw. zu erhöhen.

2.11.5   Kritisches Denken

Man könnte die Berichtsanforderungen erweitern, indem man zusätzliche Detailberichte zu Kosten und Leistungen einführt. Beispielsweise könnten die Produktverantwortlichen Auswertungen zu ihren Absatzvolumen-, Preis-, Verbrauchs-, Absatzmengen- Absatzmix- Marktgrößen- und Marktanteilsabweichungen erhalten. Die Verantwortlichen für die Fertigungsstraßen sollten Abweichungsanalysen einsehen, die jeweils die Fertigungsstraßen unter ihrer Aufsicht betreffen. Diese Analysen könnten Preis- und Verbrauchsabweichungen für das Fertigungsmaterial und die -arbeitskosten, für Inputmix-, Ertrags-, Teil- und Gesamtproduktivitätsabweichungen umfassen. In Kapitel 3 werden die Inputmix-, Ertrags-, Teil- und Gesamtproduktivitätsabweichungen näher erläutert.

2.11.6   Literatur

Adams, W. J. und J. L. Yellen, „Commodity Bundling and the Burden of Monopoly Goods", *Quarterly Journal of Economics*, 1/1976.

Agarwal, M. K. und S. Chatterjee, „Complexity, Uniqueness, and Similarity in Between-Bundle Choice", *Journal of Product and Brand Management*, 6/2003.

Alford, B. L. und A. Biswas, „The Effects of Discount Level, Price Consciousness and Sales Proneness on Consumers' Price Perception and Behavioral Intention", *Journal of Business Research*, 9/2002.

Bakos, Y. und E. Brynjolfsson, „Bundling Information Goods: Pricing, Profits and Efficiency", *Management Science*, 12/1999.

Baloglu, S., P. Weaver und K. W. McCleary, „Overlapping Product-Benefit Segments in the Lodging Industry: A Canonical Correlation Approach", *International Journal of Contemporary Hospitality Management*, 4/1998.

Bensch, O., „Marketing Controlling: Vertriebs-Champions definieren die Spielregeln neu", *Der Controlling-Berater*, 5/1996.

Beyer, C. T., „Kennen Sie Ihre wertvollsten Kunden?", http://www.economics.phil.uni-erlangen.de/bwl/bpract/kuwert/kuwert.htm, Stand 12.5.2008.

Bundesnetzagentur, „Hinweise zu sachlich ungerechtfertigter Bündelung i. S. d. § 28, Abs. 2, Nr.3, TKG", August 2005, www.bundesnetzagentur.de/media/archive/2873.pdf, Stand 1. 5. 2008.

Chuang, John Chung-I, and Marvin A. Sirbu, „Optimal Bundling Strategy for Digital Information Goods: Network Delivery of Articles and Subscriptions", *Information Economics and Policy*, 2/1999.

Clapperton, D. und S. Corones, „Technological Tying of the Apple iPhone: Unlawful in Australia?", *Queensland University of Technology Law and Justice Journal*, 2/2007.

Cornelsen, J., *Kundenwertanalysen im Beziehungsmarketing: Theoretische Grundlegung und Ergebnisse einer empirischen Studie im Automobilbereich*, GIM-Verlag, Nürnberg, 2000.

Cready, W. M, „Premium Bundling", *Economic Inquiry*, 1/1991.

Drumwright, M. E., „A Demonstration of Anomalies in Evaluations of Bundling", *Marketing Letters*, 4/1992.

Foster, G. und S. M. Young, „Frontiers of Management Accounting Research", *Journal of Management Accounting Research*, 9/1997.

Frazier, K., „The Librarians' Dilemma: Contemplating the Costs of the 'Big Deal'", *D-Lib Magazine*, 3/2001.

Fürderer, R., A. Herrmann, und G. Wübker, (Hrsg.), *Optimal Bundling: Marketing Strategies for Improving Economic Performance*, Springer, New York, 1999.

Gaeth, G. J., I. P. Levin, G. Chakraborty und A. M. Levin, „Consumer Evaluation of Multi-Product Bundles: An Information Integration Analysis", *Marketing Letters*, 4/1992.

Harlam, B. A., A. Krishna, D. R. Lehmann und C. Mela, „Impact of Bundle Type, Price Framing and Familiarity on Purchase Intention for the Bundle", *Journal of Business Research*, 1/1995.

Harris, J. und E. A. Blair, „Consumer Preference for Product Bundles: The Role of Reduced Search Costs", *Journal of the Academy of Marketing Science*, 1/2006.

Homburg, C. und P. Schnurr, „Kundenwert als Instrument der wertorientierten Unternehmensführung", in M. Bruhn, M. Lusti, W. Müller, W.R. Schierenbeck und H. Studer (Hrsg.), *Wertorientierte Unternehmensführung*, Gabler, Wiesbaden 1998.

Horngren, C. T., G. Foster und S. M. Datar, *Cost Accounting*, 10th ed., Prentice Hall, Upper Saddle River, NJ, 2000.

Hughes,   A.   M.,   „How   Banks   Use   Profitability   Analysis", http://www.dbmarketing.com/articles/Art195.htm, Stand 10.5. 2008.

Hwang, J. H., „E-Learning als wissensbasiertes Produkt", (Diss.) Universität Paderborn, 2006.

Innes, J., und F. Mitchell, „A Survey of Activity-Based Costing in the U.K.'s Largest Companies", *Management Accounting Research*, 2/1995.

Janiszewski, C., und M. Cunha, Jr., „The Influence of Price Discount Framing on the Evaluation of a Product Bundle", *Journal of Consumer Research*, 4/2004.

Kaplan, R. S. „Add a Customer Profitability Metric to Your Balanced Scorecard", *Balanced Scorecard Report*, 4/2005.

Kaplan, R. S. und S. Anderson, „Time-Driven Activity-Based Costing", *Harvard Business Review*, November 2004.

Kaplan, R. S. und R. Cooper, *Cost & Effect: Using Integrated Cost Systems to Drive Profitability and Performance*, Harvard Business School Press, Boston, 1998.

Kaplan, R. S. und V. G. Narayanan, „Customer Profitability Measurement and Management", Harvard Business School, May 2001.

Kaplan, R. S. und D. P. Norton, *Balanced Scorecard: Translating Strategy into Action*, Harvard Business School Press, Boston, 1996.

Kempf, M., *Strukturwandel und die Dynamik von Abhängigkeiten*, DUV/Gabler, Wiesbaden, 2007.

Kinberg, Y. und E. F. Sudit, „Country/Service Bundling in International Tourism: Criteria for the Selection of an Efficient Bundle Mix and Allocation of Joint Revenues", *Journal of International Business Studies*, 2/1979.

Knote, K. und A. Tschache, „Produkt- und Kundenrentabilität steigern", http://www.unternehmensberater.de/sn_pre_mat_fach.html?fuseaction=page.content&s_kurz name=fach_38, Stand 10.5.2008.

Mulhern, F. J. und R. P. Leone, „Implicit Price Bundling of Retail Products – A Multiproduct Approach to Maximizing Store Profitability", *Journal of Marketing*, 4/1991.

Niraj, R., M. Gupta und C. Narasimhan, „Customer Profitability in a Supply Chain", *Journal of Marketing*, 3/2001.

Ovans, A., „Make a Bundle Bundling", *Harvard Business Review*, 6/1997.

Plinke, W., „Bedeutende Kunden", in M. Kleinaltenkamp und W. Plinke (Hrsg.), *Geschäftsbeziehungsmanagement*, Springer, Berlin, 1997.

Pfeifer, P. E., M. E. Haskins und R. M. Conroy, „Customer Lifetime Value, Customer Profitability, and the Treatment of Acquisition Spending", *Journal of Managerial Issues*, 1/2005.

Porter, A. M., „Electric Power Customers Prepare for Competition", *Purchasing*, 3/1999.

Rieker, S., *Bedeutende Kunden*, DUV/Gabler, Wiesbaden, 1995.

Salinger, M. A. „A Graphical Analysis of Bundling", *Journal of Business*, 1/1995.

Schulz, B., *Kundenpotentialanalyse im Kundenstamm von Unternehmen*, Diss., Frankfurt a. M., 1995.

Selden, L. und G. Colvin, *Killer Customers: Tell the Good from the Bad and Crush Your Competitors*, Penguin Books, London, 2003.

Simonin, B. L. und J. A. Ruth, „Bundling as a Strategy for New Product Introduction: Effects on Consumers' Reservation Prices for the Bundle, the New Product and Its Tie-In", *Journal of Business Research*, 3/1995.

Solomon, Howard, „Corel Inks Office Suite Bundling Deal with PC Chips", *Computing Canada*, 15/1999.

Van Buer, M. G., E. R. Venta und J. L. Zydiak, „Heuristic Approaches to Purchasing Bundles of Multiple Products from Multiple Vendors", *Journal of Business Logistics*, 1/1997.

Venkatesh, R. und V. Mahajan, „A Probabilistic Approach to Pricing a Bundle of Products or Services", *Journal of Marketing Research*, 4/1993.

Yadav, M. S., „How Buyers Evaluate Product Bundles: A Model of Anchoring and Adjustment", *Journal of Consumer Research*, 2/1994.

Yadav, M. S. und K. B. Monroe, „How Buyers Perceive Savings in a Bundle Price: An Examination of a Bundle's Transaction Value", *Journal of Marketing Research*, 3/1993.

3 Inputmix- und Ausbeuteabweichungen, Produktivitäts- und wertorientierte Kennzahlen

3.1 Einführung

Neben den bisher diskutierten einfachen Abweichungsanalysen gibt es eine Reihe von Werkzeugen, mit denen ein Controller das Instrumentarium seines Kosten- und Leistungssteuerungssystems verfeinern kann. Hierzu zählt die Untersuchung des Zusammenspiels verschiedener Einsatzfaktoren (= Inputmix oder Mischung) und des erzielbaren Ertrags (= Ausbeute), der sich aus bestimmten Einsatzfaktorvariationen ergibt. Nichtfinanzielle Produktivitätskennzahlen bewerten das Verhältnis zwischen Input bzw. Inputmix und der Ausbeute, während wertorientierte Kennzahlen wie „economic value added" (EVA) das Verhältnis zwischen den eingesetzten Mitteln und finanziellen Ergebnissen widerspiegeln.

3.2 Inputmix, Ausbeute und Abweichungsanalysen

Im Rahmen des Fertigungsprozesses eines produzierenden Unternehmens werden unterschiedliche Fertigungsmaterialien und Fachkompetenzen in mehreren Arbeitsschritten miteinander kombiniert, um ein fertiges Produkt in einer bestimmten Qualität herstellen zu können. Bei einigen Produkten ist die Kombination aus Fertigungsmaterialien sowie das Fertigungsverfahren genau vorgegeben. So darf Bier nach dem deutschen Reinheitsgebot nur aus Gerste, Hefe, Malz und Wasser gebraut werden. Andere Zutaten sind nicht erlaubt, wenn das Produkt als Bier am Markt angeboten werden soll. Sie sind also nicht austauschbar („nonsubstitutable"). Bei der Herstellung anderer Getränke hat der Produzent mehr Spielraum. So kann in der Limonadenherstellung beispielsweise anstelle von Zucker auch Fruktose und Maissirup zum Süßen verwendet und ein Getränk mit der Bezeichnung „Limonade" hergestellt werden. Die Zutaten sind hier austauschbar („substitutable").

Wenn Inputs untereinander austauschbar sind, dann bezeichnet deren Mischung – der Input-mix – die relativen Anteile der alternativen Materialien innerhalb einer Inputkategorie wie Fertigungsmaterial oder -arbeit, die man einsetzt, um eine bestimmte Menge an Endprodukten zu fertigen. Der Ertrag bezieht sich auf die Ausbeute („output" oder „yield"), das heißt auf die Menge an Endprodukten, die man aus einem Plan- oder Standardinputmix erzielen kann.

3.2.1   Inputmix- und Ausbeuteabweichungen des Fertigungsmaterials

Bei der Interpretation von Preis- und Verbrauchsabweichungen des Fertigungsmaterials und der Fertigungsarbeit sollte eine mögliche Austauschbeziehung zwischen den Einsatzfaktoren berücksichtigt werden. Eine Mosterei mag beispielsweise weniger saftige Äpfel einsetzen, wenn die Kosten für eine entsprechend größere Menge unterhalb der angestrebten Kosten der saftigeren Äpfel liegen. Als Bestandteile der Verbrauchsabweichung vermitteln Inputmix- und Ausbeuteabweichungen zusätzliche Informationen darüber, wie sich eine Veränderung des Inputmixes bzw. der Ausbeute auf das Betriebsergebnis auswirkt (Haber-stock/Breithecker, 2004; Kilger/Vikas, Pampel, 2007).

Als Beispielunternehmen dient hier die Euragra AG. Sie stellt Apfelkompott aus vier Apfel-sorten her, die in unterschiedlichen europäischen Regionen angebaut werden: Westäpfel aus dem westlichen, Südäpfel aus dem südlichen, Nordäpfel aus dem nördlichen und Ostäpfel aus dem östlichen Europa. Die Fertigungsstandards der Euragra AG sehen den Einsatz von 2,0 t Äpfeln vor, um 1,0 t Apfelkompott herzustellen. Die 2,0 t Äpfel sollen sich zu 40 Prozent aus Westäpfeln, 30 Prozent aus Südäpfeln, 20 Prozent aus Ostäpfeln und 10 Prozent aus Nordäpfeln zusammensetzen. Tab. 3.1 fasst die Standardinputs der Fertigungsmaterialien für eine Tonne Apfelkompott zusammen.

Tab. 3.1   *Standardinputs der Euragra AG in 20XX*

Standardinput des Fertigungsmaterials	Kosten (in €)
0,80 t (40 % von 2,0 t) Westäpfel zu 90 €/t	72,00
0,60 t (30 % von 2,0 t) Südäpfel zu 80 €/t	48,00
0,40 t (20 % von 2,0 t) Ostäpfel zu 70 €/t	28,00
0,20 t (10 % von 2,0 t) Nordäpfel zu 100 €/t	20,00
Standardkosten gesamt für 2,0 Tonnen Äpfel	168,00

Die Plankosten je Tonne Äpfel belaufen sich also auf 168,00 € / 2,0 t = 84,00 €/t.

Da die Rezeptur der Euragra AG nur frisches Obst vorsieht, gibt es keine Lagerbestände an Äpfeln. Man beschafft die erforderlichen Äpfel genau dann, wenn sie gebraucht werden, sodass sich alle Preisabweichungen auf die eingekauften und verbrauchten Äpfel beziehen.

Die Istdaten für Juli 20XX in Tab. 3.2 zeigen, dass Euragra 10.200 t Äpfel verbraucht hat, um 5.000 t Kompott herzustellen.

Tab. 3.2   Istdaten der Euragra AG im Juli 20XX

Istinput	Istkosten (in €)
3.570 t Westäpfel zu 93 €/t	332.010
3.264 t Südäpfel zu 84 €/t	274.176
2.142 t Ostäpfel zu 68 €/t	145.656
1.224 t Nordäpfel zu 97 €/t	118.728
10.200 t Äpfel	870.570
Standardkosten für 5.000 t Apfelkompott zu 168,00 €/t	840.000
Gesamtabweichung	30.570 (U)

Für die Erstellung einer Sollrechnung geht man von den produzierten 5.000 t Apfelkompott aus und ermittelt, welche Inputmengen West-, Süd-, Nord- und Ostäpfel dafür hätten verbraucht werden dürfen. Angesichts des Standardverhältnisses von 2,0 t Äpfel zu 1,0 t Kompott hätte man einen Verbrauch von 10.000 t Äpfel erwartet. Aus der Standardmischung ergeben sich die erforderlichen Inputmengen (Tab. 3.3).

Tab. 3.3   Erforderliche Inputmengen in der Sollrechnung der Euragra AG im Juli 20XX

Apfelsorte	Standardinputmenge (in t)
Westäpfel	0,8 * 5.000 = 4.000
Südäpfel	0,6 * 5.000 = 3.000
Ostäpfel	0,4 * 5.000 = 2.000
Nordäpfel	0,2 * 5.000 = 1.000

Tab. 3.4 zeigt eine Übersicht der Fertigungsmaterialabweichungen vom flexiblen Budget. Diese Abweichungsanalyse auf der vierten Berichtsebene veranlasst die Euragra AG, den ungünstigen Preis- und Verbrauchsabweichungen nachzugehen. Hat das Unternehmen seine Äpfel teurer eingekauft oder größere Mengen verbraucht als geplant? Waren die Marktpreise für Äpfel im Westen und im Süden Europas allgemein höher als geplant, hätte der Einkauf bessere Konditionen aushandeln sollen? Sind die Ineffizienzen aufgrund minderwertiger (aber billigerer) Äpfel aus Nord- und Osteuropa oder aufgrund von Problemen im Herstellungsprozess entstanden?

Die Analyse in Tab. 3.4 würde ausreichen, wenn die vier Input-Komponenten nicht austauschbar wären. In diesem Fall wäre die Entwicklung jeder Komponente einzeln zu untersuchen. Es gäbe keinen Spielraum für Entscheidungen bezüglich des Inputmixes. Ein Beispiel:

Ein Flugzeug besteht aus einem vorgegebenen Sortiment an Teilen. Es benötigt sowohl Motor als auch Flügel – diese Teile können nicht gegeneinander ausgetauscht werden. In solchen Fällen entstehen alle Abweichungen von dem geplanten Verhältnis der In- zu den Outputs aus dem effizienten oder dem ineffizienten Verbrauch des Fertigungsmaterials. Preis- und Verbrauchsabweichungen liefern dann für jede einzelne Sorte des Fertigungsmaterials die entscheidungsrelevanten Informationen.

Tab. 3.4 *Preis- und Verbrauchsabweichungen des Fertigungsmaterials für die Euragra AG im Juli 20XX*

	Istkosten zu Istpreisen $(IP_{IE} * IM)$ (1)	Istkosten zu Planpreisen $(PP_{IE} * IM)$ (2)	Flexibles Budget (Sollrechnung) $(PP_{IE} * SM)$ (3)
Westäpfel	93 €/t * 3.570 t = 332.010 €	90 €/t * 3.750 t = 321.300 €	90 €/t * 4.000 t = 360.000 €
Südäpfel	84 €/t * 3.264 t = 274.176 €	80 €/t * 3.264 t = 261.120 €	80 €/t * 3.000 t = 240.000 €
Ostäpfel	68 €/t * 2.142 t = 145.656 €	70 €/t * 2.142 t = 149.940 €	70 €/t * 2.000 t = 140.000 €
Nordäpfel	97 €/t * 1.224 t = 118.728 €	100 €/t * 1.224 t = 122.400 €	100 €/t * 1.000 t = 100.000 €
Summe	870.570 €	854.760 €	840.000 €

15.810 € (U) gesamte Preisabweichung   14.760 € (U) gesamte Verbrauchsabweichung

30.570 € (U) gesamte Abweichung vom flexiblen Budget

3.2.2 Die Rolle der Inputmix- und Ausbeuteabweichungen des Fertigungsmaterials

Im Falle der Euragra AG hat der Produktionsleiter die Entscheidungsfreiheit, den Inputmix zu verändern. In der Kombination aus West-, Süd-, Ost- und Nordäpfeln besteht etwas Spielraum, ohne Qualitätsabstriche hinnehmen zu müssen. Dabei darf der Anteil einer jeden Apfelsorte am Gesamtinput um bis zu 5 Prozent von der Standardmischung abweichen. Der Anteil der Westäpfel müsste sich folglich zwischen 35 Prozent und 45 Prozent (40 Prozent ± 5 Prozent) bewegen. Wenn die Inputs so untereinander austauschbar sind, könnte die Verbesserung der Verbrauchseffizienz des Fertigungsmaterials gegenüber den Sollkosten auf zwei verschiedene Weisen bewerkstelligt werden: (1) Erreichen eines gesteckten Ertragsziels bei Einsatz einer geringeren Inputmenge als geplant, und (2) Verwendung eines billigeren Inputmixes, um ein vorgegebenes Ertragsziel zu erfüllen. Die Inputmix- und Ausbeuteabweichungen des Fertigungsmaterials unterteilen die Verbrauchsabweichung dementsprechend in zwei Komponenten: Bei der Ausbeuteabweichung steht die Analyse des Gesamtverbrauchs im Mittelpunkt, während die Inputmixabweichung sich auf die Kombination der Inputs konzentriert.

Unter der Voraussetzung, dass der geplante Inputmix unverändert bleibt, ergibt sich die Ausbeuteabweichung des Fertigungsmaterials („total direct materials yield variance") als Differenz zwischen (1) den Plankosten des Fertigungsmaterials auf Basis der gesamten Istmenge aller verbrauchten Fertigungsmaterialinputs und (2) den Sollkosten des gesamten Fertigungsmaterialinputs für die erreichte Istausbringungsmenge.

Unter der Voraussetzung, dass die Istgesamtmenge aller verbrauchten Fertigungsmaterialien unverändert bleibt, bezeichnet die Inputmixabweichung des Fertigungsmaterials („total direct materials mix variance") die Differenz zwischen (1) den Sollkosten für den Istinputmix des Fertigungsmaterials und (2) den Sollkosten des geplanten Inputmixes. Tab. 3.5 fasst die Inputmix- und Ausbeuteabweichungen des Fertigungsmaterials für die Euragra AG zusammen.

Tab. 3.5 *Gesamte Ausbeute- und Inputmixabweichungen des Fertigungsmaterials für die Euragra AG im Juli 20XX*[†]

	PP_{IE} * [IM_G * IIMX] (1)	PP_{IE} * [IM_G * PIMX] (2)	**Flexibles Budget (Sollrechnung)** PP_{IE} * [SM_G * PIMX] (3)
Westäpfel	90 €/t * [10.200 t * 0,35] = 321.300 €	90 €/t * [10.200 t * 0,40] = 367.200 €	90 €/t * [10.000 t * 0,40] = 360.000 €
Südäpfel	80 €/t * [10.200 t * 0,32] = 261.120 €	80 €/t * [10.200 t * 0,30] = 244.800 €	80 €/t * [10.000 t * 0,30] = 240.000 €
Ostäpfel	70 €/t * [10.200 t * 0,21] = 149.940 €	70 €/t * [10.200 t * 0,20] = 142.800 €	70 €/t * [10.000 t * 0,20] = 140.000 €
Nordäpfel	100 €/t * [10.200 t * 0,12] = 122.400 €	100 €/t * [10.200 t * 0,10] = 102.000 €	100 €/t * [10.000 t * 0,10] = 100.000 €
Summe	854.760 €	856.800 €	840.000 €

2.040 € G   16.800 € (U)

gesamte Inputmixabweichung   gesamte Ausbeuteabweichung

14.760 € (U)

gesamte Verbrauchsabweichung

[†]*PP_{IE} Planpreis je Inputeinheit, IM_G Istgesamtmenge aller verbrauchten Inputs, SM_G Sollgesamtmenge aller Inputs für die Istausbringungsmenge, IIMX Istinputmix, PIMX Planinputmix*

3.2.3 Gesamte Ausbeuteabweichung des Fertigungsmaterials

Die für die Berechnung der Ausbeuteabweichung relevanten Daten sind in den Spalten (2) und (3) der Tab. 3.5 enthalten. Es wird deutlich, dass der einzige Unterschied zwischen beiden Summen in der zugrunde gelegten Gesamtmenge der verbrauchten Äpfel besteht:

10.200 t (Ist) gegenüber 10.000 t (Soll). Die Ausbeuteabweichung ist also nur auf die um 200 t erhöhte Inputmenge zurückzuführen. Im Einzelnen setzt sich die Ausbeuteabweichung wie folgt zusammen:

$$\Delta A = PP_{IE} * SA * [IM_G - SM_G]$$

Die Ausbeuteabweichung des Fertigungsmaterials für jeden Input (ΔA): Die Differenz zwischen der Istgesamtmenge aller verbrauchten Fertigungsmaterialinputs (IM_G) und der Sollgesamtmenge aller verbrauchten Fertigungsmaterialinputs (SM_G) multipliziert mit dem Sollanteil des Fertigungsmaterials im Inputmix (SA) und dem Planpreis des Fertigungsmaterials je Inputeinheit (PP_{IE}). Die gesamte Ausbeuteabweichung (ΔA_G) ergibt sich als die Summe der einzelnen Ausbeuteabweichungen ($\sum \Delta A$). Tab. 3.6 zeigt die Berechnung der ΔA_G für das Beispielunternehmen.

Tab. 3.6 *Berechnung von ΔA_G für die Euragra AG im Juli 20XX*

Apfelsorte:	ΔA	=	$PP_{IE} * SA * [IM_G - SM_G]$		
Westäpfel:	ΔA	=	90 €/t * 0,40 * [10.200 t - 10.000 t]	=	7.200 € (U)
Südäpfel:	ΔA	=	80 €/t * 0,30 * [10.200 t - 10.000 t]	=	4.800 € (U)
Ostäpfel:	ΔA	=	70 €/t * 0,20 * [10.200 t - 10.000 t]	=	2.800 € (U)
Nordäpfel:	ΔA	=	100 €/t * 0,10 * [10.200 t -10.000 t]	=	2.000 € (U)
Summe:	ΔA_G	=			16.800 € (U)

Die gesamte Ausbeuteabweichung des Fertigungsmaterials von 16.800 € (U) stellt die Mehrkosten dar, die durch den zusätzlichen Verbrauch von 200 t Äpfeln angefallen ist.

3.2.4 Gesamte Inputmixabweichung des Fertigungsmaterials

Die für die Berechnung der Inputmixabweichung relevanten Daten sind in den Spalten (1) und (2) der Tab. 3.5 enthalten. Der einzige Unterschied ergibt sich hier aus dem abweichenden Mix der verwendeten Inputs: 40 Prozent, 30 Prozent, 20 Prozent und 10 Prozent im Plan stehen einem tatsächlichen Mischungsverhältnis von 35 Prozent, 32 Prozent, 21 Prozent und 12 Prozent gegenüber. Im Einzelnen setzt sich die Inputmixabweichung wie folgt zusammen:

$$\Delta IMX = PP_{IE} * [IA - SA] * IM_G$$

Die Inputmixabweichung des Fertigungsmaterials für jeden Input (ΔIMX): Die Differenz zwischen dem Istanteil des Fertigungsmaterials im Inputmix (IA) und dem Sollanteil des Fertigungsmaterials im Inputmix (SA) multipliziert mit dem Planpreis des Fertigungsmaterials je Inputeinheit (PP_{IE}) und der Istgesamtmenge aller verbrauchten Fertigungsmaterialinputs (IM$_G$). Die gesamte Inputmixabweichung (ΔIMX$_G$) ergibt sich als die Summe der einzelnen Inputmixabweichungen ($\sum\Delta$IMX). Tab. 3.7 zeigt die Kalkulation der ΔIMX$_G$ für die Euragra AG im Monat Juli 20XX.

Tab. 3.7 *Berechnung von ΔIMX$_G$ für die Euragra AG im Juli 20XX*

Apfelsorte:	ΔIMX	=	PP$_{IE}$ * [IA - SA] * IM$_G$		
Westäpfel:	ΔIMX	=	90 €/t * [0,35 - 0,40] * 10.200 t =	45.900 €	G
Südäpfel:	ΔIMX	=	80 €/t * [0,32 - 0,30] * 10.200 t =	16.320 €	(U)
Ostäpfel:	ΔIMX	=	70 €/t * [0,21 - 0,20] * 10.200 t =	7.140 €	(U)
Nordäpfel:	ΔIMX	=	100 €/t * [0,12 - 0,10] * 10.200 t =	20.400 €	(U)
Summe:	ΔIMX$_G$ =			2.040 €	G

Die insgesamt günstige Inputmixabweichung des Fertigungsmaterials (2.040 € G) entsteht, weil die durchschnittlichen Plankosten einer Tonne Äpfel in der Istmischung (854.760 € / 10.200 t = 83,80 €/t) unter den durchschnittlichen Plankosten in der Sollmischung (856.800 € / 10.200 t = 84,00 €/t) liegen. Im Detail tauschte man einige Ost- und Nordäpfel, die unter ihren Planpreisen beschafft werden konnten, gegen einige West- und Südäpfel aus, deren Preise über den Planpreisen lagen.

Wie lässt sich die Analyse aus Tab. 3.5 nun interpretieren? Die gesamte Ausbeute-abweichung (16.800 € (U)) ist ungünstig, während die gesamte Inputmixabweichung (2.040 € G) des Fertigungsmaterials günstig ausfällt. Zunächst hat ein Austausch der Fertigungsma-terialien (etwa wegen der Nichtverfügbarkeit der teureren West- und Südäpfel) zugunsten billigerer Ost- und Nordäpfel stattgefunden, der den Inputmix verbilligt hat. Gleichzeitig sank der Ertrag: Der Vorteil des billigeren Inputmixes wurde durch den Mehrbedarf an Äp-feln mehr als kompensiert. Es wird deutlich, dass sich der Einsatz einer billigeren Apfelmi-schung zukünftig nur dann lohnen wird, wenn die Ausbeute mindestens konstant gehalten werden kann. Es muss in Erfahrung gebracht werden, warum sich der Ertrag verschlechtert hat. Lag es an mangelhaften Qualitätskontrollen während der Verarbeitung, oder war die Apfelmischung nicht optimal? Das Erkennen der Gründe für die Abweichungen ist der erste Schritt zur Vermeidung derartiger Probleme in der Zukunft und damit ein Grundstein für den kontinuierlichen Verbesserungsprozess. Abb. 3.1 fasst die Abweichungen des Fertigungsma-terials zusammen, die in Tab. 3.4 und 3.5 präsentiert wurden. Abb. 3.2 stellt die Inputmix- und die Ausbeuteabweichungen im Gesamtzusammenhang aller bisher diskutierten Abwei-chungsarten dar.

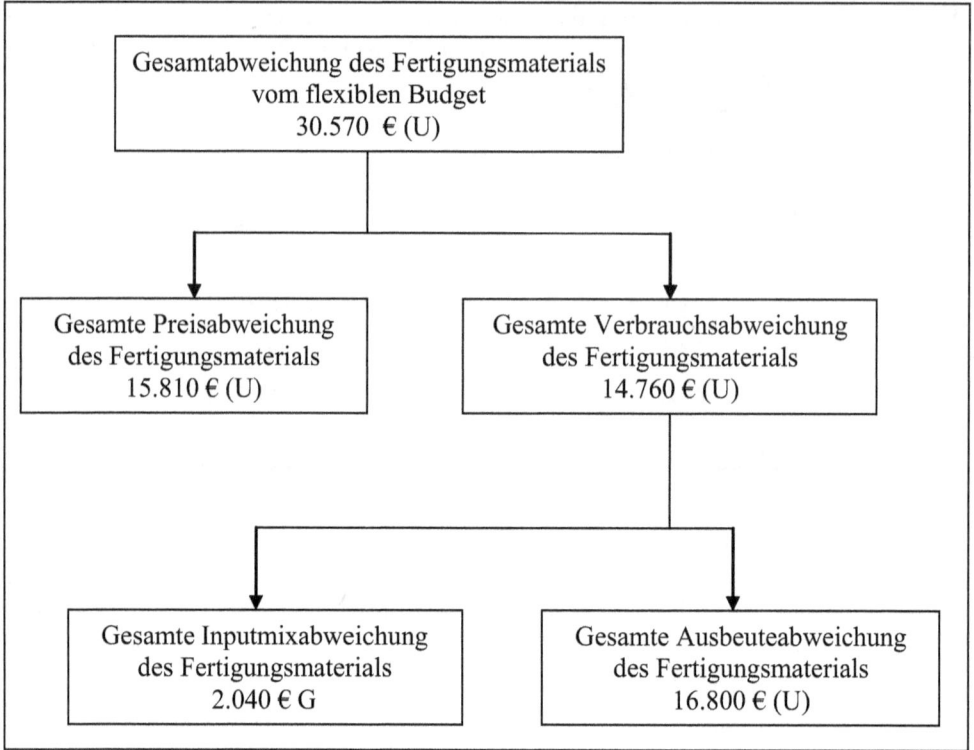

Abb. 3.1   *Abweichungen des Fertigungsmaterials der Euragra AG im Juli 20XX*

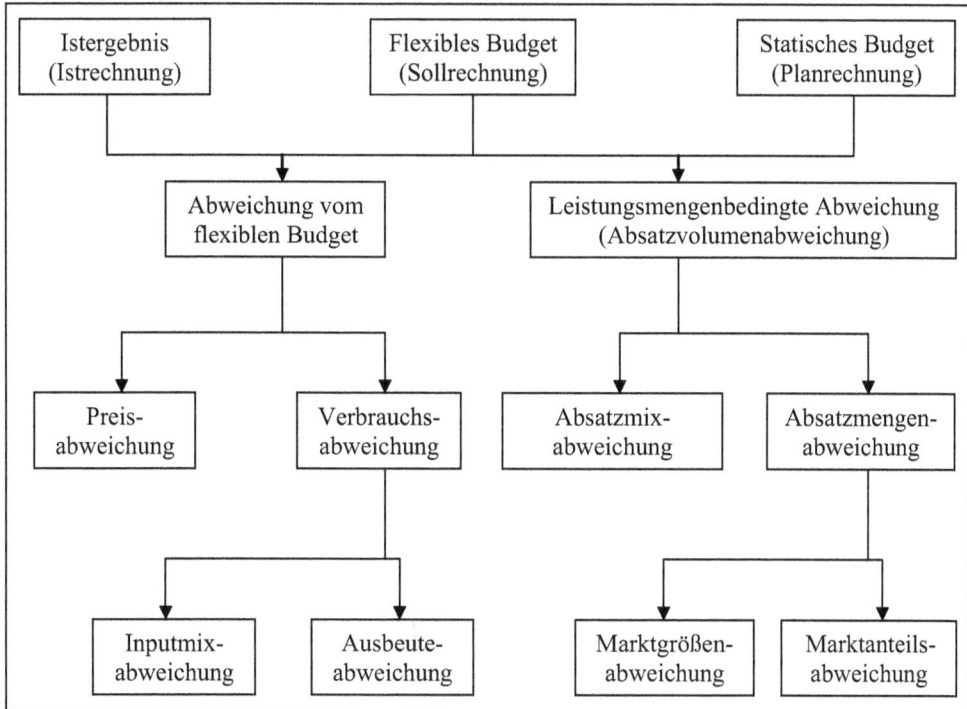

Abb. 3.2 *Beziehungen zwischen den Abweichungen*

3.3 Ausbeute- und Inputmixabweichungen der Fertigungsarbeit

Die Berechnung von Inputmix- und Ausbeuteabweichungen für die Fertigungsarbeit ist in wesentlichen Schritten identisch mit dem Vorgehen bei der Analyse des Fertigungsmaterials. Das Beispielunternehmen Euragra AG setzt in der Produktion vier unterschiedlich qualifizierte Arten von Arbeitern ein: Die Arbeiter in Klasse 1 sind Produktionshelfer, die gerade angelernt werden, der Klasse 4 werden gut ausgebildete Facharbeiter mit langjähriger Berufserfahrung zugeordnet. Das Lohnniveau der Klassen spiegelt die Qualifikation der Mitarbeiter wider. Die Plankosten für die Fertigungsarbeit im Monat Juli 20XX wurden in Tab. 3.8 zusammengestellt.

Tab. 3.8 *Plankosten der Fertigungsarbeit der Euragra AG im Juli 20XX*

2.200 h Klasse 4 Fertigungsarbeit zu 40 €/h	88.000 €
1.650 h Klasse 3 Fertigungsarbeit zu 32 €/h	52.800 €
1.100 h Klasse 2 Fertigungsarbeit zu 24 €/h	26.400 €
550 h Klasse 1 Fertigungsarbeit zu 16 €/h	8.800 €
5.500 h Fertigungsarbeitsstunden gesamt	176.000 €

Die Istdaten in Tab. 3.9 zeigen, dass in der Produktion tatsächlich nur 5.000 Fertigungsarbeitsstunden anfielen.

Tab. 3.9 *Istkosten der Fertigungsarbeit der Euragra AG im Juli 20XX*

2.400 h Klasse 4 Fertigungsarbeit zu 42 €/h	100.800 €
1.350 h Klasse 3 Fertigungsarbeit zu 32 €/h	43.200 €
850 h Klasse 2 Fertigungsarbeit zu 24 €/h	20.400 €
400 h Klasse 1 Fertigungsarbeit zu 16 €/h	6.400 €
5.000 h Fertigungsarbeitsstunden gesamt	170.800 €

So ist eine günstige Fertigungsarbeitsabweichung vom flexiblen Budget in der Höhe von 176.000 € - 170.800 € = 5.200 € entstanden.

Tab. 3.10 fasst die Preis- und Verbrauchsabweichungen der Fertigungsarbeit zusammen. Die gesamte Preisabweichung fällt ungünstig aus (4.800 € (U)), da die Mitarbeiter der Klasse 4 einen höheren Stundenlohn erhalten haben. Höhere Stundenlöhne können beispielsweise auf die besondere Vergütung von Überstunden zurückzuführen sein, vielleicht waren Mitarbeiter der Klasse 4 auch schwieriger zu rekrutieren als ursprünglich angenommen. Trotz der höheren Zahl der geleisteten Arbeitsstunden in Klasse 4 ist die gesamte Verbrauchsabweichung günstig (10.000 € G), weil die Istarbeitsstunden in den drei anderen Kategorien weit unter den geplanten liegen. Die Verschiebung könnte auf Ausfallzeiten in den Klassen 1 bis 3 aufgrund von Krankheit, Weiterbildung oder Fluktuation beruhen.

Tab. 3.10 *Preis- und Verbrauchsabweichungen der Fertigungsarbeit für die Euragra AG im Juli 20XX*

	Istkosten zu Istpreisen $(IP_{IE} * IM)$ (1)	Istkosten zu Planpreisen $(PP_{IE} * IM)$ (2)	Flexibles Budget (Sollrechnung) $(PP_{IE} * SM)$ (3)
Klasse 4	42 €/h * 2.400 h = 100.800 €	40 €/h * 2.400 h = 96.000 €	40 €/h * 2.200 h = 88.000 €
Klasse 3	32 €/h * 1.350 h = 43.200 €	32 €/h * 1.350 h = 43.200 €	32 €/h * 1.650 h = 52.800 €
Klasse 2	24 €/h * 850 h = 20.400 €	24 €/h * 850 h = 20.400 €	24 €/h * 1.100 h = 26.400 €
Klasse 1	16 €/h * 400 h = 6.400 €	16 €/h * 400 h = 6.400 €	16 €/h * 550 h = 8.800 €
Summe	170.800 €	166.000 €	176.000 €

4.800 € (U)   10.000 € G

gesamte Preisabweichung   gesamte Verbrauchsabweichung

5.200 € G

gesamte Abweichung vom flexiblen Budget

Möglicherweise wurde auch der Inputmix geändert, weil sich die Mitarbeiter der Klasse 4 als ungewöhnlich effizient erwiesen. Genaue Informationen zur Herkunft der Verbrauchsabweichung der Fertigungsarbeit verschafft deren Aufteilung in Inputmix- und Ausbeuteabweichungen.

Unter der Voraussetzung eines konstanten geplanten Inputmixes ergibt sich die gesamte Ausbeuteabweichung der Fertigungsarbeit („total direct manufacturing labor yield variance") als Differenz zwischen (1) den Kosten der Fertigungsarbeit, die man auf Grundlage der Istmenge aller verbrauchten Fertigungsarbeitsinputs geplant hat, und (2) den in der Sollrechnung angegebenen Gesamtkosten der Fertigungsarbeitsinputs, die man bei der erreichten Istausbringungsmenge erwartet hätte. Die Inputmixabweichung der Fertigungsarbeit („total direct manufacturing labor mix variance") bezeichnet bei einem gegebenen Level von Fertigungsarbeitsinputs den Unterschied zwischen (1) den Sollkosten für den Istinputmix der Fertigungsarbeit und (2) den Sollkosten für den Planinputmix.

Einige Tarifverträge schreiben fest, dass Mitarbeiter mit längerer Unternehmenszugehörigkeit bzw. mehr Berufserfahrung eine höhere Vergütung erhalten als Berufseinsteiger, auch wenn sie die gleiche Tätigkeit ausüben. So zahlen Fluggesellschaften ihren Piloten nach dem Datum des Diensteintritts gestaffelte Gehälter. In diesem Fall kann eine Inputmixabweichung aufzeigen, wie sich die Altersstruktur der eingesetzten Piloten im Vergleich zum Plan entwickelt hat.

Tab. 3.11 präsentiert die Inputmix- und Ausbeuteabweichungen der Fertigungsarbeit für die Euragra AG im Spaltenformat. Tab. 3.12 und 3.13 zeigen die desaggregierten Inputmix- und Ausbeuteabweichungen der verschiedenen Fertigungsarbeitsklassen.

Tab. 3.11 *Inputmix- und Ausbeuteabweichungen der Fertigungsarbeit für die Euragra AG im Juli 20XX*

	$PP_{IE} * [IM_G * IA]$	$PP_{IE} * [IM_G * PA]$	**Flexibles Budget** **(Sollrechnung)** $PP_{IE} * [SM_G * PA]$
	(1)	(2)	(3)
Klasse 4	40 €/h * [5.000 h * 0,48] = 96.000 €	40 €/h * [5.000 h * 0,40] = 80.000 €	40 €/h * [5.500 h * 0,40] = 88.000 €
Klasse 3	32 €/h * [5.000 h * 0,27] = 43.200 €	32 €/h * [5.000 h * 0,30] = 48.000 €	32 €/h * [5.500 h * 0,30] = 52.800 €
Klasse 2	24 €/h * [5.000 h * 0,17] = 20.400 €	24 €/h * [5.000 h * 0,20] = 24.000 €	24 €/h * [5.500 h * 0,20] = 26.400 €
Klasse 1	16 €/h * [5.000 h * 0,08] = 6.400 €	16 €/h * [5.000 h * 0,10] = 8.000 €	16 €/h * [5.500 h * 0,10] = 8.800 €
Summe	166.000 €	160.000 €	176.000 €

6.000 € (U)   16.000 € G

gesamte Inputmixabweichung   gesamte Ausbeuteabweichung

10.000 € G

gesamte Verbrauchsabweichung

Die gesamte Inputmixabweichung (ΔIMX_G) der Fertigungsarbeit setzt sich wie folgt zusammen, wobei jeweils ΔIMX_{Kn} die Inputmixabweichung einer bestimmten Klasse der Fertigungsarbeit, PP_{IE} den Planpreis der Fertigungsarbeit je Inputeinheit, IM_G die Istmenge aller verbrauchten Fertigungsarbeitsinputs, IA den Istanteil am Inputmix der Fertigungsarbeit und PA den Plananteil am Inputmix der Fertigungsarbeit darstellen:

Tab. 3.12 *Inputmixabweichung der verschiedenen Fertigungsarbeitsklassen der Euragra AG im Juli 20XX*

$\Delta IMX_{Kn} =$	PP_{IE}	*	I_{MG}	*	[IA - PA]	
$\Delta IMX_{K1} =$	40 €/h	* 5.000 h * [0,48 - 0,40]		=	16.000 €	(U)
$\Delta IMX_{K2} =$	32 €/h	* 5.000 h * [0,27 - 0,30]		=	4.800 €	G
$\Delta IMX_{K3} =$	24 €/h	* 5.000 h * [0,17 - 0,20]		=	3.200 €	G
$\Delta IMX_{K4} =$	16 €/h	* 5.000 h * [0,08 - 0,10]		=	1.600 €	G
$\Delta IMX_{G} =$					6.000 €	(U)

Die insgesamt ungünstige Inputmixabweichung der Fertigungsarbeit [6.000 € (U)] ist aufgrund des höheren Anteils der Arbeiten, die von den teureren Mitarbeitern der Klasse 4 ausgeführt wurde, entstanden. Die Mitarbeiter der Klasse 4 bestritten 48 Prozent der gesamten

Istfertigungsarbeitsstunden anstelle des Plananteils von 40 Prozent. Dagegen arbeiteten die Mitarbeiter der Klassen 3, 2 und 1 weniger als geplant. Die Euragra AG könnte die Proportionen verändert haben, weil Mitarbeiter der Klassen 1-3 wegen Krankheit plötzlich ausfielen oder weil die Mitarbeiter der Klasse 4 aufgrund ihrer Qualifikation trotz höherer Lohnkosten effizienter arbeiteten. Die Inputmixveränderung verursachte höhere Plankosten für den Istinputmix je Fertigungsarbeitsstunde (166.000 € / 5.000 h = 33,20 €/h) als geplant (Planinputmixkosten je Fertigungsarbeitsstunde = 160.000 € / 5.000 h = 32,00 €/h).

Tab. 3.13 zeigt, wie sich die gesamte Ausbeuteabweichung (ΔA_G) auf die vier Klassen der Fertigungsarbeit verteilt, wobei ΔA_{Kn} die Ausbeuteabweichung einer bestimmten Klasse der Fertigungsarbeit, PP_{IE} den Planpreis der Fertigungsarbeit je Inputeinheit, IM_G die Istmenge aller verbrauchten Fertigungsarbeitsinputs, SM_G die Sollmenge aller verbrauchten Fertigungsarbeitsinputs und PA den Plananteil am Inputmix der Fertigungsarbeit darstellen.

Tab. 3.13 *Ausbeuteabweichung der verschiedenen Fertigungsarbeitsklassen der Euragra AG im Juli 20XX*

$\Delta A_{Kn} =$	PPIE	*	[IMG - SMG]	* PA		
$\Delta A_{K1} =$	40 €/h	*	[5.000 h - 5.500 h]	* 0,40	=	8.000 € G
$\Delta A_{K2} =$	32 €/h	*	[5.000 h - 5.500 h]	* 0,30	=	4.800 € G
$\Delta A_{K3} =$	24 €/h	*	[5.000 h - 5.500 h]	* 0,20	=	2.400 € G
$\Delta A_{K4} =$	16 €/h	*	[5.000 h - 5.500 h]	* 0,10	=	800 € G
ΔA_G =						16.000 € G

Die günstige Ausbeuteabweichung (16.000 € G) zeigt, dass die Arbeiten schneller als geplant ausgeführt wurden. Die Euragra AG verbrauchte insgesamt nur 5.000 anstelle der 5.500 geplanten Fertigungsarbeitsstunden – wahrscheinlich das Ergebnis eines verstärkten Einsatzes von qualifizierteren Mitarbeitern. Die Austauschbeziehung zwischen Ertrag und Inputmix führte zu reduzierten Gesamtkosten, was sich in einer insgesamt günstigen Verbrauchsabweichung der Fertigungsarbeit niederschlägt [16.000 € G - 6.000 € (U) = 10.000 € G]. Eine Veränderung des Fertigungsarbeitsinputmixes zugunsten der qualifizierten Arbeitskräfte wie hier ist nur dann vorteilhaft, wenn gleichzeitig die Gesamtzahl der Fertigungsarbeitsstunden überproportional reduziert werden kann.

Kalkulation und Informationswert von Inputmix- und Ausbeuteabweichungen lassen sich ohne weiteres auf andere Inputs wie z. B. Energie übertragen. Eine solche Analyse könnte beispielsweise ermitteln, wie sich eine veränderte Mischung aus selbsterzeugter und eingekaufter Energie auf das Betriebsergebnis auswirkt.

3.4 Messung der Produktivität

Die Produktivität bezeichnet das Verhältnis zwischen dem verbrauchten Istinput (sowohl physischer Input als auch Kosten) und dem erzielten Istoutput (Caves/Christensen/Diewert, 1982; Balk,1998; Coelli/Prasada Rao/Battese, 1998; OECD, 2001). Je geringer der Input für ein gegebenes Outputlevel (Minimalprinzip) bzw. je höher der Output für ein gegebenes Inputlevel (Maximalprinzip) ausfällt, desto höher ist das Niveau der Produktivität. Unternehmen und Länder achten gleichermaßen auf die Entwicklung ihrer Produktivität. Volkswirte gehen davon aus, dass die erhöhte Produktivität sich positiv auf den Lebensstandard der Bevölkerung auswirkt. Das Statistische Bundesamt der Bundesrepublik Deutschland schätzt, dass während der vergangenen vierzig Jahre Japan die höchsten Wachstumsraten der Arbeitsproduktivität unter den Industrienationen erzielt hat, während die USA über diesen Zeitraum die niedrigsten Wachstumsraten aufwiesen. Obwohl ihr Vorsprung über die Jahre deutlich geschrumpft ist, sind amerikanische Arbeiter jedoch immer noch Weltbeste in der Arbeitsproduktivität. Werden Geschäftsführer zu ihren größten unternehmerischen Herausforderungen befragt, so werden in der Regel Produktivitätsverbesserungen und Kostensenkungen als wesentliche Aufgaben angeführt.

Produktivitätskennzahlen stellen zwei Aspekte des Verhältnisses zwischen In- und Output dar. Sie evaluieren, (1) ob man mehr Input als notwendig verbraucht hat, um eine bestimmte Ausbringungsmenge zu produzieren, und (2) ob der optimale Inputmix eingesetzt wurde, um diese Ausbringungsmenge zu erzielen. Verbrauchs-, Inputmix- und Ausbeuteabweichungen können bei dieser Beurteilung hilfreich sein. Es gibt jedoch zwei wichtige Merkmale, die die Messung der Produktivität von Abweichungsanalysen unterscheiden. Produktivitätskennzahlen verwenden erstens weder Standards noch sonstige Budgetangaben. Stattdessen vergleichen sie die Verhältnisse zwischen dem Istinput und Istoutput ähnlicher Unternehmen und Organisationen oder verschiedener Zeitspannen. So können beispielsweise Produktivitätsvergleiche über längere Zeiträume die kontinuierlichen Verbesserungen eines Unternehmens effektiv zusammenfassen.

Produktivitätskennzahlen messen zweitens die Auswirkungen von Substitutionen verschiedener Inputarten. Im Gegensatz dazu können Inputmix- und Ausbeuteabweichungen nur die Substitution von Inputs einer bestimmten Kategorie behandeln (z. B. die Sorten West-, Süd-, Ost- und Nordäpfel des Fertigungsmaterials oder die Klassen 1 bis 4 der Fertigungsarbeit). Substitutionen sind dagegen auch zwischen unterschiedlichen Inputkategorien möglich. Ein Schuhproduzent kann z. B. teurere Klettverschlüsse gegen Schnürsenkel austauschen, und so die Fertigungsarbeitskosten sparen, die beim Lochen des Leders anfallen würden. Eine weitere Substitutionsmöglichkeit besteht zwischen Kapital und Arbeit: Insbesondere produzierende Unternehmen stehen häufig vor der Frage, in welchem Umfang sich Investitionen in Automatisierungstechnik lohnen, um die Fertigungsarbeitskosten zu reduzieren. Produktivitätskennzahlen bemessen die Auswirkungen solcher allgemeineren Substitutionen unter Beachtung der verschiedenen Inputarten.

Internationale Untersuchungen der Produktivität im produzierenden Gewerbe haben große Unterschiede im Produktivitätswachstum einzelner Länder – kurzfristig als auch über längere Zeiträume – aufgezeigt (Griliches, 1990; Baumol/Batey Blackman/Wolff, 1992; Gersbach/van Ark, 1994; Milana/Fujikawa, 1996; OECD, 1996; Bartelsman/Doms, 1998). Auch die Quellen des Produktivitätszuwaches sind verschieden, z. B. Investitionen in Sachanlagen, Forschung und Entwicklung, Training von Mitarbeitern, Veränderungen von Arbeitsabläufen oder Wechselkursänderungen (Hulten, 1986; Beaulieu/Mattey, 1998; OECD, 1998, 2000, 2003, 2004; North/Güldenberg, 2008). Beispielsweise führte von den 1960er bis 1990er Jahren in den USA, in Kanada und den Niederlanden neben erhöhten Produktionszahlen auch eine geringere Anzahl geleisteter Arbeitsstunden zu Produktivitätssteigerungen (Bureau of Labor Statistics, 1993; Jorgenson, 1995a; Guellec/van Pottelsberghe de la Potterie, 2001). Obwohl sich das Produktivitätswachstum in Japan im gleichen Zeitraum hauptsächlich auf steigende Produktionsmengen zurückführen lässt, spielen kontinuierliche Qualitätsverbesserungen in den letzten Jahrzehnten ebenfalls eine wichtige Rolle (Bosworth/Massini/Nakayama, 2005). In Italien waren höhere Produktionsmengen und reduzierte Arbeitsstunden etwa gleich starke Faktoren zur Verbesserung der Produktivität. In Deutschland, Frankreich und Großbritannien dagegen resultierte das Produktivitätswachstum in erster Linie aus verkürzten Arbeitszeiten sowie aus den kleineren Mengen von Inputs, die man verbrauchte (Jorgenson, 1995b).

3.4.1   Verfahren der Produktivitätsmessung

Die Erzgebirger Engele GmbH stellt Weihnachtsschmuck, Andenken und Spielzeug aus Holz her. Der Einfachheit halber benötigt das Beispielunternehmen nur zwei Arten von Inputs, Fertigungsmaterial und -arbeit. Beide sind teilweise untereinander austauschbar. Bei der Herstellung der Holzprodukte entstehen Holzreste, die man noch verwerten kann. Allerdings erfordert eine Verwertung mehr Sorgfalt, zusätzliche Arbeitsschritte und daher auch mehr Fertigungsarbeitszeit. Die Alternative ist die einfache Entsorgung der Holzreste, die zwar Fertigungsarbeitszeit einspart, aber den Verbrauch vom Fertigungsmaterial erhöht. Die Erzgebirger Engele GmbH liefert die in Tab. 3.14 aufgelisteten Daten für die Jahre 20X0 und 20X1.

Tab. 3.14 *Ausgewählte Daten der Erzgebirger Engele GmbH für 20X0 und 20X1*

	20X0	20X1
Anzahl gefertigter und verkaufter Holzartikel (PE)	850.000	1.020.000
Anzahl verbrauchter Fertigungsarbeitsstunden (h)	17.000	18.700
Stundenlohn (€/h)	28	30
Verbrauchtes Fertigungsmaterial (m^2)	34.000	43.900
Fertigungsmaterialkosten (€/m^2)	6,10	6,00
Fertigungsarbeitskosten (€)		
(Anzahl Fertigungsarbeitsstunden * Stundenlohn)	476.000	561.000
Fertigungsmaterialkosten (€)		
(m^2 Fertigungsmaterial * Fertigungsmaterialkosten je m^2)	207.400	263.400
Inputkosten gesamt (€)		
(Fertigungsarbeitskosten + Fertigungsmaterialkosten)	683.400	824.400

Mögliche Gründe für den Anstieg der Inputkosten bei der Erzgebirger Engele GmbH sind Veränderungen in der Ausbringungsmenge, der Inputpreise oder der Produktivität (aufgrund einer Veränderung des Inputmixes). Ziel ist nun, anhand der Analyse von Teil- und Gesamtproduktivitätskennzahlen die Auswirkung jeder einzelnen Input- bzw. Outputveränderung auf die Entwicklung der Inputkosten zu isolieren. Die hieraus gewonnen Informationen können als Grundlage für Maßnahmen dienen, die auf eine Verbesserung der Produktivität und auf Kostensenkungen abzielen.

3.4.2 Kennzahlen der Teilproduktivität

Die Teilproduktivität vergleicht den gesamten Output mit dem Verbrauch eines einzigen Inputs. In ihrer einfachsten Form lässt sich die Teilproduktivität als eine Verhältniszahl ausdrücken, wobei T die Teilproduktivität eines Inputs, PE den Gesamtoutput eines Produkts in Produkteinheiten und IM_V die verbrauchte Menge eines Inputs darstellen.

$$T = PE / IM_V$$

Je höher die Verhältniszahl, desto größer ist die Teilproduktivität. Kennzahlen der Teilproduktivität ignorieren die Preise und Mengen für alle anderen Inputs, die nicht im Mittelpunkt der Betrachtung stehen.

Die Teilproduktivität der Fertigungsarbeit der Erzgebirger Engele GmbH, T_{FA}, im Jahr 20X0 berechnet sich wie folgt (PE = die Anzahl der gefertigten Holzartikel und IM_V = Anzahl der verbrauchten Fertigungsarbeitsstunden):

$$
\begin{aligned}
T_{FA} &= PE / IM_V \\
&= 850.000 \text{ Stk.} / 17.000 \text{ h} \\
&= 50 \text{ Stk./h}
\end{aligned}
$$

Wie beschrieben ignoriert die Teilproduktivitätskennzahl der Fertigungsarbeit vollständig das Vorhandensein eines zweiten Inputs, des Fertigungsmaterials. Entsprechend gestaltet sich die Berechnung der Teilproduktivität des Fertigungsmaterials, T_{FM}, im Jahr 20X0 wie folgt, wobei hier PE die Anzahl der gefertigten Holzartikel und IM_V die Menge des verbrauchten Fertigungsmaterials darstellen.

$$
\begin{aligned}
T_{FM} &= PE / IM_V \\
&= 850.000 \text{ Stk.} / 34.000 \text{ m}^2 \\
&= 25 \text{ Stk./m}^2
\end{aligned}
$$

Teilproduktivitätskennzahlen stellen also ein Verhältnis zwischen dem gesamten Output und einer einzigen Inputkomponente dar. Würde man Fertigungsarbeit durch Kapital (z. B. in Form der Automatisierung) ersetzen, dann verbessert sich die Teilproduktivität der Fertigungsarbeit auf Kosten der reduzierten Teilproduktivität des investierten Kapitals. Erhöhte oder reduzierte Teilproduktivitätskennzahlen an sich sind also weder als „gut" noch als „schlecht" einzustufen, es sei denn, die Inputs sind nicht austauschbar. Des Weiteren basieren Teilproduktivitätskennzahlen auf den physischen In- und Outputs. Inputpreise werden nicht berücksichtigt und haben deshalb keinen Einfluss auf die Höhe der Teilproduktivitätskennzahlen.

Eine einzelne Teilproduktivitätskennzahl hat keine Aussagekraft. Sie gewinnt an Bedeutung, wenn man Produktivitäten mehrerer Zeiträume oder unterschiedlicher Standorte vergleicht oder sie ins Verhältnis zu einer Benchmark setzt. Tab. 3.15 stellt die Teilproduktivitäten der Fertigungsarbeit und des Fertigungsmaterials der Erzgebirger Engele GmbH in den Jahren 20X0 und 20X1 zusammen.

Tab. 3.15 *Teilproduktivitäten der Fertigungsarbeit und des Fertigungsmaterials der Erzgebirger Engele GmbH in 20X0 und 20X1*

	20X0	**20X1**
	850.000 Stk./17.000 h	1.020.000 Stk./18.700 h
Fertigungsarbeit (T_{FA})	50,00 Stk./h	54,55 Stk./h
	850.000 Stk./34.000 m^2	1.020.000 Stk./43.900 m^2
Fertigungsmaterial (T_{FM})	25,00 Stk./m^2	22,23 Stk./m^2

3.4.3   Veränderungen in Teilproduktivitäten

Tab. 3.15 zeigt, dass die Teilproduktivität der Fertigungsarbeit um 9,10 Prozent [(54,55 Stk./h - 50,00 Stk./h) / 50,00 Stk.] angestiegen ist, während die Teilproduktivität des Fertigungsmaterials um 11,08 Prozent [(22,38 Stk./h - 25,00 Stk./h) / 25,000 Stk./h] sank. Die Teilproduktivität der Fertigungsarbeit wuchs, weil die Mitarbeiter im Jahr 20X1 mehr Holzartikel je Stunde produzierten als im Vorjahr. Obwohl die Anzahl der gefertigten Holzartikel (der Zähler) um 20,00 Prozent [(1.020.000 Stk. - 850.000 Stk.) / 850.000 Stk.] anstieg, erhöhte sich die Anzahl der Fertigungsarbeitsstunden (der Nenner) nur um 10,00 Prozent [(18.700 h - 17.000 h) / 17.000 h].

Diese Interpretation der Ergebnisse der Teilproduktivitätsanalyse gilt unter folgender Annahme: Die Technologie der Erzgebirger Engele GmbH ist durch konstante Skalenerträge gekennzeichnet. Das würde bedeuten, dass die Anzahl der Fertigungsarbeitsstunden ohne jede Veränderung der Teilproduktivität proportional zur erhöhten Anzahl gefertigter Holzartikel gestiegen ist.

Die Teilproduktivität des Fertigungsmaterials dagegen sank, weil die Mitarbeiter im Jahr 20X1 mehr Holz als im Vorjahr verbrauchten. Die Anzahl der gefertigten Holzartikel erhöhte sich um 20,00 Prozent, der Verbrauch an Fertigungsmaterial stieg um 29,12 Prozent [(43,900 m^2 - 34.000 m^2) / 34.000 m^2].

Die erhöhte Teilproduktivität der Fertigungsarbeit könnte auf ein verbessertes Training von Mitarbeitern, weniger Fehlzeiten, geringere Mitarbeiterfluktuation, bessere Anreize, verbesserte Abläufe oder auf die Substitution von Fertigungsmaterial durch -arbeit zurückzuführen sein. Die Identifikation der für die Verbesserung verantwortlichen Variablen ist die Basis für die Planung und Steuerung weiterer Produktivitätsverbesserungen.

Auch Verbrauchsabweichungen spiegeln das Verhältnis von Input zu Output wider, indem sie die Istinputs mit den Sollinputs für die Istausbringungsmenge vergleichen. Worin unterscheidet sich also die Aussage von Teilproduktivitäten und Verbrauchsabweichungen? Tab. 3.16 zeigt eine ungünstige Verbrauchsabweichung der Fertigungsarbeit bei der Erzgebirger Engele GmbH im Jahr 20X1, während sich die Teilproduktivität von 20X0 auf 20X1 erhöhte. Der Unterschied liegt im jeweils eingesetzten Benchmark – im Fall der Teilproduktivität ist dies die Istleistung des Vorjahres, bei der Abweichungsanalyse ein Effizienzstandard. Die höhere Teilproduktivität bedeutet, dass sich die Istleistung der Mitarbeiter im Jahr 20X1 gegenüber dem Vorjahr verbessert hat. Die ungünstige Verbrauchsabweichung entsteht, weil die Mitarbeiter des Unternehmens den Leistungsstandard für 20X1 nicht erreicht haben. Würde man lediglich die Verbrauchsabweichung betrachten, so könnte man leicht übersehen, dass sich die Leistung trotzdem verbessert hat. Insofern ergänzen Teilproduktivitätskennzahlen die Abweichungsanalyse. Im Fall der Erzgebirger Engele GmbH könnte man sich fragen, ob der Maßstab zu hoch angesetzt wurde.

Tab. 3.16 *Vergleich der Teilproduktivitäten und der Verbrauchsabweichungen der Fertigungsarbeit für die Erzgebirger Engele GmbH in 20X0 und 20X1*

	20X0	**20X1**
1. Jahr		
2. Standardfertigungsarbeitsstunden je Produkteinheit (angenommene Zahlen)	0,018 h/PE	0,017 h/PE
3. Istausbringungsmenge	850.000 Stk.	1.020.000 Stk.
4. Istfertigungsarbeitsstunden	17.000 h	18.700 h
5. Standardfertigungsarbeitsstunden für die Istausbringungsmenge (5) = (2) * (3)	15.300 h	17.340 h
6. Standardkosten = Istkosten	28,00 €/h	30,00 €/h
7. Verbrauchsabweichung der Fertigungsarbeit (ΔV_{FA}) (7) = [(4) – (5)] * (6)	47.600 € (U)	40.800 € (U)
8. Teilproduktivität der Fertigungsarbeit (8) = (3) / (4)	50	54,55

Neben den beschriebenen Vorzügen haben Teilproduktivitätskennzahlen jedoch auch ihre Grenzen. Dadurch dass sich die Teilproduktivität auf die Betrachtung eines einzigen Inputs beschränkt, erlaubt sie keine Aussage über die Entwicklung der Gesamtproduktivität. Beispielsweise stieg die Teilproduktivität der Fertigungsarbeit bei der Erzgebirger Engele GmbH, während die Teilproduktivität des Fertigungsmaterials sank. Die Auswirkung dieser Entwicklung auf die Gesamtproduktivität ist jedoch unklar. Auf der Grundlage der Teilproduktivitätskennzahlen lässt sich keine Aussage darüber treffen, ob die Zunahme der Teilproduktivität der Fertigungsarbeit den Rückgang der Teilproduktivität des Fertigungsmaterials ausgleicht. Abhilfe für dieses Problem schafft die Gesamtproduktivitätskennzahl („total factor productivity indicator" oder „total productivity indicator").

3.4.4 Gesamtproduktivität

Die Gesamtproduktivität (G) stellt das Verhältnis zwischen dem gesamten Istoutput in Produkteinheiten (IPE) und den Kosten aller verbrauchten Inputs ($\sum(IM_V * IP_{IE})$) dar, wobei der Inputverbrauch zu Istpreisen je Inputeinheit (IP_{IE}) bewertet wird.

$$G = IPE / (\sum(IM_V * IP_{IE}))$$

Die Gesamtproduktivität berücksichtigt das gesamte Spektrum der Einsatzfaktoren und deren Substituierbarkeit auf Basis aktueller Inputpreise. Anders als die Teilproduktivität, die sich aus physischen In- und Outputs berechnet, ist die Gesamtproduktivität eng mit einem finanziellen Zweck, nämlich der Minimierung der Gesamtkosten, verbunden. Aufgrund des bewerteten Inputverbrauchs kann die Gesamtproduktivität auch Aussagen zur Wirkung von Austauschbeziehungen zwischen einzelnen Inputkomponenten treffen (Hulten, 2001).

3.4.5 Berechnung der Gesamtproduktivität

Die Gesamtproduktivität für 20X1 auf Basis von Preisen des Jahres 20X1, $G_{20X1/20X1}$, und einer Istausbringungsmenge von 1.020.000 Stück berechnet sich für das Jahr 20X1 wie folgt, wobei $K_{IP20X1/20X1}$ die Kosten der im Jahr 20X1 verbrauchten Inputs auf Basis von Preisen des Jahres 20X1, FA_{20X1} den Verbrauch an Fertigungsarbeitsstunden im Jahr 20X1, IP_{FA20X1} den Fertigungsarbeitslohn je Stunde im Jahr 20X1, FM_{20X1} den Verbrauch an Fertigungsmaterial im Jahr 20X1 in m^2 und IP_{FM20X1} den Preis je m^2 Fertigungsmaterial im 20X1 darstellen.

$$K_{IP20X1/20X1} = [FA_{20X1} * IP_{FA20X1}] + [FM_{20X1} * IP_{FM20X1}]$$
$$= [18.700 \text{ h} * 30 \text{ €/h}] + [43.900 \text{ m}^2 * 6 \text{ €/m}^2]$$
$$= 824.400 \text{ €}$$
$$G_{20X1/20X1} = IPE_{20X1} / K_{IP20X1}$$
$$= 1.020.000 \text{ PE} / 824.400 \text{ €}$$
$$= 1,237 \text{ PE je } 1,00 \text{ € Input}$$

Einzeln betrachtet ist die Gesamtproduktivität von 1,237 Holzartikeln je Euro Input für das Jahr 20X1 nicht sonderlich aussagekräftig, da ein Maßstab fehlt. Interessant wäre sicherlich ein Vergleich der eigenen Gesamtproduktivitätskennzahl mit der Kennzahl eines Unternehmens ähnlicher Größe in der gleichen Branche. Da es in vielen Fällen keine vergleichbaren Unternehmen mit vergleichbaren Kennzahlen gibt, überwachen viele Unternehmen die Entwicklung ihrer Gesamtproduktivitätskennzahlen im Zeitablauf. Bei der Erzgebirger Engele GmbH liefert die Gesamtproduktivität des vorhergehenden Jahres auf Basis der damaligen Ausbringungsmenge, bewertet zu aktuellen Preisen des Jahres 20X1, einen passenden Maßstab für die 20X1er Gesamtproduktivitätskennzahl. Die Bewertung der damaligen Inputfaktoren zu aktuellen Preisen ist wichtig, damit die Veränderung der Produktivität eine Aussage zu Änderungen der Inputmengen und des Inputmixes möglich macht, die ggf. eine Reaktion auf Preisänderungen ist. So kann festgestellt werden, ob der Inputmix der gegenwärtigen Periode (zu gegenwärtigen Preisen) kostengünstiger ist als die Fortführung der bisherigen Inputkombination (zu gegenwärtigen Preisen).

Die Berechnung der Gesamtproduktivität für ein Unternehmen mit einem einzigen Produkt ist relativ einfach. Bei einem Unternehmen mit mehreren Produkten muss eine von zwei möglichen Anpassungen vorgenommen werden. Zum einen kann man die verschiedenen mengenmäßigen Outputs mit dem identischen Bewertungsschlüssel in eine gemeinsame Währung umrechnen. Zum anderen können die Inputkosten den verschiedenen Outputs zugeordnet werde. Diese Alternative bietet sich jedoch nur an, wenn die Zuordnung verursachungsgerecht erfolgen kann.

$$K_{IP20X0/20X1} = [FA_{20X0} * IP_{FA20X1}] + [FM_{20X0} * IP_{FM20X1}]$$
$$= [17.000 \text{ h} * 30 \text{ €/h}] + [34.000 \text{ m}^2 * 6 \text{ €/m}^2]$$
$$= 714.000 \text{ €}$$
$$G_{20X0/20X1} = IPE_{20X0} / K_{IP20X1}$$
$$= 850.000 \text{ PE} / 714.000 \text{ €}$$
$$= 1,190 \text{ PE je } 1,00 \text{ € Input}$$

Auf der Grundlage des 20X1er Preisniveaus stieg die Gesamtproduktivität im Jahr 20X1 um 3,95 Prozent gegenüber dem Jahr 20X0 [(1,237 PE je 1,00 € Input - 1,190 PE je 1,00 € Input)/1,190 PE je 1,00 € Input]. Der Zuwachs der Teilproduktivität der Fertigungsarbeit hat den Rückgang der Teilproduktivität des Fertigungsmaterials also mehr als kompensiert.

Die Gesamtproduktivität hat im Jahresvergleich zugenommen, da das Unternehmen im Jahr 20X1 mehr Output je Euro Input erzielen konnte als im Vorjahr. Während die Anzahl der gefertigten Holzartikel um 20 Prozent [(1.200.000 PE - 850.000 PE) / 850.000 PE] anstieg, war lediglich ein Kostenanstieg von 15,5 Prozent [(824.400 € - 714.000 €) / 714.000 €] zu verzeichnen.

Die Zunahme der Gesamtproduktivität erwächst aus zwei Quellen: (1) Erhöhungen der Teilproduktivitäten der einzelnen Inputs und (2) Wechsel zu einem kostengünstigeren Inputmix als Reaktion auf die im Jahr 20X1 gestiegenen Inputpreise. Einfacher formuliert, die Gesamtproduktivität nimmt zu, wenn (1) das Unternehmen insgesamt weniger Inputs je Produkteinheit aufwendet (technische Produktivität). Eine solche Verbesserung ist das Ergebnis optimierter Produktionsmethoden, technischen Fortschritts, Mitarbeitertraining und anderer Maßnahmen, die eine schlanke Fertigung begünstigen. Wenn (2) ein Unternehmen einen kostengünstigeren Inputmix je Produkteinheit einsetzt, erzielt es eine sogenannte allokative Produktivitätssteigerung (Rickards, 2001). Die Gesamtproduktivität misst gleichzeitig die Nettowirkung beider Quellen, kann aber nicht die einzelnen Komponenten beziffern.

Auch für Gemeinkosten lassen sich Produktivitätskennzahlen berechnen. Dazu müssen zunächst Kostentreiber und -sätze für die Gemeinkostenaktivitäten identifiziert werden. Die Erzgebirger Engele GmbH könnte beispielsweise ihre Abläufe automatisieren lassen, so dass keine Fertigungsarbeit mehr anfällt. Anstelle direkter Fertigungsarbeit steht nun die indirekte Betreuung der Produktionsanlagen. Der Kostentreiber ist die Anzahl geleisteter Aufsichtsstunden. Die Stundenlöhne des Aufsichtspersonals sind – der Einfachheit halber – gegenüber den früheren Fertigungslöhnen unverändert. Die Teilproduktivitäten der indirekten, betreuenden Arbeit auf Basis des Outputs je Aufsichtsarbeitsstunde sind: 850.000 PE / 17.000 h = 50,00 PE/h für 20X0 und 1.020.000 PE / 18.700 h = 54,55 PE/h für 20X1. Die Gesamtproduktivität des Fertigungsmaterials und der Aufsichtsarbeit wird wie bisher kalkuliert: 1,190 PE je 1,00 € Input im Jahr 20X0 und 1,237 PE je 1,00 € Input im Jahr 20X1.

3.4.6   Anwendung von Teil- und Gesamtproduktivitätskennzahlen

Ein wichtiger Nutzen der Gesamtproduktivitätskennzahl besteht darin, dass sie die kombinierte Produktivität aller verbrauchten Inputs misst und deshalb ausdrücklich die positiven wie negativen Auswirkungen von Inputmixveränderungen bewertet. Ausgehend von einer Analyse der Komponenten der Gesamtproduktivitätskennzahlen können die Manager der Erzgebirger Engele GmbH feststellen, ob die Zunahme ihrer Gesamtproduktivität aufgrund einer verbesserten Personalführung, einer erhöhten Qualität des Fertigungsmaterials, durch optimierte Fertigungsmethoden oder als Folge der Substitution von Fertigungsmaterial durch -arbeit entstanden ist. Die Erzgebirger Engele GmbH beabsichtigt, die erfolgreichsten Konzepte in den gesamten Betrieb zu übernehmen und die Gesamtproduktivität zu nutzen, um Ziele zu setzen und Trends zu kontrollieren.

Viele Unternehmen nutzen sowohl Teil- als auch Gesamtproduktivitätskennzahlen, um ihre Leistung zu evaluieren. Da die Stärken der einen Kennzahl die Schwächen der anderen sind, ergänzen sich beide Methoden und eignen sich gut für den kombinierten Einsatz.

Gesamtproduktivitätskennzahlen lassen sich allerdings nur schwer über mehrere Rechnungsperioden miteinander verknüpfen, da die Veränderung der Gesamtproduktivität jeweils auf dem Preisniveau des aktuellen Jahres basiert. Ein Vergleich zu der im Vorjahr berechneten Produktivitätsveränderung ist daher nicht sinnvoll. Da die Teilproduktivitätskennzahlen dagegen physische Outputs mit physischen Inputs vergleichen, ohne eine Bewertung vorzunehmen, können diese Kennzahlen ohne weiteres über mehrere Rechnungsperioden hinweg verglichen werden.

Dem operativen Personal fällt es mitunter schwer, finanzielle Gesamtproduktivitätskennzahlen zu verstehen. Man bevorzugt physische Teilproduktivitätskennzahlen, die über den Output je verbrauchte Arbeitsstunde beispielsweise für die Fertigungsarbeit einen direkten Informationsrückfluss an die Mitarbeiter ermöglichen. Entsprechend werden Mitarbeiter-Produktivitätsprämien eher mit Teilproduktivitätskennzahlen für die Fertigungsarbeit verbunden. Allerdings schafft dieses Prämiensystem Anreize, Fertigungsarbeit vermehrt durch -material (und Kapital) zu ersetzen. Damit wird zwar die eigene Teilproduktivitätskennzahl erhöht, die Gesamtproduktivitätskennzahl für das Unternehmen jedoch könnte gesenkt werden. Um derartigen Problemen aus dem Weg zu gehen, verbinden professionell geführte Unternehmen in ihren Prämiensystemen Teilproduktivitätskennzahlen der Fertigungsarbeit explizit mit anderen Variablen (wie z. B. Investitionen in Sachanlagen, Ausschussquoten).

3.5   Analyse der jährlichen Kostenveränderungen

Im Folgenden soll bei der Analyse der Kostenabweichungen der Erzgebirger Engele GmbH die Entwicklung der Produktivität berücksichtigt werden. Tab. 3.17 beschreibt drei Komponenten, die eine Veränderung der Gesamtkosten zur Folge haben.

Tab. 3.17 *Analyse der Veränderungen der Istkosten der Erzgebirger Engele GmbH in 20X1 gegenüber dem Vorjahr*

	Istkosten für 20X1: Istverbrauch an Inputs zur Fertigung der Istausbringungsmenge, bewertet zu Preisen des Jahres 20X1	Istverbrauch an Inputs, wenn die Ausbringungsmenge des Jahres 20X1 im Jahr 20X0 produziert worden wäre, bewertet zu Preisen des Jahres 20X1	Istverbrauch an Inputs, wenn die Ausbringungsmenge des Jahres 20X1 im Jahr 20X0 produziert worden wäre, bewertet zu Preisen des Jahres 20X0	Istkosten für 20X0: Istverbrauch an Inputs zur Fertigung der Istausbringungsmenge, bewertet zu Preisen des Jahres 20X0
	(1)	(2)	(3)	(4)
Fertigungs-arbeit	18.700 h * 30 €/h = 561.000 €	20.400 h† * 30 €/h = 612.000 €	20.400 h† * 28 €/h = 571.200 €	17.000 h * 28 €/h = 476.000 €
Fertigungs-material	43.900 m^2 * 6 €/m^2 = 263.400 €	40.800 m^{2‡} * 6 €/m^2 = 244.800 €	40.800 m^{2‡} * 6,10 €/m^2 = 248.880 €	34.000 m^2 * 6,10 €/m^2 = 207.400 €
Inputkosten gesamt	824.400 €	856.800 €	820.080 €	683.400 €

$$\uparrow \quad 32.400\ € \text{ G} \quad \uparrow \quad \uparrow \quad 36.720\ € \text{ (U)} \quad \uparrow \quad \uparrow \quad 136.680\ € \text{ (U)} \quad \uparrow$$

Produktivitätsveränderung   Preisveränderung   Outputanpassung

$$\uparrow \qquad\qquad\qquad 141.000\ € \text{ (U)} \qquad\qquad\qquad \uparrow$$

Gesamtveränderung der Kosten

$$^† \left(\begin{array}{l} \textit{Fertigungsarbeitsstunden, die man im Jahr 20X0 aufgewendet} \\ \textit{hätte, um die Ausbringungsmenge des Jahres 20X1 zu fertigen} \end{array} \right) = \left(\begin{array}{l} \textit{Fertigungsarbeitsstunden} \\ \textit{des Jahres 20X0} \end{array} \right) * \left(\frac{\textit{Output 20X1}}{\textit{Output 20X0}} \right)$$

$$= 17.000\ h * (1.020.000\ PE\ /\ 850.000\ PE)$$
$$= 20.400\ h$$

$$^‡ \left(\begin{array}{l} \textit{Fertigungsmaterial in } m^2, \textit{das man im Jahr 20X0 verbraucht} \\ \textit{hätte, um die Ausbringungsmenge des Jahres 20X1 zu fertigen} \end{array} \right) = \left(\begin{array}{l} \textit{Verbrauch an Fertigungsmaterial} \\ \textit{im Jahr 20X0} \end{array} \right) * \left(\frac{\textit{Output 20X1}}{\textit{Output 20X0}} \right)$$

$$= 34,000\ m^2 * (1.020.000\ PE\ /\ 850.000\ PE)$$
$$= 40.800\ m^2$$

- Die Outputanpassung (Spalten 3 und 4): Bei der Gegenüberstellung der Spalten zeigt sich der einzige Unterschied in den gefertigten Ausbringungsmengen der Jahre 20X0 (850.000 Holzartikel) und 20X1 (1.020.000 Holzartikel). Daraus ergeben sich auch abweichende Inputmengen und -kosten, die bei der Produktion der verschiedenen Ausbringungsmengen anfallen. Die ermittelte Kostenzunahme von 136.680 € (U) ist bei konstanten Preisen lediglich auf die Differenz der Outputmengen zurückzuführen und wird deshalb als „Outputanpassung" bezeichnet.

- Die Preisveränderung (Spalten 2 und 3): Sie isoliert den Anteil der Kostenänderung, der auf die Nettosteigerungen der Inputpreise im Jahr 20X1 gegenüber dem Vorjahr zurückzuführen ist. Der Kostenzuwachs von 36.720 € (U) wird ermittelt, indem man den konstanten Inputverbrauch zu Preisen des Jahres 20X1 (Spalte 2) und zu Preisen des Vorjahres (Spalte 3) bewertet, und die resultierenden Gesamtkosten der Inputs einander gegenüberstellt.

- Die Produktivitätsveränderung (Spalten 1 und 2): Sie ergibt sich aus dem Vergleich des Istinputmixes und des Istverbrauchs mit dem Sollinputmix und dem Sollverbrauch an Inputs bei konstanten Preisen des Jahres 20X1. Als Ergebnis des Produktivitätszugewinns weist die Erzgebirger Engele GmbH Kostenersparnisse in Höhe von 32.400 € G auf.

Die Analyse der Kostenveränderung lässt sich vereinfacht in folgender Formel darstellen, wobei jeweils ΔK_G die gesamte Kostenveränderung, ΔK_O die Kostenveränderung aufgrund der Outputanpassung, ΔK_{IP} die Kostenveränderung aufgrund von Inputpreisveränderungen und ΔK_P die Kostenveränderung aufgrund von Produktivitätsveränderungen darstellen.

$$\Delta K_G = \Delta K_O + \Delta K_{IP} + \Delta K_P$$
$$141.000\ €\ (U) = 136.680\ €\ (U) + 36.720\ €\ (U) + 32.400\ €\ G$$

Bei der Berechnung der einzelnen Komponenten der Kostenveränderung sind jeweils einige Werte konstant zu halten:

1. Bei der Berechnung der Kostendifferenz aufgrund der Outputanpassung hält man die Inputpreise sowie den Inputmix und den gesamten Inputverbrauch konstant.

2. Bei der Kalkulation der Kostendifferenz aufgrund der Inputpreisveränderungen hält man die Ausbringungsmenge sowie den Inputmix und den gesamten Inputverbrauch konstant.

3. Bei der Berechnung der Kostendifferenz aufgrund der Produktivitätsveränderungen hält man die Ausbringungsmenge und die Inputpreise konstant.

Die 20-prozentige Erhöhung der Ausbringungsmenge hat bei der Erzgebirger Engele GmbH im Jahr 20X1 zu einer Erhöhung der Gesamtkosten um 136.680 € geführt. Diese Kostensteigerung wird im Unternehmen keine Unruhe auslösen, da die höhere Ausbringungsmenge vermutlich auch zu höheren Umsätzen geführt hat. Die Veränderung der Kosten aufgrund von Inputpreissteigerungen gibt jedoch Anlass zur Sorge: Wenn sich das Unternehmen am Markt einem harten Wettbewerb stellen muss, lassen sich die Inputpreiserhöhungen nicht einfach in Form von Preiserhöhungen des Endprodukts an den Kunden weiterreichen. Ist eine Weitergabe der Kosten nicht möglich, so müssen im eigenen Hause Maßnahmen zur Kostensenkung eingeleitet werden, z. B. Neuverhandlungen von Verträgen mit Lohnarbeitern und Überarbeitung der Lieferkonditionen für Fertigungsmaterialien. Mehrkosten durch Preiserhöhungen können auch über einen optimierten Inputmix und -verbrauch aufgefangen werden (Produktivitätssteigerungen). Die Erzgebirger Engele GmbH konnte den Kostenzuwachs (36.720 €) als Folge erhöhter Inputpreise durch Produktivitätverbesserungen (32.400 €) weitestgehend ausgleichen.

Neben der Aufteilung der Kostenveränderung in die drei beschriebenen Komponenten zeigt die Analyse in Tab. 3.17 auch, welche Anteile der Kostenveränderung auf die einzelnen Inputs Fertigungsarbeit und Fertigungsmaterial entfallen. Diese Zusatzinformation liefert dem Management einen weiteren Anhaltspunkt, um Quellen der Kostenveränderungen aufzuspüren.

Die Kosten der Fertigungsarbeit sind schwieriger zu steuern als die Kosten lebloser Inputs, wie bspw. Fertigungsmaterial, Energie oder Maschinen. Ein Manager sollte die Auswirkungen von Kostensenkungsmaßnahmen auf das Verhalten und die Motivation seiner Mitarbeiter gründlich bedenken. Die Welle neuer Produktivitätsinitiativen der letzten Jahre hat die Anzahl der Mitarbeiter in vielen Unternehmen reduziert und fordert von den verbleibenden Mitarbeitern mehr und professionellere Arbeit. Wenn solche Initiativen zu weit gehen, kann das negative Auswirkungen auf die Mitarbeitermotivation, ihre Identifikation mit dem Unternehmen und ihre Arbeitsleistung haben.

3.6   Produktivität im Dienstleistungssektor

Der Dienstleistungssektor beschäftigt in Deutschland und, wie Tab. 3.18 belegt, in den meisten anderen hochentwickelten Volkswirtschaften mehr als 60 Prozent der Arbeitskräfte. Da der arbeitsintensive Dienstleistungssektor zunehmend dominiert, haben Fragen der Arbeitsproduktivität große Bedeutung erlangt. Der Zuwachs der Produktivität im Dienstleistungsbereich ist weit hinter der Produktivitätssteigerung im produzierenden Gewerbe zurückgeblieben, u. a. weil im Vergleich zum „manufacturing" den Beschäftigten des „service sector" verhältnismäßig wenig Kapital in Form von outputsteigernden Maschinen zur Verfügung steht. Aufgrund der Wirtschaftsstruktur wird das Wachstum der Gesamtproduktivität auch in Zukunft gering ausfallen, es sei denn, dass wesentliche Verbesserungen in der Produktivität des Dienstleistungssektors erzielt werden.

Tab. 3.18 *Dienstleistungssektor und produzierendes Gewerbe: Anteil von Arbeitsplätzen an der jeweiligen Gesamtbeschäftigung USA und 11 EU-Ländern[†]*

	1980	1990	2002
USA:			
Dienstleistungssektor	70 %	78 %	80 %
Produzierende Gewerbe	20 %	14 %	12 %
11 EU-Länder:			
Dienstleistungssektor	55 %	68 %	71 %
Produzierende Gewerbe	26 %	20 %	18 %

[†] *Dänemark, Deutschland, Finnland, Frankreich, Großbritannien, Irland, Italien, Österreich, Portugal, Spanien, und Schweden*

(Quelle: OECD; zitiert in Kanter, 2005)

Die grundlegenden Produktivitätskennzahlen, die man im Dienstleistungssektor verwendet, entsprechen denen des produzierenden Gewerbes, d. h. sie geben das Verhältnis zwischen gefertigten Outputs und Kosten der verbrauchten Inputs wieder. Viele Dienstleistungsindustrien pflegen etablierte Outputkennzahlen, wie z. B. Patiententage im Krankenhausbereich oder geflogene Kilometer bei Fluggesellschaften.

An einer Hochschule sind typische Teilproduktivitätskennzahlen die durchschnittliche Zahl der Studentensemesterwochenstunden je Professor oder die durchschnittliche Zahl der Veröffentlichungen je Professor. Zwischen diesen Kennzahlen ist eine Austauschbeziehung möglich: Eine höhere Belastung durch die Lehre reduziert notwendigerweise die für die Forschung verbleibende Zeit.

Es gibt mehrere Ansatzpunkte zur Verbesserung der Produktivität im Dienstleistungssektor. Ein Schlüsselschritt besteht darin, alle Arbeitsabläufe genau zu beschreiben und die unnötigen darunter zu eliminieren. Die Produktivität von Bankanleiheaktivitäten kann beispielsweise erhöht werden, indem man den Umfang detaillierter Analysen für kleine Anleihen begrenzt. Die Produktivität im Handel wird durch den Einsatz von Strichcodes gesteigert, um Verkäufe elektronisch einzuscannen statt sie per Hand einzugeben. Architekten, Ärzte, Rechtsanwälte, Wirtschaftsprüfer und andere Dienstleister können ihre Produktivität durch die Konzentration auf Aktivitäten erhöhen, die ihre berufliche Expertise erfordern, anstatt sich in den Details von Verwaltungsaufgaben zu verzetteln.

3.7   Umfassende Anwendung von Abweichungsanalyse und Produktivitätskennzahlen

Die Paderborner Parkett KG (PPKG) hat sich auf die Verlegung von Holzböden in privaten Häusern und Büros sowie in öffentlichen Gebäuden (z. B. Museen, Theatern usw.) spezialisiert. Das Unternehmen beschäftigt Parkettleger mit unterschiedlichen Qualifikationen, Klasse 1 und Klasse 2. Zum Ende des Jahres 20X0 verschoben sich die Lohnskalen. Klasse 2 erhielt eine Lohnerhöhung, während Klasse 1 eine kleine Lohnsenkung hinnehmen musste.

Die Paderborner Parkett KG verwendet ein Standardkostenrechnungssystem. Sie passt die Standards des Jahres 20X1 unter Berücksichtigung der Lohnveränderungen an. Diese Standards berücksichtigen auch die Strategie des Unternehmens, den Einsatz der teureren Arbeit der Klasse 2 möglichst zu reduzieren, ohne dabei Qualitätsverluste zu erleiden. Es ergeben sich folgende neue Standards für das Jahr 20X1:

Tab. 3.19   *Plandaten der Paderborner Parkett KG in 20X1*

m^2 verlegtes Parkett je Arbeitsstunde	$3,2\ m^2$
Anteil der Arbeit Klasse 2	35 %
Anteil der Arbeit Klasse 1	65 %
Stundenlohn Klasse 2	33,00 €
Stundenlohn Klasse 1	22,00 €

Folgende Daten sind Istdaten aus den Jahren 20X0 und 20X1.

Tab. 3.20   *Istdaten der Paderborner Parkett KG in 20X0 und 20X1*

	20X0	**20X1**
m^2 verlegtes Parkett	$40.000\ m^2$	$52.000\ m^2$
Anzahl verbrauchter Arbeitsstunden Klasse 2	5.600 h	6.400 h
Stundenlohn Klasse 2	28,00 €	33,00 €
Anzahl verbrauchter Arbeitsstunden Klasse 1	7.200 h	9.600 h
Stundenlohn Klasse 1	23,00 €	22,00 €

Die Unternehmensleitung der Paderborner Parkett KG hat um folgende Informationen gebeten: (1) die gesamte Verbrauchsabweichung der Fertigungsarbeit im Jahr 20X1 sowie deren Komponenten Inputmix- und Ausbeuteabweichung, (2) die jeweiligen Teilproduktivitätskennzahlen für Arbeit der Klassen 1 und 2 in den Jahren 20X0 und 20X1, (3) die Gesamtproduktivität für beide Arbeitsklassen im Jahr 20X1 sowie einen Vergleich der Gesamtproduktivität aller Faktoren zwischen 20X0 und 20X1, (4) eine Unterteilung der Kostenunterschiede zwischen 20X0 und 20X1 in Outputanpassungs-, Preisveränderungs- und Produktivitätsveranderungskomponenten, und (5) einen kurzen Kommentar zu dieser Analyse.

Tab. 3.21 präsentiert die gesamte Verbrauchsabweichung der Fertigungsarbeit für 20X1 (2.337,50 € (U)) zusammen mit ihren Inputmix- (8.800 € (U)) und Ausbeuteabweichungskomponenten (6.462,50 € G). Die Teilproduktivitäten für die beiden Arbeitsklassen der Jahre 20X0 und 20X1 erscheinen in Tab. 3.22.

Tab. 3.21 *Inputmix- und Ausbeuteabweichungen der Fertigungsarbeit für die Paderborner Parkett KG in 20X1*

	$PP_{IE} * (IM_G * IA)$	$PP_{IE} * (IM_G * PA)$	**Flexibles Budget** (Sollrechnung) $PP_{IE} * (SM_G * PA)$
	(1)	(2)	(3)
Klasse 2	33,00 €/h * (16.000 h * 0,40) = 211.200,00 €	33,00 €/h * (16.000 h * 0,35) = 184.800 €	33,00 €/h * (16.250 h† * 0,35) = 187.687,50 €
Klasse 1	22,00 €/h * (16.000 h * 0,60) = 211.200,00 €	22,00 €/h * (16.000 h * 0,65) = 228.800 €	22,00 €/h * (16.250 h† * 0,65) = 232.375,00 €
Summe	422.400,00 €	413.600,00 €	420.062,50 €

8.800,00 € (U)   6.462,50 € G

gesamte Inputmixabweichung   gesamte Ausbeuteabweichung

2.337,50 € (U)

gesamte Verbrauchsabweichung

† *16.250 h = 52.000 m²/3,2 m² je h*

Tab. 3.22 *Teilproduktivitäten der Arbeitsklassen der Paderborner Parkett KG in 20X0 und 20X1*

	Teilproduktivitäten	
	20X0	**20X1**
Klasse 2	40.000 m² / 5.600 h = 7,143 m²/h	52.000 m² / 6.400 h = 8.125 m²/h
Klasse 1	40.000 m² / 7.200 h = 5,556 m²/h	52.000 m² / 9.600 h = 5.417 m²/h

Die Gesamtproduktivität für (a) 20X1 auf Grundlage der Preise 20X1, $G_{20X1/20X1}$, ergibt sich aus den folgenden Berechnungen. Dabei sind $K_{IP20X1/20X1}$ die Kosten der im Jahr 20X1 verbrauchten Inputs auf Basis von Preisen des Jahres 20X1, $K2_{20X1}$ der Verbrauch an Arbeitsstunden Klasse 2 im Jahr 20X1, $P_{K2/20X1}$ der Stundenlohn Klasse 2 im Jahr 20X1, $K1_{20X1}$ der

Verbrauch an Arbeitsstunden Klasse 1 im Jahr 20X1 und $P_{K1/20X1}$ der Stundenlohn Klasse 1 im Jahr 20X1.

Tab. 3.23   *(a) Gesamtproduktivität der Paderborner Parkett KG für 20X1 zu den Preisen von 20X1*

$$
\begin{aligned}
K_{IP20X1/20X1} &= [K2_{20X1} * P_{K2/20X1}] \ + [K1_{20X1} * P_{K1/20X1}] \\
&= [6.400 \text{ h} * 33{,}00 \text{ €/h}] + [9.600 \text{ h} * 22{,}00 \text{ €/h}] \\
&= 211.200 \text{ €} + 211.200 \text{ €} \\
&= 422.400 \text{ €} \\[6pt]
G_{20X1/20X1} &= IPE_{20X1} \ / \ K_{IP20X1/20X1} \\
&= 52.000 \text{ m}^2 \ / \ 422.400 \text{ €} \\[4pt]
&= 0{,}123 \text{ m}^2 \text{ verlegtes Parkett je } 1{,}00 \text{ € Input}
\end{aligned}
$$

Die Gesamtproduktivität für (b) 20X0 auf Grundlage der Preise 20X1, $G_{20X0/20X1}$, ergibt sich aus folgenden Berechnungen. In (b) stellen jeweils $K_{IP20X0/20X1}$ die Kosten der im Jahr 20X0 verbrauchten Inputs auf Basis von Preisen des Jahres 20X1, $K2_{20X0}$ den Verbrauch an Arbeitsstunden Klasse 2 im Jahr 20X0, $P_{K2/20X1}$ den Stundenlohn Klasse 2 im Jahr 20X1, $K1_{20X0}$ den Verbrauch an Arbeitsstunden Klasse 1 im Jahr 20X1 und $P_{K1/20X1}$ den Stundenlohn Klasse 1 im Jahr 20X1 dar.

Tab. 3.23   *(b) Gesamtproduktivität der Paderborner Parkett KG für 20X0 zu den Preisen von 20X1*

$$
\begin{aligned}
K_{IP20X0/20X1} &= [K2_{20X0} * P_{K2/20X1}] \ + [K1_{20X0} * P_{K1/20X1}] \\
&= [5.600 \text{ h} * 33{,}00 \text{ €/h}] + [7.200 \text{ h} * 22{,}00 \text{ €/h}] \\
&= 184.800 \text{ €} + 158.400 \text{ €} \\
&= 343.200 \text{ €} \\[6pt]
G_{20X0/20X1} &= IPE_{20X0} \ / \ K_{IP20X0/20X1} \\
&= 40.000 \text{ m}^2 \ / \ 343.200 \text{ €} \\[4pt]
&= 0{,}117 \text{ m}^2 \text{ verlegtes Parkett je } 1{,}00 \text{ € Input}
\end{aligned}
$$

Die Berechnungen der Inputmix- und Ausbeuteabweichungen in Tab. 3.21 sowie der Teilproduktivitäten in Tab. 3.22 und Gesamtproduktivitäten in Tab. 3.23 (a) und (b) ergeben ein gemischtes Bild der unternehmerischen Leistung. Da die gesamte Verbrauchsabweichung der Fertigungsarbeit für 20X1 zusammen mit ihrem Inputmix ungünstig ausfiel, gelang es offensichtlich nicht, den Arbeitsmix wie geplant zugunsten der Arbeit von Klasse 1 umzustellen. Andererseits fielen insgesamt weniger Arbeitsstunden an (16.000 h) als geplant (16.250 h). Der Ertrag je Arbeitsstunde liegt also über dem Standard und verursacht die günstige Ausbeuteabweichung. Da die Teilproduktivität der Arbeit von Klasse 1 leicht rückläufig war, ist dieses Resultat gänzlich dem Zuwachs der Teilproduktivität der Arbeit von

Klasse 2 zuzuschreiben. Verglichen mit dem Vorjahr ist die Entwicklung befriedigend, weil die Gesamtproduktivität um 5,13 Prozent wuchs. Zwischen 20X0 und 20X1 stieg sie von 0,117 auf 0,123 m^2 je 1,00 € Input. Verglichen mit der Planrechnung verfehlte die Gesamt-produktivität den Standard jedoch knapp (52.000 m^2 / 422.400 € = 0,1231060 m^2 je 1,00 € Input < 52.000 m^2 / 420.062,50 € = 0,123791 m^2 je 1,00 € Input). Dies war das Ergebnis der unzureichenden Verschiebung der Arbeitsmischung zugunsten von Klasse 1 (56,25 Prozent auf 60 Prozent). Sie ging nicht weit genug, um die Teuerung der Arbeit von Klasse 2 aufzu-fangen. Zusammenfassend kann man sagen, dass die erreichte Leistung der Paderborner Parkett KG im Jahr 20X1 unter dem Planwert lag.

Tab. 3.24 analysiert die Veränderungen der Istkosten von 20X0 auf 20X1. Sie zeigt, dass die ungünstige Gesamtveränderung der Kosten in Höhe von 100.000 € fast ausschließlich auf die ungünstige Outputanpassung in Höhe von 96.720 € zurückzuführen ist. Das bedeutet, dass die Zunahme der Kosten von 20X0 auf 20X1 fast gänzlich durch die erhöhte Produktion des Unternehmens verursacht wurde. Zwar fiel die Preisveränderung zwischen den beiden Jahren in Höhe von 27.040 € ebenfalls ungünstig aus, aber sie wurde durch die Verbesserung der Produktivität in Höhe von 23.760 € weitgehend ausgeglichen. Das Management der Pader-borner Parkett KG sollte seine Standards überprüfen, um die Gründe für die Minderleistung zu finden und auf dieser Grundlage ein Konzept zur Optimierung zu entwickeln.

Tab. 3.24 *Analyse der Veränderungen der Istkosten der Paderborner Parkett KG in 20X1 gegenüber dem Vorjahr*

	Istkosten für 20X1: Istverbrauch an Inputs zur Fertigung der Istausbringungsmenge, bewertet zu Preisen des Jahres 20X1	Istverbrauch an Inputs, wenn die Ausbringungsmenge des Jahres 20X1 im Jahr 20X0 produziert worden wäre, bewertet zu Preisen des Jahres 20X1	Istverbrauch an Inputs, wenn die Ausbringungsmenge des Jahres 20X1 im Jahr 20X0 produziert worden wäre, bewertet zu Preisen des Jahres 20X0	Istkosten für 20X0: Istverbrauch an Inputs zur Fertigung der Istausbringungsmenge, bewertet zu Preisen des Jahres 20X0
	(1)	(2)	(3)	(4)
Klasse 2	6.400 h * 33,00 €/h = 211.200 €	7.280 h[†] * 33,00 €/h = 240.240 €	7.280 h[†] * 28,00 €/h = 203.840 €	5.600 h * 28,00 €/h = 156.800 €
Klasse 1	9.600 h * 22,00 €/h = 211.200 €	9.360 h[‡] * 22,00 €/h = 205.920 €	9.360 h[‡] * 23,00 €/h = 215.280 €	7.200 h * 23,00 €/h = 165.600 €
Inputkosten gesamt	<u>422.400 €</u>	<u>446.160 €</u>	<u>419.120 €</u>	<u>322.400 €</u>

23.760 € G   27.040 € (U)   96.720 € (U)

Produktivitätsveränderung   Preisveränderung   Outputanpassung

100.000 € (U)

Gesamtveränderung der Kosten

$$^†\left(\begin{array}{l}\textit{Arbeitsstunden der Klasse 2, die man im Jahr 20X0 aufgewendet}\\\textit{hätte, um die Ausbringungsmenge des Jahres 20X1 zu produzieren}\end{array}\right)=\left(\begin{array}{l}\textit{Arbeitsstunden der Klasse 2, die}\\\textit{man im Jahr 20X0 aufgewendet hat}\end{array}\right)*\left(\frac{\textit{Output 20X1}}{\textit{Output 20X0}}\right)$$

$$= 5.600\ h*\left(52.000\ m^2 / 40.000\ m^2\right)$$
$$= 7.280\ h$$

$$^‡\left(\begin{array}{l}\textit{Arbeitsstunden der Klasse 1, die man im Jahr 20X0 aufgewendet}\\\textit{hätte, um die Ausbringungsmenge des Jahres 20X1 zu produzieren}\end{array}\right)=\left(\begin{array}{l}\textit{Arbeitsstunden der Klasse 1, die}\\\textit{man im Jahr 20X0 aufgewendet hat}\end{array}\right)*\left(\frac{\textit{Output 20X1}}{\textit{Output 20X0}}\right)$$

$$= 7.200\ h*\left(52.000\ m^2 / 40.000\ m^2\right)$$
$$= 9.360\ Arbeitsstunden$$

3.8   Economic Value Added (EVA)

Die Leistungsbemessung will Manager motivieren, Entscheidungen zu treffen, die den Unternehmenswert erhöhen. Manager stimmen diesem Konzept zu, weisen aber darauf hin, dass Wert steigernde Messungen sowohl Investitionen als auch Gewinn berücksichtigen müssen. ROI („return on investment") ist eine solche Kennzahl, die das Einkommen als einen Prozentsatz der Investition in den Fokus rückt. Die folgenden Seiten zeigen jedoch, dass eine Messung, die das Einkommen als absolute Größe statt als Prozentsatz einsetzt, Vorteile hat.

Aufgrund von Globalisierung, Regionalisierungen, Fusionen, Marktöffnungen und Konsolidierungen ist die Steigerung des Unternehmenswerts immer mehr in den Fokus gerückt. Die zunehmende Bedeutung des Shareholder-Value-Ansatzes ist ein klares Zeichen dafür (Schmitt, 2006). Dieser Ansatz richtet sich hauptsächlich an die Anteilseigner des Unternehmens, deren Interesse am Unternehmen vor allem darauf gerichtet ist, dass ihre Anteile ständig an Wert gewinnen. Das Problem des Shareholder-Value-Ansatzes ist es, dass Unternehmen nur sehr schwer miteinander verglichen werden können.

Deshalb wurden u. a. die International Financial Reporting Standards (IFRS) als standardisierte Rechnungslegungsvorschrift eingeführt. Die IFRS ermöglicht Leistungsvergleiche zwischen Unternehmen aus verschiedenen Ländern. Dabei hat sie weniger das Ziel, den „richtigen" Unternehmenswert abzubilden, als vielmehr die Aufgabe, Informationen für die Aktionäre (und andere Adressaten) zu generieren, die für die Erstellung eigener Bewertungen von Nutzen sind. In den 1990er Jahren wurde der EVA-Ansatz von der amerikanischen Unternehmensberatung Stern Stewart & Co. entwickelt, um einen ökonomischen Unternehmenswert darstellen zu können.

Der „Economic Value Added" (EVA) oder „Geschäftswertbeitrag" ist eine Messgröße aus der Finanzwirtschaft, um den möglichen Vorteil einer Investition zu berechnen (Stewart, 1991; Stern/Shiely, 2001; Hostettler/Stern, 2003; Bundesverband Deutscher Unternehmensberater, 2006; Kaminski, 2006; Weber/Schäfer, 2006; Almutairi, 2007; Bach, 2007; Tursch, 2007; Wikipedia, 2008). Wie in Kapitel 1 erläutert, zeigt der EVA den Residualgewinn („residual profit" or „economic profit"). Seine Berechnung ergibt nach Abzug der Kapitalkosten für das laut Buchwert eingesetzte Gesamtkapital eine absolute Nettogröße für den Gewinn:

$$EVA = NOPAT - [(c * Buchwert) / Capital\ Charge] = Kapitalerlöse - Kapitalkosten$$

Man kann die Berechnung in zwei (mathematisch identischen) Gleichungen darstellen:

$$(1) \quad EVA = NOPAT - (WACC * NOA)$$
$$(2) \quad EVA = (ROCE - WACC) * NOA$$

NOPAT	= „net operating profit after taxes" (operativer Gewinn nach Steuern)
WACC	= „weighted average cost of capital" (gewichteter Mittelwert von Fremd und Eigenkapitalkosten)
NOA	= „net operating assets" (investiertes Kapital bzw. betriebsnotwendige Vermögensgegenstände)
ROCE	= NOPAT / NOA = „return on capital employed" (Investitionsrendite)

Formel (1) wird als „Capital-Charge-Formel" bezeichnet, Formel 2 als „Value-Spread-Formel". Für Formel 2 spricht der offensichtliche Zusammenhang zwischen Investitionsrendite, Kapitalkosten und Wertsteigerung. Sobald die Investitionsrendite (ROCE) die Kapitalkosten (WACC) übersteigt, schafft eine Investition Wert.

Weil er sowohl Managementansprüche als auch die Interessen der Aktionäre und Anteilseigner vereint, ist der EVA eine wichtige Kennzahl. Er misst nicht nur die finanzielle Leistungsfähigkeit, sondern auch den Marktwert des Unternehmens. Ein positiver EVA heißt demzufolge, dass das Management den Unternehmenswert steigern konnte.

Nehmen wir an, dass die Reebok-Division von Adidas-Salomon AG im Jahr 20XX ein operatives Betriebsergebnis nach Steuern in Höhe von 65 Mio. € hat. Das durchschnittlich investierte Kapital beträgt 260 Mio. €, die Kapitalkosten nach Steuern belaufen sich auf 8 Prozent. Der Residualgewinn berechnet sich wie folgt:

Operatives Betriebsergebnis nach Steuern der Reebok-Division	65.000.000 €
- Kapitalkosten für durchschnittlich investiertes Kapital (0,08 * 260.000.000 €)	20.800.000 €
= Residualgewinn	44.200.000 €

In der Praxis gibt es mehrere Methoden, den Residualgewinn zu berechnen, die davon abhängig sind, wie ein Unternehmen verschiedene Begriffe operationalisiert. Stern Stewart & Co. machen spezifische Anpassungen u. a. zu den berichteten Messungen des operativen Betriebsergebnisses nach Steuern und des Kapitals. Diese Anpassungen ermöglichen einen präziseren Vergleich zwischen dem operativen Ergebnis nach Steuern und den Wert steigernden Investitionen. Hier einige weitere Beispiele:

- Das Ergebnis der betrieblichen Tätigkeit wird möglichst klar dargestellt, indem u. a. das nicht-betriebsnotwendige Vermögen keinen Eingang in die Berechnung findet („operating conversions").

- Finanzierungen werden bereinigt. So werden versteckte Finanzierungen wie z. B. Leasing oder Miete einbezogen. Nicht-zinstragende Verbindlichkeiten werden eliminiert („funding conversions").

- Die sonst nicht erfassten Eigenkapitalgrößen (wie originärer Goodwill oder immaterielle Vermögensgegenstände) werden berücksichtigt, Schulden und Vermögensgegenstände werden an Marktwerte angepasst („shareholder conversions").

- Kapitalisierung des Aufwands für Forschung und Entwicklung (FuE)

- Benutzung von der FIFO-Methode, um Bestände zu bewerten (kein Problem im kontinentalem Europa, weil die meisten Finanzministerien den Einsatz der LIFO-Methode nicht erlauben)

- Wenn ein Unternehmen den Zinsaufwand bei der Berechnung des operativen Betriebsergebnisses einsetzt, muss es diesen Zinsaufwand (nach Steuern) zu seinem operativen Betriebsergebnis nach Steuern addieren.

Im folgenden Beispiel macht man Gebrauch von einer der genannten Anpassungen. Nehmen wir an, dass die Mainzer Maschinenfabrik AG am 2. Januar 2009 12 Mio. € für Forschung und Entwicklung ausgab. Der damit entwickelte Roboter mit einem Produktlebenszyklus von sechs Jahren (2009 bis 2014) wurde zum Erfolg. Vor Berücksichtigung der FuE war das operative Betriebsergebnis des Unternehmens 20 Mio. €, der Buchwert des durchschnittlichen Kapitals der Mainzer Maschinenfabrik AG 60 Mio. € und die Kapitalkosten betrugen 8 Prozent. Der Einfachheit halber werden hier Steuern außer Betracht gelassen, obwohl die EVA-Kennzahl normalerweise Daten nach Steuern nutzt.

Laut IFRS sollte die Mainzer Maschinenfabrik AG die gesamte Ausgabe von 12 Mio. € für FuE als Aufwand behandeln, sie wird in der Bilanz nicht als Vermögen ausgewiesen. Im Gegensatz dazu betrachten Unternehmen, die EVA einsetzen, ihre Ausgaben für FuE als eine Anlageinvestition. Zwecks der Berechnung von EVA aktiviert die Mainzer Maschinenfabrik AG diese Ausgaben und schreibt sie über den Lebenszyklus des Produkts als Kosten ab. Außerdem werden Kapitalkosten in Höhe von 8 Prozent des jahresdurchschnittlich investierten Kapitals, einschließlich der aktivierten Ausgaben für FuE, vom operativen Betriebsergebnis abgezogen.

Tab. 3.25 vergleicht den traditionellen Residualgewinn (ohne Anpassungen) mit dem EVA. In ihrem Jahresbericht gibt die Mainzer Maschinenfabrik AG 180 Mio. € als operatives Betriebsergebnis an. Der traditionelle Residualgewinn (ohne Aktivierung der Ausgaben für FuE) beträgt 180,00 Mio. € minus Kapitalkosten von 28,20 Mio. €, oder 151,20 Mio. €. EVA würde auch die Kapitalkosten der FuE abziehen, so dass EVA = 180 Mio. € - 31,68 Mio. € = 148,32 Mio. €. Der EVA würde also weitere 2,88 Mio. € als Kapitalkosten des für die FuE eingesetzten Kapitals vom operativen Betriebsergebnis abziehen.

Tab. 3.25 *Vergleich des traditionellen Residualgewinns mit EVA (Mio. €)*

Jahr	Operatives Betriebsergebnis (1)	Angepasstes operatives Betriebsergebnis* (2)	Investiertes Kapital (3)	Ø angepasstes investiertes Kapital† (4)	Traditionelle Kapitalkosten von 8 %‡ (5)	EVA Kapitalkosten von 8 %§ (6)	Residualgewinn (1-5)	EVA (2-6)
2009	20	20 + 12 - 2 = 30	60	71	4,80	5,68	15,20	24,32
2010	32	32 - 2 = 30	60	69	4,80	5,52	27,20	24.48
2011	32	32 - 2 = 30	60	67	4,80	5,36	27,20	24,64
2012	32	32 - 2 = 30	60	65	4,80	5,20	27,20	24,80
2013	32	32 - 2 = 30	60	63	4,80	5.04	27,20	24,96
2014	32	32 - 2 = 30	60	61	4,80	4,88	27,20	25,12
Summe	180	180			28,80	31,68	151,20	148,32

* *Operatives Betriebsergebnis + Aufwand für FuE - FuE-Abschreibungen = 20 € + 12 € - 2 € = 30 €*
† *Ø angepasstes Kapital: 2009, ½ * (72 € + 70 €); 2010, ½ * (70 € + 68 €); usw.*
‡ *8 % * eingesetztes Kapital*
§ *8 % * Ø angepasstes Kapital*

Obwohl alle EVA-Unternehmen das Basiskonzept des Betriebsergebnisses nach Steuern minus Kapitalkosten benutzen, sind viele aufwändige Anpassungen erforderlich, bevor man die Kennzahl für ein bestimmtes Unternehmen kalkulieren kann. Stern Stewart & Co. hat allein 164 mögliche Anpassungen wie die obige identifiziert. In der Regel empfiehlt die Unternehmensberatung Klienten, nur einige wenige anzuwenden. Viele Unternehmen führen jedoch ihre eigenen Anpassungen durch. Selbstverständlich hat das negative Konsequenzen für die Transparenz und die Vergleichbarkeit von EVA-Kennzahlen. So sind EVA-Werte in Firmenberichten nur mit großer Vorsicht zu gebrauchen. Um die Vergleichbarkeit zuverlässig zu gewährleisten, muss man die Werte hinterfragen und sicher sein, dass jedes operative Betriebsergebnis für die Berechnung des EVA nach den gleichen Kriterien angepasst worden ist.

Residualgewinn und EVA haben in letzter Zeit große Aufmerksamkeit erhalten, weil viele Unternehmen sie als finanzielle Leistungskennzahlen akzeptiert haben. Diese Unternehmen sind erfolgreich, weil sie im Vergleich zu ihren Bewerbern knappe Kapitalressourcen (Anlagevermögen wie Maschinen, Rechner, Immobilien und Grundstücke sowie Umlaufvermögen) besser investieren, steuern und neu einsetzen. Außerdem benutzen einige Finanzanalysten den Residualgewinn und EVA, um für ihre Klienten Übernahmekandidaten und Aktien zu beurteilen.

3.8.1   ROI oder EVA?

Hier wird anhand des Beispiels der Reebok-Division gezeigt, wie der ROI im Gegensatz zum EVA zu falschen Investitionsentscheidungen führen kann. Reebok hatte nach Steuern ein operatives Betriebsergebnis von 30.000.000 € und ein durchschnittlich investiertes Kapital mit einem Buchwert von 260.000.000 Mio. €. Der ROI der Division rechnet sich wie folgt:

Operatives Betriebsergebnis der Reebok-Division nach Steuern	65.000.000 €
Im Jahr durchschnittlich investiertes Kapital	260.000.000 €
ROI	25 %

Die Aussage der ROI-Kennzahl lautet: Versuchen Sie, Ihren ROI (einen Prozentsatz) zu maximieren. Wenn ein Unternehmen also die Leistung ausschließlich aufgrund des ROIs beurteilte, würden Manager von Divisionen, die gegenwärtig 25 Prozent nach Steuern verdienen, wahrscheinlich nicht in Projekte mit einem Ertrag von nur 12 Prozent nach Steuern investieren, weil dies ihre durchschnittliche ROI-Kennzahl reduzieren würde.

Aber die Unternehmensleitung ist naturgemäß auch am 12-prozentigen Gewinn interessiert. Wenn die Kapitalkosten beispielsweise 8 Prozent betragen, sind solche Projekte attraktiv, weil sie den Residualgewinn des Unternehmens erhöhen. Für jede Investition von 100 € erhält man dann 12 € als operatives Betriebsergebnis nach Steuern, während man 8 € für das Kapital bezahlt, ein Nettogewinn von 12 € - 8 € = 4 €. Wenn ein Unternehmen EVA als Leistungskennzahl benutzt, wird das Management motiviert, in jedes Projekt zu investieren, das mehr als die Kapitalkosten verdient, weil man dadurch den EVA der Division steigert.

So fördert der EVA die Zusammenführung von Ziel und Managerleistung. Seine Botschaft lautet: Maximieren Sie den EVA (eine absolute Anzahl von €).

Die Mainzer Maschinenfabrik AG hat mehrere Divisionen. Division X erreicht ein operatives Betriebsergebnis nach Steuern von 2.000.000 €, während Division Y ein operatives Betriebsergebnis nach Steuern von 500.000 € einfährt. Beide haben im Jahr durchschnittlich 10 Mio. € investiert. Nehmen wir an, dass es einen Projektvorschlag gibt, den Division X oder Division Y realisieren könnte. Mit einer Investition von 5.000.000 € wird man 12 Prozent nach Steuern oder 750.000 € jährlich verdienen. Die Kapitalkosten für das Projekt sind 8 Prozent. Der Einfachheit sollen die Steuern unberücksichtigt bleiben. Tab. 3.26 zeigt ROI und EVA für beide Divisionen, mit und ohne das Projekt.

Tab. 3.26 *Gewinn laut ROI und EVA für Divisionen X und Y*

	Ohne Projekt		Mit Projekt	
	Division X	**Division Y**	**Division X**	**Division Y**
Operatives Betriebsergebnis nach Steuern	2.000.000 €	500.000 €	2.750.000 €	1.250.000 €
Investiertes Kapital	10.000.000 €	10.000.000 €	15.000.000 €	15.000.000 €
ROI (Operatives Betriebsergebnis nach Steuern / investiertes Kapital)	20 %	5 %	18,3 %	8,3%
Kapitalkosten (8 % * investiertes Kapital)	800.000 €	800.000 €	1.200.000 €	1.200.000 €
EVA (Operatives Betriebsergebnis nach Steuern - investiertes Kapital)	1.200.000 €	(300.000) €	1.550.000 €	50.000 €

Nehmen Sie an, dass Sie der Leiter/die Leiterin von Division X sind. Wenn das Spitzenmanagement Ihre Leistung aufgrund des ROI beurteilt, würden Sie in das Projekt investieren? Nein, weil dies ihren ROI von 20 Prozent auf 18,3 Prozent senken würde. Nun nehmen Sie an, dass Sie Division Y leiten. Sie würden investieren, weil der ROI sich von 5 Prozent auf 8,3 Prozent erhöhen würde. In Unternehmen, die den ROI benutzen, haben deshalb generell die Divisionen, die am wenigsten gewinnträchtig sind, einen größeren Anreiz in neue Projekte zu investieren, als die profitableren Divisionen.

Jetzt nehmen Sie an, dass das Spitzenmanagement Ihre Leistung nach EVA beurteilt. Das Projekt ist für beide Divisionen gleich attraktiv. EVA erhöht sich um 350.000 € für jede Division, von 1.200.000 € auf 1.550.000 € für Division X und von -300.000 € auf 50.000 € für Division Y. Beide Divisionen haben den gleichen Anreiz, in das Projekt zu investieren.

Auf diese Weise fördert die Nutzung von EVA mehr als die von ROI Zielkongruenz, Effizienz und Kundenorientierung, was wiederum gewinnträchtiges Wachstum und bessere Ergebnisse bedeutet. Oft kommt es auch zu Desinvestitionen, d. h. zum Verkauf oder zur Schließung von Divisionen und Tochtergesellschaften, um zusätzliche finanzielle Ressourcen für Investitionen mit größerer strategischer Bedeutung zu mobilisieren.

Trotz des Erfolges von EVA benutzt die Mehrzahl der Unternehmen weiterhin den ROI. Das hängt wahrscheinlich auch damit zusammen, dass diese griffige Erfolgskennzahl Managern Vergleiche über Divisionsgrenzen hinweg ermöglicht. Kombiniert man sie darüber hinaus mit entsprechenden Wachstums- und Gewinnzielen, kann das durch die ROI-Kennzahl verursachte disfunktionale Managerverhalten minimiert werden.

3.8.2 Operatives Betriebsergebnis und investiertes Kapital

Um entweder den ROI oder den EVA anwenden zu können, müssen wir sowohl das Einkommen als auch das investierte Kapital des Unternehmens messen. Es gibt jedoch viele verschiedene Interpretationen. Um zu verstehen, was die ROI- oder die EVA-Kennzahlen in einem spezifischen Unternehmen eigentlich bedeuten, muss man zuerst „investiertes Kapital" und „Einkommen" definieren. Die Kenntnis der diversen Definitionen des Einkommens vorausgesetzt, werden wir uns hier nur mit verschiedenen Definitionen von „investiertem Kapital" auseinandersetzen.

Die fiktive Bilanz für die JCN GmbH am 31.12.20XX (Tab. 3.27) dient als Ausgangspunkt.

Tab. 3.27 *Fiktive Bilanz für die JCN GmbH am 31.12.20XX*

Grundstücke, Gebäude, Maschinen, netto	1.800.000	Eigenkapital	1.200.000
Im Bau befindliche Anlagen	200.000	Schulden	900.000
Umlaufvermögen	400.000	Verbindlichkeiten	300.000
Aktiva gesamt	2.400.000	Passiva gesamt	2.400.000

Mögliche Definitionen des investierten Kapitals und seiner Werte sind:

1. Die Bilanzsumme („total assets", d .h. die Aktiva insgesamt) = 2.4 Mio. €

2. Das betriebsnotwendige Vermögen („capital employed", d. h. die Aktiva insgesamt ohne die im Bau befindlichen Anlagen) = 2,2 Mio. €

3. Die Bilanzsumme - die Verbindlichkeiten = das langfristig investierte Kapital

$$= 2.400.000 € - 300.000 € = 2,1 \text{ Mio. } €$$

4. Das Eigenkapital („owners' equity") = 1,2 Mio. €

Um die Leistung eines Managers einer Sparte oder Division zu beurteilen, ist eine der ersten drei Definitionen empfehlenswert. Wenn die Aufgabe lautet, sämtliche Aktiva, egal wie sie finanziert werden, möglichst gewinnbringend einzusetzen, dann ist die Bilanzsumme die beste Alternative. Wenn die Geschäftsführung verlangt, dass der Manager Verantwortung für zusätzliches Vermögen übernimmt, das momentan nicht benötigt wird, ist die Bezugnahme auf das betriebsnotwendige Kapital am besten. Hat der Manager die Möglichkeit, kurzfristige Kredite zu beantragen, dann ist das langfristig investierte Kapital die beste Bezugsgröße.

Die Definition des „investierten Kapitals" beeinflusst das Managementverhalten wesentlich. Um ihre Leistung zu beschönigen, werden Manager versuchen, das Vermögen zu reduzieren und das Fremdkapital zu erhöhen, das ein Unternehmen in seiner Definition berücksichtigt. In der Praxis betrachtet die Hälfte der Unternehmen, die den ROI oder den EVA benutzen, die Bilanzsumme als investiertes Kapital, während die andere Hälfte (hauptsächlich Unternehmen, die den EVA bevorzugen) mindestens einen Teil der Verbindlichkeiten abzieht (Horngren/Sundem/Stratton/Burgstahler/Schatzberg, 2008).

3.8.3   Bewertung des Vermögens

Unternehmen müssen auch das Vermögen, das sie als das investierte Kapital einer Division oder Sparte betrachten, bewerten. Dafür muss geklärt werden, ob man vom Brutto- oder vom Nettobuchwert (Bruttobuchwert abzüglich der kumulierten Abschreibungen) ausgeht. Außerdem muss entschieden werden, ob das Vermögen zu historischen Kosten, zu Wiederbeschaffungswerten oder gar zu Wiederbeschaffungszeitwerten zu bewerten ist. In der Praxis benutzt die überwältigende Mehrheit der Unternehmen den Nettobuchwert aufgrund historischer Kosten. Dies bedeutet, dass man die gleichen Zahlen benutzt, die in den Jahresbericht einfließen und so der Öffentlichkeit zugänglich gemacht werden. In bestimmten Situationen werden andere Alternativen bevorzugt. Zunächst vergleichen wir historische und gegenwärtige Kosten, dann Brutto- im Gegensatz zu Nettobuchwerten.

Die meisten Unternehmen bevorzugen den Buchwert vor jeglicher Form von gegenwärtigen Kosten wie z. B. Wiederbeschaffungswert oder Liquidierungswert. Kritiker beanstanden, dass historische Kosten keine gute Grundlage für die Entscheidungsfindung und die Leistungsbeurteilung darstellen, weil sie zu stark vom Verkaufs- bzw. Wiederbeschaffungswert abweichen können.

Das Festhalten an historischen Kosten bei der Bewertung des Vermögens erfolgt nicht so sehr aus Ignoranz gegenüber ihren Nachteilen, sondern basiert auf Elementen der Kosten-Nutzen-Analyse. Kostenrechnungssysteme sind teuer. Unternehmen müssen historische Daten aus gesetzlichen Gründen in diesen Systemen festhalten. Deshalb sind die erforderlichen Daten bereits vorhanden und müssen nicht neu erstellt werden. Darüber hinaus glauben viele Geschäftsführer, dass ein System mit aktuellen anstatt historischer Daten die kollektive Entscheidungsfindung nicht ausreichend verbessern würde, um die damit zusammenhängenden zusätzlichen Kosten zu rechtfertigen.

Auch bei der Bewertung der Aktiva muss man zwischen dem Brutto- und dem Nettobuchwert unterscheiden. Viele Unternehmen benutzen den Nettobuchwert bei der Bewertung ihrer Investitionsbasis. Eine bedeutende Minderheit jedoch verwendet zu diesem Zweck intern den Bruttobuchwert. Die Befürworter des Bruttobuchwerts behaupten, dass er Vergleiche zwischen Jahren, zwischen Standorten und zwischen Divisionen bzw. Sparten vereinfacht. Beim Bruttobuchwert zählen nur die Aktiva, die im Einsatz sind, ihr Alter wird nicht berücksichtigt.

Im folgenden Beispiel geht es um eine Maschine, die 800.000 € kostet, eine Lebensdauer von vier Jahren hat und am Ende keinen Restbuchwert haben wird.

Tab. 3.28   *Brutto- vs. Nettobuchwert*

| Jahr | Operatives Betriebsergebnis vor Abschreibung | Abschreibung | Operatives Betriebsergebnis | Durchschnittliche Investition | | | |
				Nettobuchwert	ROI	Brutto-buchwert	ROI
1	270.000 €	200.000 €	70.000 €	700.000 €	10,00 %	800.000 €	8,75 %
2	270.000 €	200.000 €	70.000 €	500.000 €	14,00 %	800.000 €	8,75 %
3	270.000 €	200.000 €	70.000 €	300.000 €	23,33 %	800.000 €	8,75 %
4	270.000 €	200.000 €	70.000 €	100.000 €	70,00 %	800.000 €	8,75 %

Es ist zu beachten, dass sich der ROI mit dem Nettobuchwert erhöht, während die Maschine veraltet. Beim Bruttobuchwert bleibt der ROI unverändert, solange das operative Betriebsergebnis unverändert bleibt. Befürworter des Bruttobuchwerts für die Leistungsevaluierung betonen, dass eine Leistungskennzahl sich nicht verbessern sollte, nur weil das Anlagevermögen älter und deshalb weniger wert wird. Die Befürworter des Nettobuchwerts argumentieren damit, dass er mit den angegebenen Aktiva der konventionellen Bilanz und mit dem Nettobetriebsergebnis übereinstimmt.

Jenseits aller theoretischen Argumente sollten Unternehmen vor allem die Auswirkungen der Entscheidung für Brutto- oder Nettobuchwert auf das Verhalten von Managern achten. Manager, die aufgrund des Bruttobuchwerts beurteilt werden, sind eher bereit, Aktiva zu ersetzen, als Manager in Unternehmen, die den Nettobuchwert benutzen. Um den ROI oder den EVA zu maximieren, streben Manager eine möglichst niedrige Investitionsbasis an. Manager in Unternehmen, die zur Leistungsermittlung den Nettobuchwert benutzen, werden dazu neigen, alte Aktiva mit ihren niedrigen Buchwerten zu behalten. Dagegen haben Manager in Unternehmen, die den Bruttobuchwert benutzen, weniger Anreiz, alte Anlagen zu behalten. Sie werden mehr Gebrauch von Anlagen machen, die dem gegenwärtigen Stand der Technologie angemessen sind. Der Nettobuchwert dagegen führt zu einem konservativeren Umgang mit Fragen des Anlagenersatzes.

Endgültige Antworten auf kontroverse Fragen wie historische Werte oder gegenwärtige Werte bzw. Brutto- und Nettobuchwerte gibt es nicht. Stattdessen muss jedes Unternehmen entscheiden, welches Controllingsystem oder Verfahren im Rechnungswesen die kollektive Entscheidungsfindung verbessert. Eine Kosten-Nutzen-Analyse sucht nicht nach der „Wahrheit" oder der „Vollendung", sondern fragt, ob Ziele und Manageranstrengungen mit einem neuen System besser in Kongruenz gebracht werden können – oder ob vielleicht die professionellere Nutzung des vorhandenen ausreicht.

3.9   Zusammenfassung

Wenn Inputs (wie z. B. drei verschiedene Fertigungsmaterialien) nicht gegeneinander aus-tauschbar sind, liefern Preis- und Verbrauchsabweichungen, die man getrennt für jedes Ferti-gungsmaterial kalkuliert, die erforderlichen Informationen, um Entscheidungen treffen zu können. Im Falle substituierbarer Inputs aber lassen sich die Inputkomponenten verschieden kombinieren bei gleichem Output. Dann ist es sinnvoll, die Verbrauchsabweichung in In-putmix- und Ausbeuteabweichungen aufzuteilen, um Zusatzinformationen für die Entschei-dungsträger zu gewinnen.

Bei der Verwendung von substituierbaren Inputfaktoren kann eine größere Effizienz des Fertigungsmaterials zwei Quellen haben: (1) den geringeren Verbrauch eines (oder mehre-rer) Input(s), (2) die Verwendung einer kostengünstigeren Mischung von Fertigungsmateria-lien. Während die Ausbeuteabweichung den gesamten Verbrauch aller Inputs analysiert, bewertet die Inputmixabweichung, wie gut die Inputkombination gelungen ist.

Produktivitätskennzahlen messen das Verhältnis zwischen den Istinputs (sowohl physische Inputs als auch Kosten) und den Istoutputs. Häufig vergleichen sie die Mengen und die Mi-schung von Inputs (z. B. Fertigungsmaterial und -arbeit), die man verbraucht, um Outputs über zwei oder mehr Perioden zu produzieren.

Teilproduktivitätskennzahlen vergleichen die Ausbringungsmenge mit dem Verbrauch eines einzigen Inputs. Sie sind einfach zu berechnen und auf der operativen Ebene leicht zu verste-hen. Jedoch können Teilproduktivitätskennzahlen nicht gleichzeitig alle Inputs erfassen, und sie bewerten auch nicht mögliche Austauschbeziehungen zwischen den Inputs.

Die Gesamtproduktivitätskennzahl misst die kombinierte Produktivität aller verbrauchten Inputs, unter Berücksichtigung der relativen Inputpreise. Ein großer Vorteil der Gesamt-produktivitätskennzahl besteht darin, dass sie auch die Austauschmöglichkeiten zwischen den Inputs bewertet. Nachteile der Gesamtproduktivitätskennzahlen: Auf der operativen Ebene sind sie schwieriger zu verstehen. Weniger als Teilproduktivitätskennzahlen können sie in Zeitreihenanalysen einbezogen werden.

Kostenveränderungen zwischen einzelnen Rechnungsperioden kann man in Veränderungen aufgrund der Outputanpassung, der Inputpreise und der Produktivität unterteilen. Die Pro-duktivitätsveränderung vergleicht die Istinputkosten der laufenden Periode mit den Kosten, die für die aktuelle Ausbringungsmenge in einer früheren Periode zu den gegenwärtigen Inputpreisen angefallen wären.

Um die Leistung einer Sparte, einer Division oder eines Unternehmens zu bemessen und zu beurteilen, benutzt man eine Kombination von Indikatoren, die Finanzkennzahlen wie ROI, Residualgewinn oder EVA beinhaltet. ROI ist jegliches Betriebsergebnis dividiert durch den Wert des investierten Kapitals und wird als Prozentsatz ausgedrückt. Der Residualgewinn, auch in Form von EVA, ist das operative Betriebsergebnis abzüglich der Kapitalkosten des investierten Kapitals. Er stellt eine absolute Geldsumme dar.

3.10   Englische und deutsche Fachterminologie

capital employed	die Aktiva insgesamt, ohne die im Bau befindlichen Anlagen
economic profit	Residualgewinn
economic value added (EVA)	Geschäftswertbeitrag, zusätzlicher Mehrwert
input mix	Inputmix, Mischung
manufacturing	Fertigung, Produktion, Herstellung
net operating assets	investiertes Kapital bzw. betriebsnotwendige Vermögensgegenstände
net operating profit after taxes	operativer Gewinn nach Steuern
nonsubstitutable	nicht austauschbar
output	Ausbeute, Ertrag
owners' equity	Eigenkapital
partial productivity	Teilproduktivität
residual profit	Residualgewinn
return on capital employed	Investitionsrendite, Ertrag des investierten Kapitals
service sector	Dienstleistungsbereich
substitutable	austauschbar
total assets	die Aktiva insgesamt
total direct manufacturing labor mix variance	gesamte Inputmixabweichung der Fertigungsarbeit
total direct manufacturing labor yield variance	gesamte Ausbeuteabweichung der Fertigungsarbeit
total direct materials mix variance	gesamte Inputmixabweichung des Fertigungsmaterials
total direct materials yield variance	gesamte Ausbeuteabweichung des Fertigungsmaterials
total factor productivity, total productivity	Gesamtproduktivität

weighted average cost of capital

gewichteter Mittelwert von Fremd- und Eigenkapitalkosten

yield (in industrial engineering)

Ausbeute, Ertrag

3.11 Übungen

3.11.1 Richtig oder falsch?

1. Angenommen, dass die Istmengen aller Fertigungsmaterialinputs unverändert sind, ist die gesamte Inputmixabweichung des Fertigungsmaterials die Differenz zwischen dem geplanten Fertigungsarbeitsinput und dem geplanten Fertigungsmaterialinput.

2. Inputmix- und Ausbeuteabweichungen sind nicht hilfreich bei der Analyse von Fertigungsarbeitsinputs.

3. Die Vorgehensweise, Standardkosten für Produkte anhand bestimmter Kombinationen aus Fertigungsmaterialien und einzelnen Prozessen zu entwickeln, kann nicht für Fertigungsarbeitsstandards im produzierenden Gewerbe oder im Dienstleistungssektor angewendet werden.

4. Produktivitätskennzahlen messen das Verhältnis zwischen Istinputs und Istoutputs. Je höher der Input für einen bestimmten Output ist oder je höher der Output für einen bestimmten Input, desto höher ist die Produktivität.

5. Die Produktivität bewertet, ob man in der Produktion mehr Input als nötig verbraucht und ob man den korrekten Inputmix beachtet hat.

6. Die Teilproduktivität vergleicht die Ausbringungsmenge mit dem mengenmäßigen Verbrauch zweier Inputs.

7. Ein Unternehmen ist teilproduktiv in einer Periode verglichen mit einer anderen, wenn die Teilproduktivität eines Inputs zunimmt, während die Teilproduktivität keines anderen Inputs abnimmt.

8. Ein Vorteil der Gesamtproduktivitätskennzahl ist, dass sie die kombinierte Produktivität aller Inputs im Verhältnis zur Ausbringungsmenge misst und so eine Bewertung der Substituierbarkeit der Inputs untereinander ermöglicht.

9. Produktivitätsbasierte Prämien werden oft an die Fertigungsmaterialien geknüpft, die im Verlauf einer Rechnungsperiode geliefert und verbraucht werden.

10. Man kann die Kostenveränderungen von einer Periode zur nächsten in Veränderungen aufgrund der Outputanpassungen, Inputpreisveränderungen und Produktivitätsveränderungen unterteilen.

3.11.2 Multiple Choice

Folgende Informationen stehen zur Beantwortung der Fragen 1-4 zur Verfügung.

Die Marker Honigmeister GmbH produziert gemischten Bienenhonig. Um den vollendeten Geschmack, die schönste Farbe, und die richtige Dichte zu erreichen, muss das Unternehmen zwei Honigsorten kombinieren: Kleehonig und Rapshonig. Honigmeister hat folgende Inputstandards für das Fertigungsmaterial zusammengestellt, die für die Produktion einer Tonne gemischten Bienenhonigs gelten sollen:

Erforderliche Menge Kleehonig	1,75 t
Erforderliche Menge Rapshonig	0,75 t
Preis/t Kleehonig	125 €
Preis/t Rapshonig	100 €

Im Monat Juni produzierte die Marker Honigmeister GmbH 4 t gemischten Bienenhonig aus 9,25 t Sortenhonig (7,00 t Klee- und 2,25 t Rapshonig). Alle Abweichungen betreffen die verbrauchten Fertigungsmaterialien. Der Kleehonig kostete 150 €/t, der Rapshonig wurde zu 100 €/t eingekauft.

1. Wie hoch sind die gesamten Standardkosten des Sortenhonigs für eine Tonne gemischten Bienenhonig?

    a. 175,00 €
    b. 218,75 €
    c. 225,00 €
    d. 293,75 €

2. Wie hoch ist die gesamte Inputmixabweichung?

    a. 13,125 G €
    b. 13,125 € (U)
    c. 38,125 € G
    d. 38,125 € (U)

3. Wie hoch ist die gesamte Ausbeuteabweichung?

   a. 75,000 € G
   b. 75,000 € (U)
   c. 88,125 € G
   d. 88,125 € (U)

4. Auf welchen Betrag beläuft sich die gesamte Verbrauchsabweichung?

   a. 75,000 € G
   b. 50,000 € G
   c. 48,500 € G
   d. 38,125 € (U)

5. Angenommen, dass die Inputs austauschbar sind, erfolgt eine Verbesserung in der Verbrauchsabweichung, wenn

   a. man weniger Inputs verbraucht, um den erforderlichen Output zu produzieren.
   b. man einen kostengünstigeren Outputmix verbraucht, um das gleiche Ergebnis zu erreichen.
   c. man weniger Inputs oder einen kostengünstigeren Outputmix verbraucht, um die gleiche Ausbringungsmenge zu produzieren.
   d. man eine größere Inputmenge verbrauchen muss, um die geplante Ausbringungsmenge zu produzieren.

6. Ausbeuteabweichungen

   a. stellen die Auswirkung einer Substitution eines einzigen Produktionsfaktors innerhalb des Sortiments dar.
   b. betreffen die Produktivität einer einzigen Komponente eines Produktionsfaktors.
   c. bewerten sowohl die Substitutionen zwischen verschiedenen Produktionsfaktoren als auch innerhalb des Sortiments einzelner Produktionsfaktoren.
   d. stellen die Auswirkung von Substitutionen zwischen unterschiedlichen Produktionsfaktoren dar.

7. Das Produkt aus Teilproduktivität und verbrauchter Inputmenge ergibt

   a. die erwartete Ausbringungsmenge.
   b. den geplanten Output.
   c. den Istoutput.
   d. eine Verhältniszahl.

8. Die Flensburger Flüssigkeiten AG liefert folgende Daten:

Planausbringungsmenge	10.000 PE
Istausbringungsmenge	9.500 PE
Planinput	9.750 Liter
Istinput	8.950 Liter

Wie hoch ist die Teilproduktivität?

    a. 0,97 PE je Liter
    b. 1,02 PE je Liter
    c. 1,06 PE je Liter
    d. 1,12 PE je Liter

9. Die Gesamtproduktivität erhöht sich, wenn

    a. die technische Produktivität zunimmt.
    b. das Unternehmen insgesamt mehr Input je Produkteinheit verbraucht.
    c. das Unternehmen geringere Kosten je Input hat.
    d. die gegenwärtige Technologie veraltet.

10. Man kann die Teilproduktivität von Gemeinkostenarten messen, indem man deren Kostentreiber in der Berechnungsformel Output / Input als

    a. den Planinput betrachtet.
    b. den Nenner betrachtet.
    c. den fixen Input betrachtet.
    d. den Zähler betrachtet.

3.11.3   Kurze Fragen

1. Beschreiben Sie den Unterschied zwischen einer Ausbeuteabweichung des Fertigungsmaterials und einer Inputmixabweichung des Fertigungsmaterials.

2. Der Manager einer hoch automatisierten Fabrik, die Handys montiert, meint: „Die Informationen über Inputmix und Ausbeute sind für die Steuerung meiner Kosten irrelevant." Nennen Sie zwei mögliche Gründe für diese Meinung.

3. Beschreiben Sie, wie eine ungünstige Inputmixabweichung der Fertigungsarbeit in einer Fabrik mit zwei Klassen von Fertigungsarbeit zustande kommen kann.

4. Welche Informationen liefert die Gesamtproduktivitätskennzahl, die eine Teilproduktivitätskennzahl nicht bereitstellen kann?

5. Nennen Sie einen Vorteil und einen Nachteil der Gesamtproduktivitätskennzahl.

3.11.4 Aufgaben

1. Preis-, Verbrauchs-, Inputmix- und Ausbeuteabweichungen des Fertigungsmaterials

Die Osteroder Obst GmbH verarbeitet frische Erdbeeren, Himbeeren und rote Johannisbeeren zusammen mit Kirschen zu roter Grütze, die sie an eine Delikatessenfirma verkauft. In ihrer Planrechnung verwendet die Osteroder Obst GmbH folgende Fertigungsstandards, um 100 kg rote Grütze zu produzieren:

Obstsorte	Menge (in kg)	Preis (in €/kg)	Standardgesamtkosten je 100 kg Grütze (in €)
Erdbeeren	60	1,40	64
Himbeeren	40	1,80	72
Johannisbeeren	30	1,60	48
Kirschen	20	2,00	40
Gesamtes Obst	150		224

Insgesamt werden 150 kg Obst benötigt, um 100 kg Grütze herzustellen. Da nur frisches Obst verarbeitet wird, gibt es keine Lagerbestände. Man beschafft das Obst zu dem Zeitpunkt, an dem es verarbeitet wird, so dass alle Preisabweichungen sich auf die verbrauchten Früchte beziehen. Die Istinputs der Fertigungsmaterialien, die man verbraucht, um 64.000 kg Grütze im Monat Juni herzustellen, sind:

Obstsorte	Menge (in kg)	Preis (in €/kg)	Standardgesamtkosten je 100 kg Grütze (in €)
Erdbeeren	43.120	1,30	56.056
Himbeeren	17.640	1,90	33.516
Johannisbeeren	13.720	1,70	23.324
Kirschen	23.520	1,80	42.336
Gesamtes Obst	98.000		155.232

i. Berechnen Sie für den Monat Juni die Preis- und Verbrauchsabweichungen für den Input sowie für den gesamten Output der roten Grütze.

ii. Berechnen Sie für den Monat Juni die Ausbeuteabweichungen sowohl für die einzelnen Inputs als auch für das Fertigungsmaterial insgesamt.

iii. Berechnen Sie für den Monat Juni die Inputmixabweichungen sowohl für die einzelnen Inputs als auch für das Fertigungsmaterial insgesamt.

iv. Kommentieren Sie Ihre Ergebnisse aus i, ii und iii.

v. Warum könnten die Inputmix- und Ausbeuteabweichungen des Fertigungsmaterials für das Management der Osteroder Obst GmbH besonders interessant sein?

2. Analyse rückwärts: Preis-, Verbrauchs-, Inputmix- und Ausbeuteabweichungen des Fertigungsmaterials

Die Chemnitzer Chemie AG produziert und verkauft Düngemittel. Für die Herstellung einer Tonne Düngemittel verwendet das Unternehmen folgende Standardkosten des Fertigungsmaterials:

Input	Anteil (in %)	Preis (in €/t)	Standardkosten je Chemikalie für 1,2 t Input (in €)
Chemikalie 21	75	400	360
Chemikalie 47	25	200	60
Standardkosten gesamt für 1,2 t Input			420

Beachten Sie, dass 1,2 t Input erforderlich sind, um eine Tonne Düngemittel zu produzieren. Das Unternehmen unterhält keine Fertigungsmaterialbestände. Man beschafft die Chemikalien gleichzeitig mit der Verarbeitung, sodass sich alle Preisabweichungen auf die verbrauchten Fertigungsmaterialien beziehen. Die Chemnitzer Chemie AG produzierte in einer bestimmten Periode 2.000 t Düngemittel. Die gesamte Ausbeuteabweichung des Fertigungsmaterials für diese Periode beträgt 35.000 € (U). Der Istinputmix der Periode setzt sich zu 50 Prozent aus Chemikalie 21 und zu 50 Prozent aus Chemikalie 47 zusammen.

i. Berechnen Sie die einzelnen Ausbeuteabweichungen des Fertigungsmaterials für die Periode.

ii. Berechnen Sie die einzelnen Inputmixabweichungen und die gesamte Inputmixabweichung für das in der Periode verbrauchte Fertigungsmaterial.

iii. Berechnen Sie die einzelnen Verbrauchsabweichungen und die gesamte Verbrauchsabweichung für die Periode.

iv. Beschreiben Sie kurz die Schlussfolgerungen, die Sie aus der Abweichungsanalyse ziehen.

3. Preis-, Verbrauchs-, Inputmix- und Ausbeuteabweichungen der Fertigungsarbeit im Dienstleistungssektor

Gonser, Lange, Puche Co. ist ein Architekturbüro. Es beschäftigt drei Typen von Mitarbeitern: Partner, die mit dem Auftragsmanagement betraut sind, assoziierte Architekten, die die Hauptentwürfe anfertigen, und Hilfsarchitekten, die technische Unterstützung leisten. Folgende Kosten sind für die fünf letzten Aufträge eingeplant worden:

Mitarbeiter	Stundenzahl (h)	Stundensatz (in €/h)	Gesamtkosten (in €)
Partner	600	105	63.000
Assoziierter Architekt	1.800	75	135.000
Hilfsarchitekt	3.600	25	90.000

Der Iststundenverbrauch und die Iststundensätze für die fünf Aufträge betragen:

Mitarbeiter	Stundenzahl (h)	Stundensatz (in €/h)	Gesamtkosten (in €)
Partner	295	108	31.860
Assoziierter Architekt	2.360	70	165.200
Hilfsarchitekt	3.245	30	97.350

i. Berechnen Sie die gesamten Preis- und Verbrauchsabweichungen der Fertigungsarbeit für die fünf Aufträge.

ii. Kalkulieren Sie die gesamten Inputmix- und Ausbeuteabweichungen für die fünf Aufträge.

iii. Erläutern Sie Ihre Ergebnisse aus i und ii.

iv. Wie kann ein Unternehmen die Informationen zu Inputmix- und Ausbeuteabweichungen der Fertigungsarbeit nutzen?

4. Bemessung der Teilproduktivität

Die Leunaer Labor KG verwendet in der Produktion von Pharmazeutika Fertigungsmaterialien und -arbeit, zwischen denen eine Austauschbeziehung besteht. Folgende Daten stammen aus den letzten beiden Geschäftsjahren.

	20X0	20X1
PE (in Stk.)	375.000	525.000
Verbrauchte Fertigungsarbeitsstunden (in h)	7.500	9.500
Stundenlohn (in €/h)	20,00	25,00
Verbrauchtes Fertigungsmaterial (in kg)	450.000	610.000
Fertigungsmaterialkosten (in €/kg)	1,20	1,25

i. Berechnen Sie die Teilproduktivitätskennzahlen für 20X0 und 20X1.

ii. Können Sie ausschließlich auf Basis der Teilproduktivitätskennzahlen ermitteln, ob sich die Produktivität zwischen 20X0 und 20X1 verbessert hat? Wenn ja, um wieviel? Bitte erläutern Sie das.

iii. Wie kann die Leunaer Labor KG die Analyse der Teilproduktivitätskennzahlen nutzen?

5. Bemessung der Gesamtproduktivität. Vergleich über zwei Rechnungsperioden und Analyse von Kostenveränderungen (Fortsetzung von Aufgabe 4)

i. Berechnen Sie die Gesamtproduktivitätskennzahl für die Leunaer Labor KG im Jahr 20X1.

ii. Vergleichen Sie die Gesamtproduktivitätskennzahlen der Leunaer Labor KG in den Jahren 20X1 und 20X0.

iii. Kalkulieren Sie die Istkosten der Leunaer Labor KG für die Jahre 20X0 und 20X1. Zeigen Sie, welcher Anteil der Istkostenveränderung jeweils auf die Outputanpassung, die Preisveränderung und die Produktivitätsveränderung entfällt.

iv. Interpretieren Sie Ihre Antworten zu iii, indem Sie die Gründe für die Kostenveränderung der Leunaer Labor KG von 20X0 auf 20X1 erläutern.

6. ROI vs. EVA

Nehmen Sie an, dass eine Division von BASF Aktiva von 200 Mio. €, investiertes Kapital von 180 Mio. € und ein operatives Betriebsergebnis nach Steuern von 60 Mio. € hat. Ignorieren Sie die Steuern.

i. Was ist der ROI der Division?

ii. Was ist der EVA, wenn die gewichteten durchschnittlichen Kapitalkosten 10 Prozent sind?

iii. Nehmen Sie an, dass das Management ROI als Kennzahl benutzt, um die Leistung zu beurteilen. Welche Auswirkungen auf das Verhalten des Managements würden Sie erwarten?

iv. Nehmen Sie an, dass das Management EVA als Kennzahl benutzt, um die Leistung zu beurteilen. Welche Auswirkungen auf das Verhalten des Managements würden Sie erwarten?

3.11.5 Kritisches Denken

Die Mainzer Männchen GmbH hat eine lange Tradition der Entwicklung finanzieller und nichtfinanzieller Kennzahlensysteme, mit deren Hilfe ihre Fertigungsprozesse gesteuert werden. Allerdings scheinen einige Manager ihre Entscheidungen nicht mehr optimal zu treffen: Sie haben zu sehr die Performance ihres eigenen Profit-Centers im Blick und beachten nicht, dass ihre Entscheidungen z. T. die Profitabilität des Gesamtunternehmens beeinträchtigen.

Welche Veränderungen könnte die Mainzer Männchen GmbH in ihrem System der Leistungsbeurteilung vornehmen, um dieses Problem zu reduzieren?

3.12 Lösungen

3.12.1 Richtig oder falsch?

1. Falsch. Bei einer identischen Istgesamtmenge aller verbrauchten Fertigungsmaterialien bezeichnet die gesamte Inputmixabweichung des Fertigungsmaterials die Differenz zwischen: (1) den Sollkosten für den Istinputmix des Fertigungsmaterials und (2) den Sollkosten des geplanten Inputmixes.

2. Falsch. Einen konstanten geplanten Inputmix angenommen, ergibt sich die gesamte Ausbeuteabweichung der Fertigungsarbeit als Differenz zwischen (1) den Kosten der Fertigungsarbeit, die man auf Grundlage der Istmenge aller verbrauchten Fertigungsarbeitsinputs geplant hat, und (2) der Angabe in der Sollrechnung für die Gesamtkosten der Fertigungsarbeitsinputs, die man bei der erreichten Istausbringungsmenge erwartet hätte. Die gesamte Inputmixabweichung der Fertigungsarbeit bezeichnet bei einem gegebenen Level von Fertigungsarbeitsinputs den Unterschied zwischen (1) den Sollkosten für den Istinputmix der Fertigungsarbeit und (2) den Sollkosten für den Planinputmix.

3. Falsch. Man entwickelt Fertigungsarbeitsstandards auch im produzierenden Gewerbe oder im Dienstleistungssektor durch diese Vorgehensweise.

4. Falsch. Je niedriger der Input für einen bestimmten Output, bzw. je höher der Output für einen bestimmten Input, desto höher ist die Produktivität.

5. Richtig.

6. Falsch. Die Teilproduktivität vergleicht die Ausbringungsmenge mit dem mengenmäßigen Verbrauch eines Inputs.

7. Falsch. Die Teilproduktivität vergleicht den gesamten Output mit dem Verbrauch eines einzigen Inputs. Kennzahlen der Teilproduktivität ignorieren die Preise und Mengen für alle anderen Inputs, die nicht im Mittelpunkt der Betrachtung stehen.

8. Richtig.

9. Falsch. In gut geführten Unternehmen berücksichtigt das Prämiensystem Erhöhungen der Teilproduktivität der Fertigungsarbeit und andere Variablen (wie z. B. Investitionen in Sachanlagen und Ausschussquoten).

10. Richtig.

3.12.2   Multiple Choice

1. d

     1,75 Tonne Kleehonig zu 125 €/t =   218,75 €
     0,75 Tonne Rapshonig zu 100 €/t =   <u>75,00 €</u>
                                          <u>293,75 €</u>

2. b

Kleehonig [9,25 t * (7 t / 9,25 t)] * 125 €/t   =   875,000 €
          [9,25 t * (7 t / 10,00 t)] * 125 €/t =   <u>809,375 €</u>
                                        <u>65,625 €</u> (U)

Rapshonig [9,25 t * (2,25 t / 9,25 t)] * 100 €/t =   225,000 €
          [9,25 t * (3 t / 10,00 t)] * 100 €/t =   <u>277,500 €</u>
                                     =   <u>52,500 €</u> G

          65,625 € (U) + 52,500 € G =   <u>13,125 €</u> (U)

3. c

Kleehonig [9,25 t * (7,00 t / 10,00 t)] * 125 €/t =   809,375 €
           (4,00 t * 1,75 t) * 125 €/t   =   <u>875,000 €</u>
                                    =   <u>65,625 €</u> G

Rapshonig [9,25 t * (3,00 t / 10,00 t)] * 100 €/t =   277,500 €
           (4,00 t * 0,75 t) * 100 €/t   =   <u>300,000 €</u>
                                    =   <u>22,500 €</u> G

          65,625 € G + 22,500 € G =   <u>88,125 €</u> G

4. a

    13,125 € (U) - 88,125 € G = 75,000 € G

5. a

6. b

7. c

8. c

Teilproduktivität = 9.500 PE / 8.950 Liter = 1,06 PE/Liter

9. a

10. d

3.12.3   Kurze Antworten

1. Unter der Annahme, dass der geplante Inputmix unverändert bleibt, ergibt sich die Ausbeuteabweichung des Fertigungsmaterials als Unterschied zwischen: (1) den Kosten des
   Fertigungsmaterials, die man auf Basis der gesamten Istmenge aller verbrauchten Fertigungsmaterialinputs geplant hätte, und (2) der Angabe in der Sollrechnung für die Kosten
   des gesamten Fertigungsmaterialinputs, die man für die erreichte Istausbringungsmenge
   hätte einplanen sollen.

   Bei der Annahme einer gleichen Istgesamtmenge aller verbrauchten Fertigungsmaterialien bezeichnet die Inputmixabweichung des Fertigungsmaterials die Differenz zwischen:
   (1) den Sollkosten für den Istinputmix des Fertigungsmaterials und (2) den Sollkosten des
   Planinputmixes.

   Bei der Berechnung beider Abweichungen hält man die geplanten (Standard-) Ferti-
   gungsmaterialpreise konstant.

2. Folgende Gründe könnten den Manager zu dieser Äußerung veranlasst haben: Er hat
   keinen Entscheidungsfreiraum bezüglich des Fertigungsmaterials oder der Fertigungsarbeit. In einer hoch automatisierten Fabrik ist es nicht unwahrscheinlich, dass ein Compu-
   terprogramm den Inputmix sowie den Gesamtverbrauch an Fertigungsmaterial und Fertigungsarbeit steuert. Zum anderen orientiert sich der Manager im Tagesgeschäft an den
   ihm direkt vorliegenden physischen Kennzahlen.

3. Eine ungünstige Inputmixabweichung der Fertigungsarbeit kann in einer Fabrik entste-
   hen, die zwei Typen Fertigungsarbeit nutzt, und zwar dann, wenn der Istinputmix der
   Fertigungsarbeitsinputs einen größeren Anteil von teureren Mitarbeitern enthält als der
   Planinputmix.

4. Die Gesamtproduktivitätskennzahl berücksichtigt alle Inputs gleichzeitig und bewertet
   auch Austauschbeziehungen zwischen verschiedenen Inputs auf der Grundlage von Inputpreisen. Teilproduktivitätskennzahlen können nur die Produktivität eines einzelnen
   Inputs widerspiegeln und keinerlei Austauschbeziehung zu anderen Inputs bewerten. Eine
   Gesamtproduktivitätskennzahl dagegen kann eine Aussage treffen, ob die Senkung der

Teilproduktivität eines Inputs durch eine Steigerung der Teilproduktivität eines anderen Inputs kompensiert werden konnte.

5. Ein Vorteil der Gesamtproduktivitätskennzahl besteht darin, dass sie die kombinierte Produktivität aller Inputs misst und deshalb explizit die Substitution zwischen den Inputs bewertet. Ein Nachteil der Gesamtproduktivitätskennzahl ist ihr geringerer Nutzen für operative Zwecke, wo eher physische als finanzielle Kennzahlen als Bewertungsmaßstäbe geschätzt werden. Im Gegensatz zur Gesamtproduktivität ermöglichen Teilproduktivitätskennzahlen auf operativer Ebene ein direktes Feedback.

3.12.4 Aufgabenlösungen

1.

i. Der Standardinputmix zur Fertigung von 100 kg Grütze lautet: 60 kg Erdbeeren, 40 kg Himbeeren, 30 kg Johannisbeeren und 20 kg Kirschen. Der geplante (Standard-) Input je Kilogramm Grütze, ergibt sich entsprechend:

Obstsorte	Input (in kg) / 100 kg Grütze	Standardinputmix je kg Grütze
Erdbeeren	60	0,60
Himbeeren	40	0,40
Johannisbeeren	30	0,30
Kirschen	20	0,20
Gesamtes Obst	150	1,50

Die Standardinputs für 64.000 kg betragen:

Obstsorte	Inputkalkulation	Input (in kg)
Erdbeeren	64.000 kg * 0,60	38.400
Himbeeren	64.000 kg * 0,40	25.600
Johannisbeeren	64.000 kg * 0,30	19.200
Kirschen	64.000 kg * 0,20	12.800
Gesamtes Obst		96.000

Die nachfolgende Tabelle fasst die Preis- und Verbrauchsabweichungen der einzelnen Früchte und des Obstes insgesamt für den Monat Juni 20XX im Spaltenformat zusammen.

Präsentation der Preis- und Verbrauchsabweichungen des Fertigungsmaterials für die Osteroder Obst GmbH

	$IP_{IE} * IM_{Ist} = IK$ (1)	$PP_{IE} * IM_{Ist}$ (2)	**Flexibles Budget** $PP_{IE} * (IPE * PA) = SK$ (3)
Erdbeeren	1,30 €/kg * 43.120 kg = 56.056 €	1,40 €/kg * 43.120 kg = 60.368 €	1,40 €/kg * (64.000 kg * 0,60 kg_I / 1,00 kg_O) = 53.760 €

4.312 € G
Preisabweichung

6.608 € (U)
Verbrauchsabweichung

2.296 € (U)
Abweichung vom flexiblen Budget

Himbeeren	1,90 €/kg * 17.640 kg = 33.516 €	1,80 €/kg * 17.640 kg = 31.752 €	1,80 €/kg * (64,000 kg * 0,40 kg_I / 1,00 kg_O) = 46.080 €

1.764 € (U)
Preisabweichung

14.328 € G
Verbrauchsabweichung

12.564 € G
Abweichung vom flexiblen Budget

Johannisbeeren	1,70 €/kg * 13.720 kg = 23.324 €	1,60 €/kg * 13.720 kg = 21.952 €	1,60 €/kg * (64.000 kg * 0,30 kg_I / 1,00 kg_O) = 30.720 €

1.372 € (U)
Preisabweichung

8.768 € G
Verbrauchsabweichung

7.396 € G
Abweichung vom flexiblen Budget

Kirschen	1,80 €/kg * 23.520 kg = 42.336 €	2,00 €/kg * 23.520 kg = 47.040 €	2,00 €/kg * (64.800 kg * 0,20 kg_I / 1,00 kg_O) = 25.600 €

4.704 € G
Preisabweichung

21.440 € (U)
Verbrauchsabweichung

16.736 € (U)
Abweichung vom flexiblen Budget

Gesamtes Obst	155.232 €	161.112 €	156.160 €

5.880 € G
gesamte Preisabweichung

4.952 € (U)
gesamte Verbrauchsabweichung

928 € G
gesamte Abweichung vom flexiblen Budget

Die Preisabweichungen des Fertigungsmaterials lassen sich auch nach folgendem Schema berechnen:

Obstsorte	$(IP_{IE} - PP_{IE}) * IM$	ΔP_{FM}
Erdbeeren	(1,30 €/kg - 1,40 €/kg) * 43.120 kg	4.312 € G
Himbeeren	(1,90 €/kg - 1,80 €/kg) * 17.640 kg	1.764 € (U)
Johannisbeeren	(1,70 €/kg - 1,60 €/kg) * 13.720 kg	1.372 € (U)
Kirschen	(1,80 €/kg - 2,00 €/kg) * 23.520 kg	4.704 € G
Gesamtes Obst		5.880 € G

Die Verbrauchsabweichungen des Obstes können auch wie folgt berechnet werden:

Obstsorte	$PP_{IE} * (IM - SM)$	ΔV_{FM}
Erdbeeren	1,40 €/kg * (43.120 kg - 38.400 kg)	6.608 € (U)
Himbeeren	1,80 €/kg * (17.640 kg - 25.600 kg)	14.328 € G
Johannisbeeren	1,60 €/kg * (13.720 kg - 19.200 kg)	8.768 € G
Kirschen	2,00 €/kg * (23.520 kg - 12.800 kg)	21.440 € (U)
Gesamtes Obst		4.952 € (U)

ii. und iii.   Die nachfolgenden Tabellen präsentieren die Inputmix- und Ausbeuteabweichungen der einzelnen Früchte und des Obstes insgesamt für den Monat Juni 20XX im Spaltenformat.

Präsentation der Inputmix- und Ausbeuteabweichungen des Fertigungsmaterials für die Osteroder Obst AG

Obstsorte	$PP_{IE} * (IM * IA)$ (1)	$PP_{IE} * (IM * PA)$ (2)	Flexibles Budget (Sollrechnung) $PP_{IE} * SM$ $PP_{IE} * (PM * SA)$ (3)
Erdbeeren	1,40 €/kg * (98.000 kg * 0,440[†]) = 60.368 €	1,40 €/kg * (98.000 kg * 0,400[††]) = 54.880 €	1,40 €/kg * (64.000 kg * 0,600) = 53.760 €

5.488 € (U)   1.120 € (U)
Inputmixabweichung   Ausbeuteabweichung

6.608 € (U)
Verbrauchsabweichung

Himbeeren	1,80 €/kg * (98.000 kg * 0,180[‡]) = 31.752 €	1,80 €/kg * (98.000 kg * 0,267[‡‡]) = 47.098,80 €	1,80 €/kg * (64.000 kg * 0,400) = 46.080 €

15.346,80 € G   1.018,80 € (U)
Inputmixabweichung   Ausbeuteabweichung

14.328 € G
Verbrauchsabweichung

Istinputmix:
[†]*Erdbeeren = 43.120 / 98.000 = 0,440*
[‡]*Himbeeren = 17.640 / 98.000 = 0,180*

Planinputmix:
[††]*Erdbeeren = 60 / 150 = 0,400*
[‡‡]*Himbeeren = 40 / 150 = 0,267*

Präsentation der Inputmix- und Ausbeuteabweichungen (Fortsetzung)

Johannisbeeren	1,60 €/kg * (98.000 kg * 0,140†) = 21.952 €	1,60 €/kg * (98.000 kg * 0,200††) = 31.360 €	1,60 €/kg * (64.000 kg * 0,300) = 30.720 €

$\uparrow$ 9.408 € G $\uparrow$ $\uparrow$ 640 € (U) $\uparrow$
Inputmixabweichung   Ausbeuteabweichung

$\uparrow$ 8.768 € (U) $\uparrow$
Verbrauchsabweichung

Kirschen	2,00 €/kg * (98.000 kg * 0,240‡) = 47.040 €	2,00 €/kg * (98.000 kg * 0,133‡‡) = 26.068 €	2,00 €/kg * (64.000 kg * 0,200) = 25.600 €

$\uparrow$ 20.972 € (U) $\uparrow$ $\uparrow$ 468 € (U) $\uparrow$
Inputmixabweichung   Ausbeuteabweichung

$\uparrow$ 21.440 € (U) $\uparrow$
Verbrauchsabweichung

Istinputmix:
†*Johannisbeeren = 13.720 / 98.000 = 0,140*
‡*Kirschen = 23.520 / 98.000 = 0,180*

Planinputmix:
††*Johannisbeeren = 30 / 150 = 0,200*
‡‡*Kirschen = 20 / 150 = 0,133*

Präsentation der Inputmix- und Ausbeuteabweichungen (Fortsetzung)

Gesamtes Obst	161.112 €*	159.406,80 €†	156.160 €‡

$\uparrow$ 1.705,20 € (U) $\uparrow$ $\uparrow$ 3.246,80 € (U) $\uparrow$
gesamte Inputmixabweichung   gesamte Ausbeuteabweichung

$\uparrow$ 4.952 € (U) $\uparrow$
gesamte Verbrauchsabweichung

* *60.368 € + 31.752 € + 21.952 € + 47.040 € = 161.112 €*
† *54.880 € + 47.098,80 € + 31.360 € + 26.068 € = 159.406,80 €*
‡ *53.760 € + 46.080 € + 30.720 € + 25.600 € = 156.160 €*

Alternative Berechnungen der Inputmix- und Ausbeuteabweichungen des Obstes werden in den folgenden beiden Tabellen präsentiert.

Alternative Berechnung der Ausbeuteabweichungen des Fertigungsmaterials für die Osteroder Obst AG

Obstsorte	$PP_{IE} * [(IM_G * PA) - (SM_G)] =$ $PP_{IE} * [(IM_G * PA) - (PM * SA)] =$	ΔA_{FM}
Erdbeeren	1,40 €/kg * [(98.000 kg * 0,400) - (64.000 kg * 0,600)] =	1.120,00 € (U)
Himbeeren	1,80 €/kg * [(98.000 kg * 0,267) - (64.000 kg * 0,400)] =	1.018,80 € (U)
Johannisbeeren	1,60 €/kg * [(98.000 kg * 0,200) - (64.000 kg * 0,300)] =	640,00 € (U)
Kirschen	2,00 €/kg * [(98.000 kg * 0,133) - (64.000 kg * 0,200)] =	468,00 € (U)
Gesamtes Obst		3.246,80 € (U)

Alternative Berechnung der Inputmixabweichungen des Fertigungsmaterials für die Osteroder Obst AG

Obstsorte	$PP_{IE} * (IA - PA) * IM_G =$	ΔIMX_{FM}
Erdbeeren	1,40 €/kg * (0,440 - 0,400) * 98.000 kg =	5.488,00 € U)
Himbeeren	1,80 €/kg * (0,180 - 0,267) * 98.000 kg =	15.346,80 € G
Johannisbeeren	1,60 €/kg * (0,140 - 0,200) * 98.000 kg =	9.408,00 € G
Kirschen	2,00 €/kg * (0,240 - 0,133) * 98.000 kg =	20.972,00 € (U)
Gesamtes Obst		1.705,20 € (U)

iv. Die Osteroder Obst GmbH hat eine günstige Preisabweichung in Höhe von 5.880 € zu Lasten einer ungünstigen Verbrauchsabweichung in Höhe von 4.952 € in Kauf genommen. Sowohl die gesamte Inputmix- als auch die gesamte Ausbeuteabweichung sind ungünstig (jeweils 1.705,20 € und 3.246,80 €). Das Unternehmen hat größere Mengen an Erdbeeren und Kirschen verbraucht, die zwar kostengünstiger aber auch minderer Qualität als der Standard waren.

Ungünstige Inputmixabweichungen des Fertigungsmaterials entstehen bei den Erdbeeren und Kirschen, weil man größere Anteile dieser Früchte (insbesondere die immer noch relativ teuren Kirschen) für den Istinputmix verwendete, als man für die Istausbringungsmenge eingeplant hatte. In ähnlicher Weise fallen jedoch die Inputmixabweichungen des Fertigungsmaterials für die Himbeeren und die Johannisbeeren günstig aus, weil man im Istinputmix geringere Anteile dieser Obstsorten verbraucht hat als in der Standardmischung vorgesehen. Da die einzelnen ungünstigen die einzelnen günstigen Inputmixabweichungen in der Summe überwiegen, fällt die gesamte Inputmixabweichung ungünstig aus.

Wegen des Mehrverbrauchs jeder Obstsorte für die Istausbringungsmenge ist die gesamte Ausbeuteabweichung ebenfalls ungünstig.

v. Die Inputmix- und Ausbeuteabweichungen des Fertigungsmaterials sind besonders aussagekräftig, wenn Austauschbeziehungen zwischen den einzelnen Fertigungsmaterialkomponenten bestehen. Bei der Verarbeitung von verschiedenen Fruchtsorten der roten Grütze sind derartige Substitutionen möglich.

2.

i., ii. und iii.

Die Tabelle auf der nachfolgenden Seite präsentiert die Verbrauchs-, Inputmix- und Ausbeuteabweichungen für die Chemikalien 21 und 47 und für die Chemnitzer Chemie AG insgesamt. Die Lösung wird in folgenden Schritten erarbeitet:

Schritt 1: Berechnung des Inputmixes

Chemikalie 21 je Tonne Düngemittel	$0,75 * 1,20\ t = 0,90\ t$
Chemikalie 47 je Tonne Düngemittel	$0,25 * 1,20\ t = \underline{0,30\ t}$
Inputs gesamt	$\underline{1,20\ t}$

Schritt 2: Erstellung der Sollrechnung über die beiden Chemikalien und insgesamt für die Istausbringungsmenge von 2.000 t Düngemittel (Spalte 3 der Tabelle auf der nachfolgenden Seite).

Schritt 3: Die Gesamtkosten in Spalte 2 belaufen sich auf 875.000 € (Angabe in der Sollrechnung: 840.000 € + ungünstige Ausbeuteabweichung des Fertigungsmaterials, die in der Fragestellung erwähnt wurde). Nun muss die Istmenge aller verbrauchten Fertigungsmaterialinputs, IM_G, ermittelt werden. Der Planinputmix setzt sich zu 75 Prozent aus Chemikalie 21 und zu 25 Prozent aus Chemikalie 47 zusammen. Aus Spalte 2 ist bekannt:

$$[400\ €/t * (IM_G * 0,75)] + [200\ €/t * (IM_G * 0,25)] = \ 875.000\ €$$
$$[(300\ €/t * IM_G)] + [50\ €/t * IM_G)] = \ 875.000\ €$$
$$IM_G = \ 875.000\ € \ / \ 350\ €/t$$
$$IM_G = \ 2.500\ t$$

Die Gesamtmenge aller verbrauchten Fertigungsmaterialinputs, IM_G, beträgt 2.500 t. Von dieser Information ausgehend können alle weiteren Werte für Spalte 2 ermittelt werden.

Schritt 4: Berechnung der Istkosten (Spalte 1) unter Verwendung der Istmenge aller verbrauchten Fertigungsmaterialinputs, des Istinputmixes und die Planpreise der Fertigungsmaterialien

Präsentation der Verbrauchs-, Inputmix- und Ausbeuteabweichungen der Chemnitzer Chemie AG im Spaltenformat

	$PP_{IE} * (IM_G * IA)$	$PP_{IE} * (IM_G * PA)$	Flexibles Budget (Sollrechnung) $PP_{IE} * (SM * PM_{PE})$
	(1)	(2)	(3)
Chemikalie 21	400 €/t * (2.500 t * 0,50) = 500.000 €	400 €/t * (2.500 t * 0,75) = 750.000 €	400 €/t * (2.000 t * 0,90 t / 1,0 t) = 720.000 €

↑ 250.000 € G ↑   ↑ 30.000 € (U) ↑
Inputmixabweichung   Ausbeuteabweichung

↑   220.000 € G   ↑
Verbrauchsabweichung

| Chemikalie 47 | 200 €/t * (2.500 t * 0,50) = 250.000 € | 200 €/t * (2.500 t * 0,25) = 125.000 € | 200 €/t * (2.000 t * 0,30 t / 1,0 t) = 120.000 € |

↑ 125.000 € (U) ↑   ↑ 5.000 € (U) ↑
Inputmixabweichung   Ausbeuteabweichung

↑   130.000 € (U)   ↑
Verbrauchsabweichung

| Inputs gesamt | 750.000 € | 875.000 € | 840.000 € |

↑ 125.000 € G ↑   ↑ 35.000 € (U) ↑
gesamte Inputmixabweichung   gesamte Ausbeuteabweichung

↑   90.000 € G   ↑
gesamte Verbrauchsabweichung

Die folgende Übersicht zeigt die gesamten Inputmix-, Ausbeute- und Verbrauchsabweichungen des Fertigungsmaterials:

Inputmixabweichungen:

Chemikalie 21	250.000 € G
Chemikalie 47	125.000 € (U)
Gesamte Inputmixabweichung des Fertigungsmaterials	125.000 € G

Ausbeuteabweichungen:	
Chemikalie 21	30.000 € (U)
Chemikalie 47	5.000 € (U)
Gesamte Ausbeuteabweichung des Fertigungsmaterials	35.000 € (U)

Verbrauchsabweichungen:	
Chemikalie 21	220.000 € G
Chemikalie 47	130.000 € (U)
Gesamte Verbrauchsabweichung des Fertigungsmaterials	90.000 € G

iv. Die Chemnitzer Chemie AG hat eine günstige Verbrauchsabweichung in Höhe von 90.000 € insgesamt, hauptsächlich wegen der günstigen Inputmixabweichung in Höhe von 125.000 €. Die günstige Inputmixabweichung entsteht, weil die Chemnitzer Chemie AG einen größeren Anteil der kostengünstigeren Chemikalie 47 in ihrem Inputmix verwendet als geplant. Der Verbrauch von Chemikalie 47 mag die ungünstige Ausbeuteabweichung verursacht haben, die günstige Inputmixabweichung hat sie jedoch mehr als kompensiert.

3.

i. In der nachfolgenden Tabelle sind die Preis- und Verbrauchsabweichungen der Gesamt-kosten der Dienstleistungsarbeit (professionellen Arbeitskosten) für die fünf Architekten-aufträge zusammengefasst, die von Gonser, Lange, Puche & Co. durchgeführt wurden.

Preis- und Verbrauchsabweichungen der Dienstleistungsarbeit für Gonser, Lange, Puche & Co.

	Istkosten zu Istpreisen $(IP_{IE} * IM)$	Istkosten zu Planpreisen $(PP_{IE} * IM)$	Flexibles Budget (Sollkosten) $(PP_{IE} * SM)$
	(1)	(2)	(3)
Partner	(108 €/h * 295 h) = 31.860 €	(105 €/h * 295 h) = 30.975 €	(105 €/h * 600 h) = 63.000 €
Assoziierter Architekt	(70 €/h * 2.360 h) = 165.200 €	(75 €/h * 2.360 h) = 177.000 €	(75 €/h * 1.800 h) = 135.000 €
Hilfsarchitekt	(30 €/h * 3.245 h) = 97.350 €	(25 €/h * 3.245 h) = 81.125 €	(25 €/h * 3.600 h) = 90.000 €
Gesamtkosten	294.410 €	289.100 €	288.000 €

    ▲ 5.310 € (U) ▲ ▲ 1.100 € (U) ▲
     gesamte Preisabweichung gesamte Verbrauchsabweichung

       ↑   6.410 € (U)   ↑
      gesamte Abweichung vom flexiblen Budget

Beide Abweichungsarten lassen sich auch alternativ berechnen, wie in den folgenden Tabel-len gezeigt.

Alternative Berechnung zur Preisabweichung der Dienstleistungsarbeit für Gonser, Lange, Puche & Co.

	$(IP_{IE} - PP_{IE}) * IM =$	ΔP der Dienstleistungsarbeit jedes Inputs
Partner	(108 €/h - 105 €/h) * 295 h =	885 € (U)
Assoziierter Architekt	(70 €/h - 75 €/h) * 2.360 h =	11.800 € G
Hilfsarchitekt	(30 €/h - 25 €/h) * 3.245 h =	16.225 € (U)
Gesamte Preisabweichung		5.310 € (U)

Alternative Berechnung zur Verbrauchsabweichung der Dienstleistungsarbeit für Gonser, Lange, Puche & Co.

	$PP_{IE} * (IM_{Ist} - SM) =$	ΔV der Dienstleistungsarbeit jedes Inputs
Partner	105 €/h * (295 h - 600 h) =	32.025 € G
Assoziierter Architekt	75 €/h * (2.360 h - 1.800 h) =	42.000 € (U)
Hilfsarchitekt	25 €/h * (3.245 h - 3.600 h) =	8.875 € G
Gesamte Verbrauchsabweichung		1.100 € (U)

Insgesamt war für Gonser, Lange, Puche & Co. die Dienstleistungsarbeit teurer als geplant, was die ungünstige Preisabweichung verursacht hat. Der Mehrverbrauch an Arbeitsstunden resultierte in einer ungünstigen Verbrauchsabweichung.

ii. Die Inputmix- und Ausbeuteabweichungen der Gesamtkosten der Dienstleistungsarbeit (professionelle Arbeitskosten) für die fünf Architektenaufträge sind in nachfolgender Tabelle dargestellt.

Inputmix- und Ausbeuteabweichungen der direkten Dienstleistungsarbeit für Gonser, Lange, Puche & Co.

	Istkosten $PP_{IE} * (IM_G* IA)$ (1)	$PP_{IE} * (IM_G* PA)$ (2)	Flexibles Budget (Sollkosten) $PP_{IE} * (SM_G* PA)$ (3)
Partner	105 €/h * (5.900 h * 0,05) = 30.975 €	105 €/h * (5.900 h * 0,10) = 61.950 €	105 €/h * (6.000 h * 0,10) = 63.000 €
Assoziierter Architekt	75 €/h * (5.900 h * 0,40) = 177.000 €	75 €/h * (5.900 h * 0,30) = 132.750 €	75 €/h * (6.000 h * 0,30) = 135.000 €
Hilfsarchitekt	25 €/h * (5.900 h * 0,55) = 81.125 €	25 €/h * (5.900 h * 0,60) = 88.500 €	25 €/h * (6.000 h * 0,60) = 90.000 €
Summe	289.100 €	283.200 €	288.000 €

5.900 € (U) gesamte Inputmixabweichung   4.800 € G gesamte Ausbeuteabweichung

1.100 € (U) gesamte Verbrauchsabweichung

Eine alternative Berechnung für die jeweiligen Abweichungen erfolgt in den beiden folgenden Tabellen.

Alternative Berechnung zur Inputmixabweichung der Dienstleistungsarbeit für Gonser, Lange, Puche & Co.

	IP_{IE} * (IA - PA) * IM_G =	ΔIMX der Dienstleistungs-arbeit jedes Inputs
Partner	105 €/h * (0,05 - 0,10) * 5.900 h =	30.975 € G
Assoziierter Architekt	75 €/h * (0,40 - 0,30) * 5.900 h =	44.250 € (U)
Hilfsarchitekt	25 €/h * (0,55 - 0,60) * 5.900 h =	7.375 € G
Gesamte Inputmixabweichung		5.900 € (U)

Alternative Berechnung zur Ausbeuteabweichung der Dienstleistungsarbeit für Gonser, Lange, Puche & Co.

	PP_{IE} * (IM_G - SM_G) * PA =	ΔA der Dienstleistungs-arbeit jedes Inputs
Partner	105 €/h * (5.900 h - 6.000 h) * 0,10 =	1.050 € G
Assoziierter Architekt	75 €/h * (5.900 h - 6.000 h) * 0,30 =	2.250 € G
Hilfsarchitekt	25 €/h * (5.900 h - 6.000 h) * 0,60 =	1.500 € G
Gesamte Ausbeuteabweichung		4.800 € G

iii. Die gesamte Inputmixabweichung der Dienstleistungsarbeit fällt ungünstig aus, weil Gonser, Lange, Puche & Co. mehr Partnerstunden verbrauchten als im Planinputmix vorgesehen. Da die Gesamtmenge aller verbrauchten Dienstleistungsinputs jedoch geringer als geplant war, ergab sich eine günstige Ausbeuteabweichung.

Gonser, Lange, Puche & Co. hat insgesamt ungünstige Preis- und Verbrauchsabweichungen ermittelt. Die ungünstige gesamte Preisabweichung entstand, weil man die Partner und Hilfskräfte zu höheren Stundensätzen bezahlt hat. Der niedrigere Stundensatz bei den assoziierten Architekten konnte diese Kostensteigerung nicht auffangen. Die ungünstige gesamte Verbrauchsabweichung entstand aufgrund der Mehrarbeitsstunden der assoziierten Architekten, die die geringeren Stundenzahlen bei Partnern und Hilfsarchitekten nur unvollständig kompensieren konnten.

Die Verschiebung des Inputmixes zugunsten der Stundenzahl assoziierter Architekten (40 Prozent im Istinputmix im Vergleich zu 30 Prozent im Plan) führte zusätzlich zu einer ungünstigen Inputmixabweichung. Sie wurde teilweise von der günstigen Ausbeuteabweichung aufgefangen, die auf die kleinere Iststundenzahl (5.900 h) gegenüber der Planstundenzahl (6.000 h) zurückzuführen ist. Im Ergebnis verblieb jedoch eine Kostensteigerung im Vergleich zum Plan.

Diese Abweichungen konzentrieren sich allerdings ausschließlich auf die Kostenentwicklung des Unternehmens. Die Geschäftsführung bei Gonser, Lange, Puche & Co. sollte jedoch auch die Auswirkungen von Veränderungen im Inputmix (z. B. auf die Qualität und dadurch auf die gegenwärtigen sowie die zukünftigen Umsatzerlöse) im Blickfeld behalten.

iv. Das Management der Gonser, Lange, Puche & Co. sollte die Informationen aus der Abweichungsanalyse als Basis für Überlegungen nutzen, die zur Verbesserung der zukünftigen Leistung beitragen können. Warum sind beispielsweise für Partner und Hilfskräfte höhere Stundensätze angefallen? War es das Ergebnis einer allgemeinen Personalknappheit in diesen Bereichen, oder sind andere unternehmensspezifische Besonderheiten dafür verantwortlich? Als mögliche Hintergründe für die ungünstige Verbrauchsabweichung könnten folgende Vermutungen angestellt werden: Benötigen die assoziierten Architekten zusätzliche Arbeitsstunden, weil sie nicht gut fortgebildet wurden, oder weil die Arbeitsabläufe nicht optimal gestaltet waren? Warum ersetzte man Partner- und Hilfskräftestunden durch Arbeitsstunden der assoziierten Architekten? War dies eine bewusste Entscheidung, oder war es situationsbezogen notwendig, weil Partner und Hilfskräfte anderswo bereits vollständig eingebunden waren? Die Analyse deutet auf eine Strategie hin, bei der mehr assoziierte Architekten mit der Entwicklung von Bauplänen betraut werden sollten, weil die Gesamtarbeitszeit dann sinken würde. Bessere Rekrutierungs- und Fortbildungsmaßnahmen sowie die Optimierung von Arbeitsabläufen sind mögliche Maßnahmen, die die Bearbeitungszeit je Auftrag senken könnten.

4.

i. Die Teilproduktivitätskennzahlen der Inputs betragen für das Jahr 20XX:

$$
\begin{aligned}
T_{FA} &= O_{20XX} / M_{20XX} \\
&= 375.000 \text{ PE} / 7.500 \text{ h} \\
&= 50 \text{ PE je Fertigungsarbeitsstunde}
\end{aligned}
$$

$$
\begin{aligned}
T_{FA} &= O_{20XX} / M_{20XX} \\
&= 375.000 \text{ PE} / 450.000 \text{ kg} \\
&= 0,83 \text{ PE je kg Fertigungsmaterial}
\end{aligned}
$$

Im Jahr 20X1 nahmen die Teilproduktivitätskennzahlen der Inputs folgende Werte an:

$$
\begin{aligned}
T_{FA} &= O_{20X1} / M_{20X1} \\
&= 525.000 \text{ PE} / 9.500 \text{ h} \\
&= 55,26 \text{ PE je Fertigungsarbeitsstunde}
\end{aligned}
$$

$$
\begin{aligned}
T_{FA} &= O_{20X1} / M_{20X1} \\
&= 525.000 \text{ PE} / 610.000 \text{ kg} \\
&= 0,86 \text{ PE je kg Fertigungsmaterial}
\end{aligned}
$$

ii. Im Jahr 20X1 nehmen beide Teilproduktivitätskennzahlen gegenüber dem Vorjahr zu. Deshalb kann man schlussfolgern, dass die Gesamtproduktivität in diesem Zeitraum ebenfalls gestiegen sein muss. Dennoch können die Teilproduktivitätskennzahlen keine Aussage zur Größenordnung des Anstiegs der Gesamtproduktivität treffen, da sie sich nicht über unterschiedliche Inputs hinweg aggregieren lassen.

iii. Das Management der Leunaer Labor AG kann die Teilproduktivitäten als Grundlage für die Entwicklung von Plan- und Leistungszielen des Folgejahres verwenden. Teilproduktivitätskennzahlen lassen sich über mehrere Rechnungsperioden hinweg vergleichen. Beispielsweise könnte man eine Prämienzahlung in Aussicht stellen, wenn die Teilproduktivität der Fertigungsarbeit das Ziel von 60 Produkteinheiten je Fertigungsarbeitsstunde erreicht und die Teilproduktivität des Fertigungsmaterials gleichzeitig das Ziel von 0,90 Produkteinheiten je Kilogramm übersteigt. Ein Hauptvorteil der Teilproduktivitätskennzahlen besteht darin, dass sie sich auf einen einzigen Input beziehen und daher sowohl einfach zu kalkulieren als auch auf operativer Ebene leicht zu interpretieren sind. Unternehmensleitung wie Mitarbeiter können diese Kennzahlen analysieren, um die Hintergründe für Veränderungen der Teilproduktivitäten von einer Rechnungsperiode zur nächsten zu ermitteln. Sind sie auf bessere Trainingsmaßnahmen für Mitarbeiter, geringere Fehlzeiten, geringere Fluktuation, effektivere Anreize, verbesserte Arbeitsmethoden oder auf andere Ursachen zurückzuführen? Die ermittelten Ursache-Wirkungsketten können dann in der Zukunft verstärkt und institutionalisiert werden.

5.

i. Die Gesamtproduktivitätskennzahl 20X1 auf Grundlage der Preise im Jahr 20X1 berechnet man wie folgt:

$$
\begin{aligned}
K_{IP20X1/20X1} &= [FA_{20X1} * P_{FA20X1}] + [FM_{20X1} * P_{FM20X1}] \\
&= [9.500 \text{ h} * 25,00 \text{ €/h}] + [610.000 \text{ kg} * 1,25 \text{ €/kg}] \\
&= 1.000.000 \text{ €}
\end{aligned}
$$

$$
\begin{aligned}
G_{20X1/20X1} &= O_{Ist20X1} / K_{IP20X1} \\
&= 525.000 \text{ PE} / 1.000.000 \text{ €} \\
&= = 0,525 \text{ PE je } 1,00 \text{ € Input}
\end{aligned}
$$

Die Gesamtproduktivitätskennzahl des Jahres 20X1 von 0,525 Produkteinheiten je 1,00 € Input trifft für sich allein genommen keine Aussage über die Effizienz. Es lässt sich weder schlussfolgern, dass in der Produktion weniger Input verbraucht, noch dass der Inputmix verändert wurde, um Änderungen der Inputpreise auszunutzen. Es fehlt ein Wert, mit dem die 20X1er Gesamtproduktivitätskennzahl verglichen werden kann, z. B. die Gesamtproduktivitätskennzahl des Jahres 20XX.

ii. Die Gesamtproduktivitätskennzahl des Jahres 20XX auf Basis der Preise des Jahres 20X1 berechnet man wie folgt:

$$K_{IP20XX/20X1} = [FA_{20XX} * P_{FA20X1}] + [FM_{20XX} * P_{FM20X1}]$$
$$= [7.500\ h * 25,00\ €/h] + [450.000\ kg * 1,25\ €/kg]$$
$$= 750.000\ €$$

$$G_{20XX/20X1} = O_{Ist20XX} / K_{IP20X1}$$
$$= 375.000\ PE / 750.000\ €$$
$$= 0,500\ PE\ je\ 1,00\ €\ Input$$

Zwischen 20XX und 20X1 erhöhte sich die Gesamtproduktivität von 0,500 auf 0,525, eine Steigerung von 5 Prozent [(0,525 - 0,500)/0,500]. Dies ist die Nettowirkung der Verbesserungen im Gesamtverbrauch der Inputs sowie der Veränderungen im Inputmix, die aufgrund der Preisstruktur im Jahr 20X1 vorgenommen wurden.

iii. Die nachfolgende Tabelle zeigt die Analyse der Kostenveränderungen im Spaltenformat.

Analyse der Veränderungen der Istkosten der Leunaer Labor AG im Jahr 20X1 gegenüber dem Vorjahr

	Istkosten für 20X1: Istverbrauch an Inputs zur Fertigung der Istausbringungsmenge, bewertet zu Preisen des Jahres 20X1	Istverbrauch an Inputs, wenn die Ausbringungsmenge des Jahres 20X1 im Jahr 20X0 produziert worden wäre, bewertet zu Preisen des Jahres 20X1	Istverbrauch an Inputs, wenn die Ausbringungsmenge des Jahres 20X1 im Jahr 20X0 produziert worden wäre, bewertet zu Preisen des Jahres 20X0	Istkosten für 20X0: Istverbrauch an Inputs zur Fertigung der Istausbringungsmenge, bewertet zu Preisen des Jahres 20X0
	(1)	(2)	(3)	(4)
Fertigungs-arbeit	9.500 h * 25,00 €/h = 237.500 €	10.500 h† * 25,00 €/h = 262.500 €	10.500 h† * 20,00 €/h = 210.000 €	7.500 h * 20,00 €/h = 150.000 €
Fertigungs-material	610.000 kg * 1,25 €/kg = 762.500 €	630.000 kg‡ * 1,25 €/kg = 787.500 €	630.000 kg‡ * 1,20 €/kg = 756.000 €	450.000 kg * 1,20 €/kg = 540.000 €
Inputkosten gesamt	1.000.000 €	1.050.000 €	966.000 €	690.000 €

50.000 € G → Produktivitätsveränderung
84.000 € (U) → Preisveränderung
276.000 € (U) → Outputanpassung

310.000 € (U)
gesamte Kostenveränderung

† $\left(\begin{array}{l}\textit{Fertigungsarbeitsstunden, die man im Jahr 20X0 aufgewendet}\\ \textit{hätte, um die Ausbringungsmenge des Jahres 20X1 zu produzieren}\end{array}\right) = \left(\begin{array}{l}\textit{Fertigungsarbeitsstunden}\\ \textit{des Jahres 20X0}\end{array}\right) * \left(\dfrac{\textit{Output 20X1}}{\textit{Output 20X0}}\right)$
$$= 7.500\ h * (525.000\ PE / 375.000\ PE)$$
$$= 10.500\ h$$

‡ $\left(\begin{array}{l}\textit{Fertigungsmaterial in kg, das man im Jahr 20X0 verbraucht}\\ \textit{hätte, um die Ausbringungsmenge des Jahres 20X1 zu produzieren}\end{array}\right) = \left(\begin{array}{l}\textit{Verbrauch an Fertigungsmaterial}\\ \textit{im Jahr 20X0}\end{array}\right) * \left(\dfrac{\textit{Output 20X1}}{\textit{Output 20X0}}\right)$
$$= 450.000\ kg * (525.000\ PE / 375.000\ PE)$$
$$= 630.000\ kg$$

Die Istkosten der Leunaer Labor AG im Jahr 20X0 betragen 690.000 € und 1.000.000 € im Jahr 20X1.

Von der gesamten Kostenveränderung in Höhe von 310.000 € (U) entfallen auf die Output-anpassung 276.000 € (U), auf die Preisveränderung 84.000 € (U) und auf die Produktivitäts-veränderung 50.000 € G.

iv. Die Outputanpassung bewertet die Steigerung der Kosten, die ausschließlich auf die Er-höhung des Outputs zurückzuführen ist, auf Grundlage der Preise und Produktivitäten im Jahr 20XX. Der Preisveränderung evaluiert die Kostenzunahme, die ausschließlich aus der Erhöhung der Inputpreise im Jahr 20X1 entstanden ist, auf Basis des Inputverbrauchs, den man im Jahr 20XX hätte einkalkulieren müssen, um den Output des Jahres 20X1 zu produzieren. Diese beiden Komponenten allein hätten zu einem Zuwachs der Kosten der Leunaer Labor AG in Höhe von 360.000 €, (276.000 € + 84.000 €), geführt. Allerdings stiegen die Gesamtkosten des Unternehmens aufgrund einer Produktivitätssteigerung in Höhe von 50.000 € nur um 310.000 €. Das Unternehmen verbrauchte im Jahr 20X1 ins-gesamt weniger Input und wandte einen kostengünstigeren Inputmix an.

6.

i.   ROI = 60.000.000 €/180.000.000 € = 33 %

ii. EVA = 60.000.000 € - [(0,10) * (180.000.000 €)]

$\quad$ = 60.000.000 € - 18.000.000 € = 42.000.000 €

iii. Wenn das Unternehmen ROI als Leistungsbeurteilungskennzahl benutzt, wird ein Mana-ger wahrscheinlich Projekte ablehnen, die nicht mindestens einen ROI von 33 Prozent er-geben. Aus der Sicht des Unternehmens jedoch mag dieses Verhalten falsch sein, wenn z. B. die besten Investitionsmöglichkeiten in der Division liegen und sie einen ROI von 22 Prozent hat. Wenn eine Division einen hohen ROI hat, wird sie deshalb weniger gern ihre Geschäfte ausweiten, wenn das Spitzenmanagement ihre Leistung durch ROI statt EVA beurteilt.

iv. Wenn das Unternehmen EVA benutzt, neigt das Management dazu, alle Projekte zu ak-zeptieren, deren erwarteter ROI größer als die gewichteten durchschnittlichen Kapitalkos-ten ist. Es ist deshalb wahrscheinlicher, dass die Division des Managers ihre Geschäfte erweitern wird, weil sein Ziel lautet: den absoluten Gewinn zu maximieren statt des Pro-zentsatzes.

3.12.5 Kritisches Denken

Das Unternehmen könnte ein System der Leistungsbeurteilung einführen, das auf der Ge-samtproduktivität aufbaut. Der Hauptvorteil dieses Konzeptes besteht darin, dass es die kombinierte Produktivität aller verbrauchten Inputs bewertet, und deshalb auch die Substitu-ierbarkeit zwischen den Inputs berücksichtigt. Wenn beispielsweise der Einkauf billigerer

Fertigungsmaterialien dazu führt, dass die Fertigungsmaterialkosten günstig erscheinen, dieses Material jedoch einen höheren Verbrauch an Fertigungsarbeitsstunden und damit höhere Lohnkosten zur Folge hat, ist die Entscheidung für das kostengünstigere Material nicht optimal. Die Gesamtproduktivität berücksichtigt sowohl die Fertigungsmaterial- als auch die Fertigungsarbeitskosten. Wenn das Mehr der einen Inputkomponente gegebenenfalls die Minderleistung der anderen Komponente kompensieren kann, so ist die zugrundeliegende Entscheidung sinnvoll gewesen. Sollte dies aber nicht der Fall sein, zeigt eine entsprechende Abweichung Handlungsbedarf an.

3.13 Literatur

Almutairi, A. R., *The Economic Value Added by Specialist Auditors: Hypothesis, Sample and Data, Results*, VDM Verlag, Saarbrücken, 2007.

Bach, D., *Das Instrument des Economic Value Added: Implementierungen und Bewertungen*, Vdm Verlag Dr. Müller, Saarbrücken, 2007.

Balk, B. M., *Industrial Price, Quantity and Productivity Indices, The Microeconomic Theory and an Application*, Kluwer Academic Publishers, Boston, 1998.

Bartelsman, E. und M. Doms, „Understanding Productivity: Lessons from Longitudinal Microdata", *Journal of Economic Literature*, 3/2000.

Baumol, W. J., S. A. Batey Blackman und E. N. Wolff, *Productivity and American Leadership: The Long View*, MIT Press, Cambridge, MA, 1992.

Beaulieu, J. J. und J. Mattey, „The Workweek of Capital and Capital Utilisation in Manufacturing", *Journal of Productivity Analysis*, 2/1998.

Bosworth, D., S. Massini und M. Nakayama, „Quality Change and Productivity Improvement in Japan", *Japan and the World Economy*, 1/2005.

Bundesverband Deutscher Unternehmensberater, e. V., *Controlling*, Erich Schmidt, Berlin, 2006.

Bureau of Labor Statistics, *Labor Composition and U.S. Productivity Growth, 1948-90*, US Government Printing Office, Washington, D. C., 1993.

Caves, D. W., L. R. Christensen und W. E. Diewert, „The Economic Theory of Index Numbers and the Measurement of Input, Output, and Productivity", *Econometrica*, 6/1982.

Coelli, T., D. S. Prasada Rao und G. E. Battese, *An Introduction to Efficiency and Productivity Analysis*, Kluwer Academic Publishers, Boston, 1998.

Gersbach, H. und B. van Ark, „Microfoundations of International Productivity Comparisons", Research Memorandum, Institute of Economic Research, University of Groningen, 1994.

Griliches, Z., „Hedonic Price Indexes and the Measurement of Capital and Productivity: Some Historical Reflections", in E. R. Berndt und J. E. Triplett (Hrsg.), *Fifty Years of Economic Measurement*, Studies in Income and Wealth 54, Chicago University Press und National Bureau of Economic Research, Chicago, 1990.

Guellec, D. und B. van Pottelsberghe de la Potterie, „R&D and Productivity Growth: Panel Data Analysis of 16 OECD Countries", *STI Working Paper* 2001/3, OECD, Paris, 2001.

Halberstock, L. und V. Breithecker, *Kostenrechnung II*, Erich Schmidt, Berlin, 2004.

Horngren, C. T., G. L. Sundem, W. O. Stratton, D. Burgstahler und J. Schatzberg, *Introduction to Management Accounting*, Pearson Education, Upper Saddle River, NJ, 2008.

Hostettler, S. und H. J. Stern, *Das Value Cockpit: Sieben Schritte zur wertorientierten Führung für Entscheidungsträger*, John Wiley & Sons, New York, 2003.

Hulten, C. R., „Productivity Change, Capacity Utilization, and the Sources of Efficiency Growth", *Journal of Econometrics*, 1-2/1986.

Hulten, C. R., „Total Factor Productivity: A Short Biography", in C. R. Hulten, E. R. Dean und M. J. Harper, (Hrsg.), *New Developments in Productivity Analysis*, Chicago University Press und National Bureau of Economic Research, Chicago, 2001.

Jorgenson, D., *Productivity Volume 1: Postwar U.S. Economic Growth*, MIT Press, Cambridge, MA, 1995a.

Jorgenson, D., *Productivity Volume 2: International Comparisons of Economic Growth*, MIT Press, Cambridge, MA, 1995b.

Kaminski, T., *Economic Value Added: Konzept, Analyse, Einsatzmöglichkeiten und Vergleich*, VDM Verlag Dr. Müller, Saarbrücken, 2006.

Kanter, J., „European Firms Bloom by Shifting to Services", *International Herald Tribune*, June 7, 2005.

Kilger, W., K. Vikas und J. Pampel, *Flexible Plankostenrechnung und Deckungsbeitragsrechnung*, Gabler, Wiesbaden, 2007.

Milana, C. und K. Fujikawa, „Bilateral and Multilateral Comparisons of Productivity in Input-Output Analysis Using Alternative Index Numbers", in OECD, *Industry Productivity: International Comparison and Measurement Issues*, OECD, Paris, 1996.

North, K. und S. Güldenberg, *Produktive Wissensarbeit: Performance messen, Produktivität steigern, Wissensarbeiter entwickeln*, Gabler, Wiesbaden, 2008.

OECD, *Industry Productivity: International Comparison and Measurement Issues*, OECD, Paris, 1996.

OECD, *Technology, Productivity and Job Creation*, OECD, Paris, 1998.

OECD, *A New Economy? The Changing Role of Innovation and Information Technology in Growth*, OECD, Paris, 2000.

OECD, *Measuring Productivity*, OECD, Paris, 2001.

OECD, *Die Quellen wirtschaftlichen Wachstums in den OECD-Ländern*, OECD, Paris, 2003.

OECD, *Science, Technology and Industry: Outlook 2004*, OECD, Paris, 2004.

Rickards, R. C., „Data Envelopment Analysis – Ein neues Controlling-Instrument", *Der Controlling-Berater*, 1/2001.

Schmitt, M., „Shareholder-Value-Konzept: Strategische und operative Planung verbinden", *Der Controlling-Berater*, 2/2006.

Stern, J. M. und J. S. Shiely, *The EVA Challenge: Implementing Value-Added Change in an Organization*, John Wiley & Sons, New York, 2001.

Stewart, G. B., *The Quest for Value: The EVA Management Guide*, Harper Business, New York, 1991.

Tursch, E., „EVA-Konzept", http://www.controllingportal.de/Fachinfo/Kennzahlen/EVA-Konzept.html, Stand 1. Juni 2007.

Weber, J. und U. Schäfer, *Einführung in das Controlling*, Schäffer-Poeschel, Stuttgart, 2006.

Wikipedia, http://de.wikipedia.org/wiki/Economic_Value_Added, Stand 2. Juli 2008.

www.ingramcontent.com/pod-product-compliance
Lightning Source LLC
Chambersburg PA
CBHW081104220326
41598CB00038B/7228